Wilfried Westphal

TROMMELN AM KONGO

Wilfried Westphal

TROMMELN AM KONGO

Der Fluch des Schwarzen Kontinents

Magnus Verlag

Die Deutsche Bibliothek – CIP-Einheitsaufnahme
Westphal, Wilfried:
Trommeln am Kongo: Der Fluch des Schwarzen Kontinents/
Wilfried Westphal. –
Essen: Magnus Verlag, 2004
ISBN 3-88400-500-6

Umschlaggestaltung: Wolfgang Jägemann, Essen
Umschlagmotiv: Kriegskanu auf dem Aruwimi (oben),
Regierungssoldaten in Liberia, 1990 (unten, © Das Fotoarchiv)
Satz: Hans Winkens, Wegberg
ISBN 3-88400-500-6

Der Mensch ist
ein bösartiges Tier.

JOSEPH CONRAD

Inhalt

KARTEN

EIN DÜSTERES GEHEIMNIS

Es wurde immerhin erwähnt, in den Nachrichten, obwohl der Krieg im Irak die Medien beherrschte: in der Ituri-Region am Kongo hatte sich ein Massaker ereignet. Rebellen hatten eine Ortschaft überfallen und unter den Bewohnern ein Blutbad angerichtet. Wie es hieß, waren Dorfbewohner bei dem Massaker ums Leben gekommen. Über die Gründe des Massakers wurde nichts gesagt, außer dem kurzen Hinweis, dass es in der Gegend reiche Gold- und Erdölvorkommen gäbe. Was immerhin ein Indiz ist.

Aber, wie gesagt, Genaueres wurde nicht erwähnt. Die Spekulation, ob es denn nun Saddam Hussein erwischt habe, war viel wichtiger. Und so nahm denn zudem wohl auch kaum jemand Notiz von einem Artikel, der kurz zuvor in einer Zeitung erschienen war. Darin hieß es: »Im Oktober vergangenen Jahres gelangte ein interner Bericht des Internationalen Währungsfonds an die Öffentlichkeit, nach dem in Angola in einem Haushaltsjahr etwa eine Milliarde Dollar an staatlichen Einnahmen ›verschwanden‹.« Dazu muss man wissen, dass Angola sozusagen am Ende der Völkergemeinschaft rangiert; genauer gesagt: auf Platz 161 von 173 Staaten, wobei der Standard sozio-ökonomischer Entwicklung gemeint ist. »Im vergangenen Monat«, heißt es in dem Artikel weiter, »veröffentlichte eine unabhängige Zeitung eine Liste der reichsten Angolaner, auf der erstaunlich viele ranghohe Mitglieder der Regierungspartei aufgeführt wurden.« Kritiker erheben den Vorwurf, dass die angolanische Führungsriege »den Staat wie ihr Privateigentum« ausbeute. Mit katastrophalen Folgen: »Die Wände sind dick mit Schimmel überzogen. Auf dem Boden liegt Fledermausdreck. Das einzige Bett besteht aus einem Eisengestell mit dünnen Holzlatten. Der ›Medikamentenschrank‹ ist ein gemauertes Regal und enthält eine Flasche Jod, eine Packung Aspirin und eine Mullbinde. Kein Chloroquin gegen Malaria, kein Paracetamol gegen Fieber, kein Penicillin gegen Infektionen.« So der Zustand einer Krankenstation, die beileibe kein Einzelfall ist.

Etwas länger zurück liegt die Veröffentlichung einer Reportage, die einen anderen Missstand aufgreift. Wenn man es denn so nennen will: »Bis 1998 war er die Nummer eins im Fünf-Millionen-Staat. Seine Soldaten und einige Rebellen, die er ursprünglich zu bekämpfen vorgab, hatten ihm zum Putsch verholfen – mit unglaublicher Brutalität.« Die Rede ist von Johnny Paul Koromah, der sich ein Jahr lang an der Macht hielt. Dabei ging man nicht zimperlich zu Werke: »Manchmal schnitten die Söldner ihren Opfern die Herzen aus dem Leib, um sie dann – angeblich zur Stärkung ihrer Kampfkraft – zu essen. Sie mordeten, brandschatzten und löschten ganze Dörfer aus. Anarchie machte das Land mit den reichsten Diamanten der Welt zum ärmsten und gefährlichsten überhaupt.« Im Kongo, das heißt im Zaire sind es Gold und Erdöl, in Sierra Leone Diamanten. Dafür lohnt es sich auch hier zu morden. Jedenfalls springen gewaltige Gewinne bei dem Geschäft heraus, an dem auch andere teilhaben. Die Verbindungen reichen bis Amsterdam und Tel Aviv, ja, bis nach Indien. Aber das soll nun alles anders werden: die UNO ermittelt.

Tätig sind die Vereinten Nationen auch in Ruanda. Oder, um es genauer zu benennen, im benachbarten Tansania, wo seit 1996 in Arusha ein UNO-Tribunal tagt. Bisher hat es acht Angeklagte gegeben, die verurteilt wurden. Von 100.000 mutmaßlichen Mördern, die eine wahre Orgie der Gewalt anrichteten: denn sie schafften es, in hundert Tagen 800.000 Unschuldige umzubringen, ihre eigenen Landsleute, wenn auch nicht des gleichen Volkes. Was als Widerspruch erscheint, in Afrika aber etwas ganz Alltägliches ist. Man schätzt, dass das Tribunal noch bis 2008 beschäftigt sein wird. Was eher eine optimistische Schätzung sein dürfte, denn wenn man in sieben Jahren nur acht Schuldige überführt hat: wie will man da in den verbleibenden fünf Jahren die restlichen 99 992 zur Rechenschaft ziehen? »Bisher sind 548 Millionen Dollar ausgegeben worden. Das sind 61 Millionen Dollar pro Urteil.« Kann man sich überhaupt noch mehr Urteile leisten?

Afrika ist eine Mischung aus Alptraum und Groteske. Das trifft besonders für Schwarzafrika zu, also jenen Teil Afrikas, der sich südlich der Sahara erstreckt. Es ist dies das eigentliche Kerngebiet Afrikas, wo sich die autochthone Bevölkerung konzentriert und die ursprüngliche Tradition weitgehend erhalten hat. Der nördliche Teil Afrikas ist durch Zuwanderungen und die Überlagerung seitens des Islam geprägt, der ja mehr als nur eine bloße Religion beinhaltet. Er hat auch in Afrika eine eigenständige Tradition begründet, die jedoch auf den nördlichen Teil begrenzt blieb; sieht man von Einschüben im östlichen Afrika einmal ab. Schwarzafrika blieb von dieser Überlagerung weitgehend verschont; was nicht heißt, dass es nicht auch durch die Vorstöße muslimischer Bevölkerungsteile, unter denen vor allem Sklavenhändler zu nennen sind, die es zu notorischem Ruhm brachten, in Mitleidenschaft gezogen worden wäre. Aber im wesentlichen bildete sich im subsaharen Afrika eine eigenständige Tradition heraus, die freilich auch noch einer anderen Heimsuchung ausgesetzt war: dem europäischen Kolonialismus. Seit die Deutschen, 1884, sozusagen das Startsignal gegeben hatten, war so ziemlich jeder, der etwas auf sich hielt – und wer unter den europäischen Nationen im Zeitalter des Imperialismus gehörte nicht dazu? –, am großen Run auf Afrika – und zwar im besonderen Schwarzafrika, denn im Norden hatte man sich schon die dicksten Brocken aus dem Kuchen zugeschanzt – beteiligt. Die einen hatten mehr, die andern weniger abbekommen, und manche – wie die Deutschen – zogen auch bald wieder ab, aber die koloniale Überlagerung drückte doch Schwarzafrika unleugbar ihren Stempel auf. Doch dann kam die Zeit – das liegt nun auch schon wieder ein halbes Jahrhundert zurück –, wo der Ruf nach Freiheit laut wurde, und der Prozess der Entkolonialisierung setzte ein, dem schließlich die Ära des Kalten Krieges folgte, die auch Schwarzafrika in Mitleidenschaft zog. Bis es zu einem Ausgleich zwischen Ost und West kam und Afrika endlich seinen eigenen Weg gehen konnte. Was zumindest für Schwarzafrika zutrifft, wenn auch mit Einschränkungen; im Norden des Kontinents erhob mittlerweile eine neue Hydra ihr Haupt: der islamische Fundamentalismus. In Schwarzafrika spielt er kaum eine Rolle, und dennoch geht es hier zu wie in einem Tollhaus. Massaker, Bürgerkriege, Korruption: die Liste der Missstände ist endlos, und eine Hiobsbotschaft jagt die nächste. Man nimmt sie nicht wirklich mehr zur Kenntnis; zum einen ist man mittlerweile abgestumpft, zum andern ist die »islamische Bedrohung« viel realer. Was ist ein Massaker im Kongo oder in Ruanda gegen den 11. September; oder einen Krieg im Irak oder in Afghanistan? Der Islam geht auch uns an, weil er uns – angeblich oder tatsächlich – ins Visier genommen hat. Aber Schwarzafrika: sollen sie sich doch dort die Köpfe einschlagen! Was kann man anderes erwarten, wenn sie sogar die Herzen ihrer Feinde verspeisen? Mit der Zivilisation war es bei denen doch nie weit her. Also fühlt man sich bestätigt in seiner eigenen vermeintlichen Gesittetheit und empfindet höchstens einen prickelnden Schauer, angesichts all der Barbareien, die man sich am Kongo oder wo auch immer einfallen lässt.

Besagte Barbareien sind nicht zu leugnen, wie auch die Tatsache nicht, dass sie von den »eigenen Leuten« begangen werden. Die Zeiten eines Leopold, König der Belgier, der seinerseits für berüchtigte Greuel am Kongo bekannt wurde, sind vorbei. Heute sind die Schlächter und Schänder nicht mehr Weiße, sondern Schwarze, die ihre schwarzen Brüder und Schwestern hinmorden. Oft auf bestialische Weise, wozu selbst ein weißer Kolonialist nicht fähig gewesen wäre. Und das will etwas heißen, waren die Kolonialherren doch in der Tat keine Chorknaben. Um so drängender die Frage, was diejenigen, die nun für sich selbst verantwortlich sind, umtreibt.

Da ist zum einen die autochthone Tradition, die durch Aberglauben, magische Praktiken und nicht allzu große Empfindsamkeit geprägt ist. Versklavt wurde auch das eigene Volk und schwunghafter Handel damit getrieben. Machtmissbrauch und Despotismus prägten das angestammte Herrschaftssystem; die Weißen brauchten sich seiner nur zu bedienen. Sie unternahmen aber auch nichts, oder doch nur wenig, um ihre Schützlinge eines Besseren zu belehren. Und sie begingen den Fehler, sich über die Grenzen traditioneller Herrschaftsgebiete hinwegzusetzen, um ihre eigene Machtstellung zu sichern und auszuweiten. Und als sie schließlich abzogen, hinterließen sie ein verhängnisvolles Erbe: jene künstlichen Grenzen, in denen Völker der unterschiedlichsten Tradition zusammengepfercht sind, so dass sich Spannungen ergeben, die sich immer wieder in Unruhen, Aufständen, Kriegen und Massakern entladen. Gerade so wie derzeit am Kongo oder wo auch immer die apokalyptischen Reiter gerade entfesselt sind.

Es ist also nicht müßig, einen Blick auf die Vergangenheit zu werfen, um das Chaos der Gegenwart zu erhellen. Wobei es gilt, unser Augenmerk nicht nur auf die einheimische Überlieferung, sondern auch auf die Fremdeinflüsse, die sie verzerrten, zu richten. Auch sollte nicht übersehen werden, dass zwar die Zeit der direkten Einflussnahme von außen vorüber ist, es dennoch aber sublimere Formen der Einwirkung gibt, die ihren Teil dazu beitragen, dass die Krise in Schwarzafrika ein Dauerzustand ist, den zu beenden niemand in der Lage zu sein scheint – oder auch nur willens ist. Letzteres, die allgemeine Indifferenz und Tatenlosigkeit, ist die eigentliche Herausforderung, deren wir uns stellen müssen. Gegen einen Krieg zu demonstrieren, wenn er von den USA geführt wird, bedeutet nicht wirklich, sich zu engagieren. Denn wo blieb der Protest, als der Iran und der Irak gegeneinander zu Felde zogen und wir – oft an beide Seiten – die Waffen lieferten? Darüber regte sich niemand auf; auch dann nicht, als Khomeini Scharen von Kindern in den Krieg schickte.

Wir sollten uns also nicht zu viel zugute halten, Anti-Amerikanismus ist noch kein Pazifismus, und wir täten gut daran, uns einmal einem Erdteil zuzuwenden, der stets im Schatten der Weltgeschichte gelegen hat und folglich sträflich vernachlässigt worden ist. Mögen die Afrikaner nunmehr selbst an ihrem Elend Schuld sein, oder doch in zunehmendem Maße, es enthebt uns nicht der Mitverantwortung. Und sei es auch nur, dass wir heute in einer Welt leben, in der wir um die Not des anderen, wie entfernt sie auch von uns sein mag, wissen und dass wir folglich ihr unsere Aufmerksamkeit nicht versagen können. Dies aber setzt voraus, dass man die Hintergründe kennt, um die Situation richtig einschätzen zu können. Was um so dringlicher ist, wenn wir uns gar bequemen, wirksame Schritte zu unternehmen, um dem Chaos

Einhalt zu gebieten. Die Möglichkeiten und die Mittel hätten wir dazu. Es fehlt nur am Willen, und der Einsicht. Vielleicht auch an der nötigen Sympathie, und die stellt sich gewöhnlich erst ein, wenn man weiß, mit wem man es zu tun hat. So wollen wir uns im folgenden einmal auf den Weg machen, das Geheimnis des Schwarzen Kontinents zu erkunden. Wie düster es auch sein mag.

ERSTER TEIL

Der große Fluss

»Um 11 Uhr erblickten wir das Dorf Rubunga, und nachdem ich Frank [ein Begleiter] angewiesen hatte, sich mir nicht mehr als auf eine Viertel Meile mit den Kanus zu nähern, ruderten wir stetig weiter bis auf wenige Meter an das Dorf heran, wo wir verweilten. Bald darauf näherten sich uns drei Kanus ohne die üblichen kriegerischen Anzeichen. Nicht einmal eine Trommel war zu hören oder ein Horn wurde geblasen oder ein Schrei ausgestoßen. Das war ein gutes Zeichen. Wir versuchten es mit den Worten ›Sen-nen-neh!‹ ›Cha-re-reh!‹ in weichem, sanftem, melodischem Ton. Sie zogen sich eilig zurück. Die Dinge schienen sich wieder zum Schlechten zu wenden. Doch Geduld!«

Das Zusammentreffen mit Eingeborenen war immer eine heikle Angelegenheit: man musste stets damit rechnen, dass die Eingeborenen feindlich gesinnt waren, auch wenn man selbst die besten Absichten hegte. Was freilich, um die Wahrheit zu sagen, nicht immer der Fall war. Eher eine Ausnahme. Zumeist hatten die Eingeborenen üble Erfahrungen gemacht, wenn sie mit Fremden, die in ihre Siedlungsgebiete eindrangen, zusammentrafen. Stanley hingegen, obwohl ihm nicht gerade der Ruf eines Samariters vorauseilte, gehörte nicht zu diesen Marodeuren. Wenigstens nicht bei diesem Unternehmen, das einem eher höheren Ziel diente. Jedenfalls ging es weder um Elfenbein noch um Sklaven, und auch sonst hegte Stanley noch keine handfesten Ambitionen. Dazu war ihm die Gegend nicht vertraut genug. Tatsächlich war er noch nie an diesem Ort gewesen; wie auch kein Weißer vor ihm.

Man schrieb das Jahr 1877; es war der 8. Februar. Vor drei Monaten war Stanley zu seiner Fahrt ins Unbekannte aufgebrochen. Auf einem Fluss, von dem man nicht wusste, wohin er führen würde. Aber um das herauszufinden, nahm Stanley alle Gefahren auf sich. Wozu nicht zuletzt auch die Begegnung mit feindlichen Eingeborenen gehörte. An diesem Morgen des 8. Februar verlief das Zusammentreffen glimpflich, denn Stanley, der inzwischen im Umgang mit den Eingeborenen einige Erfahrung hatte, gelang es, die Bewohner von Rubunga von seinen friedlichen Absichten zu überzeugen Mehr noch:

durch »Pantomimen«, wie er es nennt, machte er ihnen deutlich, dass man auf die Hilfe der Eingeborenen zähle. Eine Bedrohung stelle man ganz und gar nicht dar: vielmehr wünsche man etwas zum Essen einzutauschen, denn Stanley und der große Tross, der ihn begleitete, waren ständig von Hunger bedroht. Also mimte man den Mitleidbedürftigen und gewann so das Zutrauen der Eingeborenen:

»Wir warteten, und schließlich kam ein alter Häuptling von der Höhe des Ufers herab zum Landeplatz in der Nähe einiger Felsen. Andere Würdenträger im Kopfschmuck aus dem Fell von Leoparden und Zibetkatzen gesellten sich bald zu ihm, und dann nahmen sie alle Platz. Der alte Häuptling nickte mit dem Kopf. Wir lichteten die Anker, und mit zwei Ruderschlägen hatten wir unser Boot ans Ufer gebracht, und nachdem ich mich mit ein, zwei Schnüren Kaurimuscheln ausgerüstet hatte, sprang ich an Land, gefolgt von dem Steuermann Uledi, und im Nu hatte ich die magere Hand des alten Häuptlings ergriffen und drückte sie in großem Überschwang. Der warmherzige Uledi, der kurz zuvor noch unbändigen Hass gegen alle Wilden und den zaudernden alten Häuptling im besonderen geäußert hatte, umarmte ihn mit kindlichem Zutrauen. Der junge Saywa und Murabo und Shumari, stets sogleich zur Stelle, ergriffen die Hände der Unterhäuptlinge und machten sich daran, mit lächelnden Gesichtern und heiterem, offenherzigem Gebaren den letzten Rest der wilden Verdrießlichkeit zu besiegen, und hatten darin so großen Erfolg, dass in unglaublich kurzer Zeit die Zeremonie der Blutsbruderschaft zwischen den plötzlich entstandenen Freunden abgehalten werden konnte, und der unwiderrufliche Pakt von Frieden und gutem Willen war besiegelt!«

Derart geradezu überrumpelt, blieb dem Häuptling und seinem Ältestenrat nur, auf die Wünsche der von Hunger geplagten Fremden einzugehen und sie mit der landesüblichen Nahrung, Bananen und Fisch, zu versorgen, gegen angemessene Geschenke, versteht sich. Von denen Stanley, wohlweislich, einen beträchtlichen Vorrat in seinem Gepäck mitführte. Da man nun einmal auf so vertrauliche Weise ein umgängliches Verhältnis hergestellt hatte, versäumte es Stanley nicht, da er nicht zum Vergnügen reiste, auch noch eine Frage zu stellen, die ihm am Herzen lag: »Ehe ich mich vom Häuptling von Rubunga verabschiedete, fragte ich ihn nach dem Namen des Flusses, in einem Kauderwelsch aus Kiswahili, Kinyamwezi, Kijiji, Kiregga und Ki-Kusu. Er verstand schließlich und antwortete, dass es ›Ibari‹ sei. Aber als er den tatsächlichen Sinn der Frage verstanden hatte, antwortete er in einer sonoren Stimme: ›Ikutu ya Kongo!‹«

Stanley war nicht wirklich überrascht: »Tatsächlich hatte ich keinen Zweifel, seit wir die Stanley-Fälle verlassen hatten, dass der schreckliche Fluss sich schließlich als der Fluss des Kongo-Landes erweisen würde, aber es war sehr angenehm, es bestätigt zu finden.« Diese Bemerkung, die die klassische Untertreibung des Engländers verrät, verdient, an die Seite jener anderen gesetzt zu werden, die Stanley recht eigentlich berühmt gemacht hat: »Dr. Livingstone, I presume?« Denn worum handelte es sich bei dem, was sich an diesem denkwürdigen Tag, dem 8. Februar 1877, tatsächlich zutrug? Stanley hatte endlich den Beweis, nach dem man seit geraumer Zeit fieberhaft suchte: die Quelle des Nil lag *nicht* im Herzen Afrikas, wie Livingstone vermutet hatte. Der Fluss, bis zu dem Livingstone vorgestoßen war, ohne seinen Lauf weiter verfolgen zu können, war nicht der Quellfluss des Nil, sondern der Oberlauf eines anderen Flusses, den man bislang aber nur von seiner Mündung her kannte, ohne zu wissen, woher er kam und welchen Lauf er nahm. Das zu erforschen, war Stanley vergönnt, und dass es ihm gelang, bedeutete einen Triumph in der Entdeckungsgeschichte der Erde, wie er in vergleichbarer Weise nur Orellana, einem der spanischen Konquistadoren, der den Lauf des Amazonas erkundete, beschieden war. Kein Wunder, dass Stanley schließlich sogar in seiner Heimat Anerkennung fand. Denn er war eigentlich Engländer, obwohl ihn das Schicksal nach Amerika verschlug, wo er seine Berufung fand.

Geboren war Stanley in Wales, im Jahre 1841. Seine Jugend war durch den Umstand überschattet, dass er in ärmlichen Verhältnissen aufwuchs, wozu noch der Makel kam, dass er ein uneheliches Kind war. Mit fünf Jahren steckte man ihn in ein Armenhaus, wo er zur Arbeit gezwungen war, bis er schließlich im Alter von 16 Jahren auf einem Schiff anheuerte, das ihn nach New Orleans brachte, wo er es vorzog, der Seefahrt erst einmal den Rücken zu kehren. In einem Landsmann, der ein wohlhabender Kaufmann war und der ihn mit seinem Namen, Henry Stanley, ausstattete, fand er einen Wohltäter, mit dem er sich aber schon bald überwarf, so dass er wieder auf sich gestellt war. Er zog nach Westen, verdingte sich als Verkäufer in einem Krämerladen und landete schließlich in der Armee der Konföderierten, als diese gegen die Union im Norden in den Krieg zogen. Einer Gefangenschaft entging er nur, indem er die Seiten wechselte, aber die Ruhr rettete ihn davor, weiter in diesem mörderischen Krieg zu dienen. Weitere Jahre des Vagabundierens folgten, bis es Stanley nach St. Louis verschlug, wo er eine Anstellung bei einer Zeitung fand. Obwohl dies ein Metier war, das ihm zusagte, verschlug es ihn doch erst einmal wieder in andere Gefilde, diesmal in die Türkei, wo er in allerhand Abenteuer verstrickt wurde. Zurück in St. Louis, nahm Stanley seine Arbeit als Reporter wieder auf und berichtete über die

Indianerkriege, die im amerikanischen Westen tobten. 1867 gelang es ihm, seinen ersten Coup zu landen: im Auftrag des »New York Herald« berichtete er über eine militärische Intervention der Briten in Abessinien, wie damals Äthiopien genannt wurde. Dadurch erweckte er die Aufmerksamkeit des Herausgebers der Zeitung, der ihn mit einer besonderen Mission betraute: Stanley sollte sich auf die Suche nach Livingstone machen, den legendären Afrikaforscher, der als verschollen galt. Stanley sah seine Chance und nahm sie wahr. So begann seine eigentliche Karriere, die fortan mit dem »Dunklen Kontinent«, wie man Afrika nannte, untrennbar verbunden war.

Seine erste Expedition in den Schwarzen Erdteil führte Stanley in die Gegend des heutigen Tansania, wo er in Ujiji, am Tangayika-See, Livingstone fand, mit dem ihn alsbald eine herzliche Freundschaft verband. Doch die Wege der beiden Forscher trennten sich wieder, und während Stanley nach London reiste, wo er seine ersten Lorbeeren erntete, zog Livingstone weiter durch das unerforschte Afrika, besessen von der Frage, die alle beseelte: wo entspringt der Nil? Sein Eifer kostete den unermüdlichen Schotten schließlich das Leben: er starb, von den Anstrengungen und Entbehrungen seiner langen Forschertätigkeit erschöpft, 1873 an den Ufern des Bangweulu-Sees, im Norden des heutigen Sambia. Stanley erfuhr von seinem Tod, der ihn tief bewegte, auf der Rückreise von Westafrika, wo er über ein weiteres Unternehmen der Briten, einen Feldzug gegen die Aschanti in Ghana, berichtet hatte. Er beschloss, die Forschungen Livingstones fortzusetzen.

Dies ist der Augenblick, wo jenes denkwürdige Unterfangen seinen Anfang nahm, das den Ruhm Stanleys weiter festigen sollte. Er war jetzt dreiunddreißig Jahre alt, und er war für ein solches Unterfangen wohlgerüstet; lag doch bereits ein Leben hinter ihm, von dem andere nur träumen konnten. Jedenfalls hatte er hinlänglich bewiesen, dass er seinen Mann zu stehen wusste. Er zweifelte nicht am Gelingen seines Unternehmens, und so fiel es ihm nicht schwer, gleich zwei Zeitungen, den englischen »Daily Telegraph« und den »New York Herald« als Financiers für sein Unternehmen zu gewinnen: beide Seiten ließen sich das Vorhaben Stanleys, von dem sie sich eine beträchtliche Auflagensteigerung versprachen, sechstausend Pfund kosten, damals ein ansehnlicher Betrag, und ausgestattet mit diesen Mitteln nahm Stanley die Aufgabe, die er sich gestellt hatte, mit charakteristischem Elan in Angriff. Wenn er eines in der Neuen Welt gelernt hatte, dann war es die Einsicht, große Unternehmungen mit einem entsprechenden Aufwand anzugehen. Und aufwendig war die Expedition, die am 12. November 1874 von Sansibar aus aufbrach, in der Tat: neben Stanley und drei weiteren Weißen, gleichfalls Engländern, die jedoch nicht ahnten, worauf sie sich eingelassen hatten und denn auch das Abenteuer nicht überlebten, bestand die Expedition aus 220 Einheimischen, die sich als Führer, Träger, Diener und Köche verdingten, wobei auch eine stattliche Anzahl von Frauen mit von der Partie war, was dazu führte, dass immerhin – auch wenn das eher bescheiden ist – im Laufe der Expedition vier Babies zur Welt kamen, ferner sechs Eseln, die als Reittiere dienten, fünf Hunden, in die Stanley vernarrt war, und der Ausrüstung, darunter 72 Ballen Stoff und 36 Säcke mit Glasperlen, beides begehrte Tauschartikel, 23 Kisten mit Munition, eine Kiste mit Medizin, sodann eine umfangreiche Fotoausrüstung, die auf zwei Träger verteilt werden musste, und schließlich ein zerlegtes Boot, das auf den Namen »Lady Alice« getauft worden war und zwölf Träger beschäftigte. Alice nannte sich Stanleys Verlobte im fernen Amerika, die ihm aber die Ehre, die er ihr erwies, nicht vergalt: sie zog es vor, einen reichen Eisenbahnerben zu ehelichen. Auf Frauen wirkte Stanley, der von untersetzter Statur und eher ungeschliffenem Wesen war, nicht gerade einnehmend. Die Queen, Königin Viktoria, die Stanley immerhin eine Audienz gewährte, charakterisierte ihn mit den Worten: »Ein entschlossener, hässlicher, kleiner Mann – mit einem starken amerikanischen Näseln.« Stanley war nicht der Typ des aristokratischen Gentleman; er war durch eine harte Schule gegangen, und allein dies, in Verbindung mit seiner robusten Konstitution, befähigten ihn, Leistungen zu vollbringen, die ein anderer schwerlich hätte bewältigen können. Er war einer der Giganten unter den Großen der Entdecker, die freilich gerade zu Zeiten Viktorias nicht selten waren.

Um ermessen zu können, worin die Herausforderung bestand, der sich Stanley stellte, muss man sich vergegenwärtigen, dass auch in der zweiten Hälfte des 19. Jahrhunderts Afrika noch weitgehend ein unbekannter Kontinent war. Anders als etwa Amerika das zu dieser Zeit bereits erschlossen war; auch wenn die Besetzung des Westens, die auf den Widerstand der Indianer stieß, noch nicht abgeschlossen war. In Afrika kannte man die Küstenländer; hier und da war man auch schon in das Innere vorgestoßen, doch das eigentliche Herz Afrikas, die Gegend um den Äquator, bildete noch einen jener weißen Flecken auf der Landkarte, die die Entdecker lockten. Freilich beziehen wir uns hier auf den Blickwinkel der Europäer: der afrikanische Kontinent war seit undenklichen Zeiten besiedelt, und das galt auch für Zentralafrika.

Eines der Rätsel, das seit der Antike die Gemüter derer bewegte, die sich Afrika als Fremde näherten, betraf die Quellen des Nil. Ihm verdankte Ägypten, das geradezu als ein »Geschenk des Nil« betrachtet wurde, seinen wirtschaftlichen Reichtum wie auch die Entstehung seiner frühen Kultur unter der Herrschaft der Pharaonen, die allgemeine Bewunderung ausgelöst hatte. Verständlich, dass man dem Geheimnis, das die Nilquellen darstellten, endlich auf die Spur kommen wollte. Zwar war es gerade englischen Forschern bereits gelungen, die Frage, die alle bewegte, angeblich zu lösen, doch noch herrschten Zweifel, und die gedachte Stanley mit seiner Expedition endgültig auszuräumen. So war denn auch sein erstes Ziel auf dieser, seiner zweiten Expedition das Seengebiet Ostafrikas, wo der Ursprung des Nil vermeintlich bereits nachgewiesen war. Und tatsächlich, indem Stanley die Gegend des Viktoria-Sees erkundete, bestätigte er die bisherigen Erkenntnisse. Doch das betraf nur die Verbindung zwischen dem größten der ostafrikanischen Seen und dem Nil. Offen blieb einstweilen noch die Frage, jedenfalls in der Vorstellung Stanleys, der unter dem Einfluss der Überlegungen Livingstones stand, ob es darüber hinaus nicht auch einen weiteren Zufluss gab, und als solcher bot sich der Lualaba an, der jenseits des Seengebietes, am Rande des Kongo-Waldes, verlief. Den Lauf dieses Flusses, der womöglich die eigentliche Quelle des Nil bildete, zu erkunden, würde ein für allemal Klarheit schaffen. Und folglich war das nächste Ziel Stanleys Nyangwe, ein Ort am Lualaba, der als Handelsposten arabischer Sklavenjäger und Elfenbeinhändler diente. Hier warb er denn auch einen jener Händler, der der berüchtigste, aber auch einflussreichste unter ihnen war, einen gewissen Hamed bin Muhammad, der unter dem Namen »Tippu Tib« bekannt war, an, und mit seiner Hilfe wagte er es, in unbekannte Gefilde aufzubrechen, die bislang noch keines Weißen Fuß betreten hatten.

»Woods, woods, woods!« lautete der Kommentar zum ersten Abschnitt dieser Reise. War man in Ostafrika die offene Savanne gewöhnt, so waren die Ufer des Lualaba von undurchdringlichem Wald gesäumt, dichtem Dschungel, der wie eine Wand emporragte, die zu durchbrechen unendliche Mühen erforderte. Aber dazu war man gezwungen; zunächst, weil nicht die ganze Expedition auf den Booten, die die Expedition eigentlich voranbringen sollten, Platz fand, und dann weil man schließlich auf eine Reihe von Stromschnellen stieß, die ein erstes Hindernis bildeten, das man – indem man einen Weg am Ufer suchen musste – zu umgehen gezwungen war. Ein mühsames Unterfangen, das dadurch noch erschwert wurde, dass feindlich gesinnte Eingeborene, von denen einige – wie es hieß – Kannibalen waren, keine Gelegenheit ausließen, die Expedition anzugreifen. Stanley war zwar bemüht, den Eingeborenen friedlich zu begegnen, schließlich gab es keinen Grund, sich ihnen gegenüber feindlich zu verhalten, denn das einzige, was er von ihnen erwartete, war die Bereitschaft, die Expedition gegen Geschenke und Tauschartikel mit Nahrungsgütern zu versorgen. Doch zumeist erwiesen sich Stanleys friedliche Avancen als vergeblich, und es kam zu gewaltsamen Zusammenstößen, bei denen die Angreifer, da sie nicht über die überlegenen Waffen, mit denen die Expedition ausgerüstet war, verfügten, den Kürzeren zogen. Nicht die Eingeborenen, sondern die Widrigkeiten der Natur stellten die eigentliche Bedrohung dar. Glimpflich ging es allerdings noch bei dem ersten Hindernis, das die Stromschnellen am Lualaba bildeten und die fortan als »Stanley Falls« bekannt waren, ab; aber immerhin benötigte man, um dieses Hindernis zu bezwingen, einen Monat. Danach ging es leichter.

Tippu Tib mit seinem Gefolge war inzwischen nach Nyangwe zurückgekehrt, und Stanley war nun auf sich gestellt: allein seine Persönlichkeit, sein Mut und seine Entscheidungskraft, würde darüber entscheiden, ob man das Unternehmen lebend überstand oder die Expedition in der Wildnis verschwand, ohne dass man jemals wieder etwas von ihr hörte.

Zum Glück gab es denn zunächst einmal jenes Zusammentreffen mit dem Häuptling von Rubunga, den man überschwenglich becircte, so dass er gar nicht umhin konnte, selbst wenn ihm der Sinn nach anderem gestanden hätte, die hungrigen Eindringlinge zu verköstigen. Was aber nicht minder bedeutsam war, das stellte seine arglose Erklärung dar, dass der Fluss, dem die Expedition folgte und der inzwischen seinen Lauf von einer nördlichen in eine westliche Richtung geändert hatte, als Kongo bezeichnet wurde. Damit war die große geographische Frage endgültig gelöst: der Nil hatte seinen Ursprung *nicht* in Zentralafrika, wenigstens nicht im eigentlichen Herzen des Kontinents; es gab vielmehr einen Fluss, der offensichtlich mit ihm konkurrierte, was seine Länge und die Mächtigkeit seines Wasserlaufes betraf. Dieser Fluss war der Kongo, dessen Mündungsgebiet zwar bekannt war, nicht aber sein weiterer Verlauf. Diese Lücke in der Erkundung des Schwarzen Kontinents würde Stanley nun schließen. Und in der Tat gelang es ihm, auch wenn noch einmal ein halbes Jahr verging, bis die Expedition schließlich an der Küste des Atlantik anlangte.

Bevor Stanley endlich sein Ziel erreichte, hatte er noch einmal eine besondere Hürde zu nehmen: es war dies eine weitere Reihe von Stromschnellen, die er nunmehr auf den Namen »Livingstone Falls« taufte. Nicht wirklich ein verheißungsvoller Name, denn sie brachten die Expedition, kurz vor ihrem Ziel, an den Rand des Abgrundes. »Neun Männer umgekommen an einem Nachmittag!« war die Bilanz eines besonders unglückseligen Tages. »I am lost! Master!« zitiert Stanley einen der Unglücklichen, und er fährt fort, indem er einen besonders dramatischen Vorfall beschreibt: »Man sah ihn dann, wie er sich in sein Schicksal ergab. Wir beobachteten ihn noch einen Augenblick lang, dann stürzte er in die Tiefe. Aus dem Schatten der Fälle tauchte er wieder auf, wurde mitgerissen von einer Terrasse zur nächsten, fiel in einen Abgrund, wurde herumgewirbelt, von übermächtigen Wellen erfasst, die ihn mal hierhin, mal dorthin warfen und über ihm zusammenschlugen, und dennoch ging sein Kanu nicht unter, doch er und das Boot wurden fortgespült und verschwanden hinter ... [einer] Insel, und dann senkte sich die Nacht über diesen schrecklichen Tag.«

Wie durch ein Wunder überlebte dieser Gefolgsmann Stanleys, doch einem anderen, Frank Pocock, der der letzte Überlebende seiner englischen Begleiter war, wurden die Livingstone-Fälle zum Verhängnis. So blieb Stanley als einziger Weißer übrig, doch derartige Schicksalsschläge, auch wenn sie einen berührten, war man gewöhnt: die Zahl derer, die bei der Erforschung Afrikas ihr Leben ließen, ist unübersehbar. Stanley gehörte zu den Glücklichen, die – obwohl sie immer wieder das Wagnis auf sich nahmen – alle Widrigkeiten überstanden.

Am 9. August 1877 erreichte er schließlich Boma an der Mündung des Kongo und hatte damit als erster Weißer, dem Lauf des Flusses folgend, die Wildnis des Kongo-Beckens durchquert und damit die letzte Grenze Afrikas niedergerissen. Ein schicksalhaftes Ereignis, wie man noch sehen wird. Für Stanley aber der größte seiner Triumphe; denn was hatte er erreicht? Nicht nur den Lauf des Kongo erkundet, auch ganz Afrika, vom Indischen Ozean bis zum Atlantik, durchquert, in einem Forschungsunternehmen, das drei Jahre gedauert hatte. Dabei hatte er eine Strecke von über 10.000 Kilometer zurückgelegt, 52 Katarakte bezwungen und – während seiner Erkundung des Kongo – 32 Schlachten beziehungsweise Gefechte mit Eingeborenen überstanden, im Verlauf derer 28 größere und 60 bis 70 kleinere Siedlungen der Eingeborenen zerstört wurden. Es waren so viele kriegerische Zusammentreffen gewesen, dass man sie gar nicht alle gezählt hatte. Immerhin ein Indiz dafür, dass sich die Afrikaner zu wehren wussten und dass sie nicht gewillt waren, Fremde in ihr Siedlungsgebiet zu lassen. Sie konnten nicht ahnen, dass sie damit bei den Weißen nicht wirklich Eindruck erweckten. Die Indianer, in Nordamerika, deren Schicksal bereits besiegelt war, hätten sie eines Besseren belehren können.

2

Der Kongo ist das bestimmende Merkmal des Herzens von Afrika. Noch heute drückt er diesem Teil des Schwarzen Kontinents seinen Stempel auf. Obwohl der Mensch, überall, auch in Afrika, gelernt hat, die Natur, wie er es nennt, zu »bezähmen«. Am Kongo sind derartige Anläufe weitgehend vergeblich gewesen. Was allerdings nicht nur an der majestätischen Größe der Natur, die unbezwingbar erscheint, liegt. Im Gebiet des Kongo – wie auch in angrenzenden Gegenden – hat der Mensch sich zumeist damit begnügt, seine Kräfte mit seinesgleichen zu messen, was ihm schlecht bekommen ist, während die Natur weitgehend unbeschadet blieb. Noch heute gilt der Regenwald am Kongo als eine weithin unzerstörte Lunge der Erde. Was beispielsweise für die Wälder am Amazonas nur noch in Maßen zutrifft.

Man nennt den Kongo auch »Zaire«, ebenso wie das Land, das er prägt. Zaire nannten die Portugiesen, als sie als erste Weiße die Küsten Afrikas erkundeten, den großen Fluss, der in den Atlantik mündet. Der Name stammt von einem einheimischen Begriff aus der Kikongo-Sprache, *nzadi,* und bedeutet einfach nur »Fluss«. Im Zuge der Rückbesinnung auf einheimische Traditionen, wie sie – nach Erlangung der Unabhängigkeit – überall in der sogenannten Dritten Welt zu beobachten sind, kehrte man auch am Kongo zu ursprünglichen Namensgebungen zurück; auch wenn man sich im Falle des Kongo mit der portugiesischen Form begnügte.

Mit einer Länge von 4700 Kilometern ist der Kongo beziehungsweise Zaire (man ist allerdings in letzter Zeit von diesem Namen wieder abgerückt) zwar kürzer als der Nil, doch umfasst das Einzugsgebiet des Kongo ein größeres Areal als im Falle des Nil, der sich ja weitgehend auf eine Flussoase beschränkt: Fast vier Millionen Quadratkilometer werden durch das Flusssystem des Kongo bestimmt; das ist mehr als die zehnfache Fläche der Bundesrepublik und entspricht beinahe der Hälfte der Gesamtfläche Europas. Das Kerngebiet dieses Flusssystems nimmt der heutige Staat Zaire ein, der seinerseits – nach dem Sudan und Algerien – das drittgrößte Land Afrikas darstellt. An seinen Rändern reicht das Flusssystem des Kongo im Norden bis nach Kamerun, im Osten bis zum Seengebiet, das einen Teil des Ostafrikanischen Grabensystems bildet, im Süden bis nach Sambia und im Westen bis zum Atlantik. Im Zentrum aus einer Senke bestehend, wird das Einzugsgebiet des Kongo durch Hochebenen oder gar Gebirgszüge, sogenannte Schwellen, die aus kristallinem Gestein bestehen, gerahmt. Die Zentralafrikanische Schwelle im Osten ist besonders durch noch tätige Vulkane gekennzeichnet; sie bestimmen das Bild im Grenzgebiet zwischen dem Zaire und Ruanda und sind unter dem Namen Virunga-Vulkane, acht an der Zahl, bekannt.

Den tektonischen Gegebenheiten in Ostafrika ist es zu verdanken, dass sich die Theorie, die Livingstone verfocht, nicht bewahrheitete: er konnte es nicht wissen, aber es gab tatsächlich einmal – so vermutet man heute – eine Verbindung zwischen dem Nil und dem Lualaba, dem Quellfluss des Kongo; sofern nicht gar der Lualaba gar in den Indischen Ozean mündete. Die Auffaltungen am Ostrand es Kongo-Beckens führten dazu, dass der Lualaba seinen Lauf änderte; es bildete sich ein Binnensee, dessen Abfluss im Norden lag, wo eine Verbindung mit dem Tschadsee bestand, ehe auch dieser Verbindungsweg blockiert wurde und der Kongo-See schließlich einen neuen Abfluss im Westen fand, wo er die Niederguineaschwelle durchbrach.

Heute ist der einstige See, der das Kongo-Becken füllte, bis auf wenige Reste verschwunden, und an seine Stelle ist der mächtige Lauf des Zaire getreten, der immerhin eine Breite von bis zu 14 Kilometern erreichen kann, und dies bezeichnenderweise an seinem Mittellauf, der zuweilen ein wahres Labyrinth von Flussläufen und Inseln bildet. Die Ufer des Flusses säumt heute undurchdringlicher Wald, der das ganze Becken ausfüllt. Nur an den Rändern, im Süden und im Norden, geht der Regenwald in eine Savannenlandschaft über, die aber auch immer noch ausreichend Niederschläge erhält, so dass auch hier eine immergrüne Vegetation vorherrscht. Im Gegensatz zum Nil oder dem Amazonas ist der Kongo durch einen gleichmäßigen Wasserstand gekennzeichnet, denn da der Äquator mitten durch das Kongo-Becken verläuft, das Herz Afrikas also in den Tropen liegt, ist die Niederschlagsmenge, die den Hauptstrom – wie auch die Zuflüsse – füllt, relativ konstant. Das Gleiche trifft für die Temperaturen zu, die gleichbleibend bei durchschnittlich 25 Grad Celsius liegen. Hinzukommt eine hohe Luftfeuchtigkeit, die – im Verein mit den hohen Temperaturen – jene tropische Schwüle erzeugt, die all denjenigen, die an ein solches Klima nicht gewöhnt sind, gehörig zu schaffen macht. Allerdings sind die Temperaturen auf den Hochebenen im Südosten etwas niedriger, wie man hier auch – ebenso wie im Norden – eine Trockenzeit unterscheidet.

Im Norden erstreckt sich der Regenwald, über die Grenzen des Kongo-Beckens hinausgreifend, bis nach Sierra Leone, umfasst also auch Liberia, wobei die nördlichen Regionen dieser beiden Staaten wiederum in den Vegetationsgürtel übergehen, der durch Feuchtsavannen und Monsunwälder gekennzeichnet ist. Diese Vegetationsform herrscht auch in den Ländern vor, die im Osten und im Südwesten an das Kongo-Becken beziehungsweise an den Zaire grenzen, also Uganda, Ruanda und Angola, um die Länder zu nennen, die – neben den bereits genannten – im Verlauf unserer Ausführungen eine zentrale Rolle spielen. In Angola nimmt zudem einen Großteil des Landes die Trockensavanne ein, die eine lichter stehende Vegetation aufweist. Entsprechend geringer ist hier – wie auch in den übrigen Randländern des Kongo – die Niederschlagsmenge. Gleiches gilt für die Temperaturen. Dennoch: als gemeinsames Kennzeichen bleibt die geographische Lage, die jene Breiten bestimmt, die man Tropen nennt. Die Kombination extremer Werte, soweit es Niederschlag und Temperaturen betrifft, so wie sie im Kernland, dem Kongo-Becken, anzutreffen sind, bedingt auch die Häufigkeit sowohl endemischer als auch epidemieartiger Krankheiten. Erinnert sei, dass im Kongo – und darüber hinaus auch in den angrenzenden Ländern – nicht nur Malaria, Tuberkulose und Lepra weiterverbreitet sind, die tropischen Regionen Zentralafrikas gelten auch als das Ursprungsgebiet solcher exotischer Geißeln der Menschheit

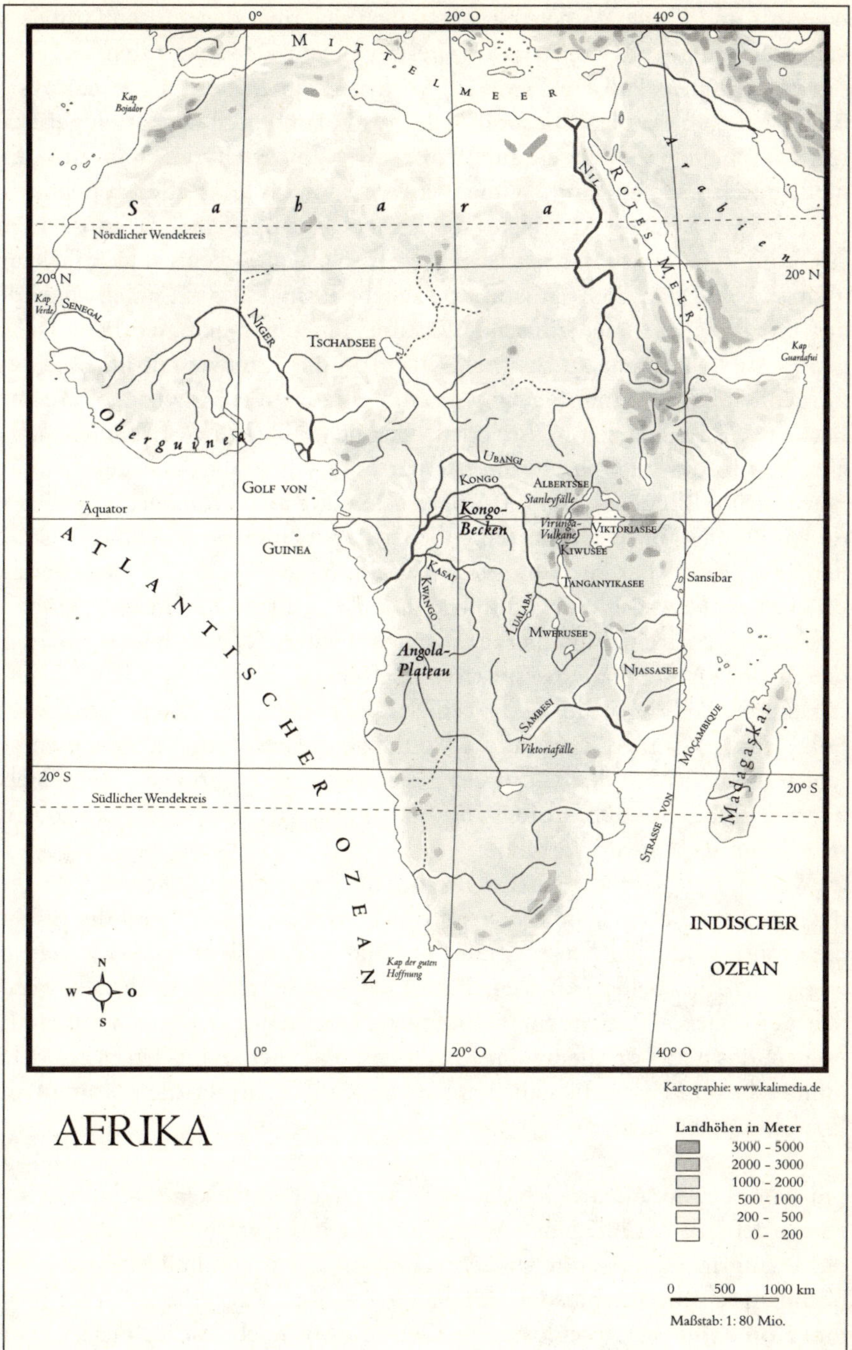
0°
20° O
40° O
MITTELMEER
Kap Bojador
Sahara
Arabien
NIL
ROTES MEER
Nördlicher Wendekreis
20° N
20° N
Kap Verde
SENEGAL
NIGER
TSCHADSEE
Kap Guardafui
Oberguinea
UBANGI
KONGO
ALBERTSEE
Stanleyfälle
Kongo-Becken
Virunga-Vulkane
VIKTORIASEE
KIWUSEE
GOLF VON
GUINEA
Äquator
ATLANTISCHER OZEAN
KASAI
KWANGO
LUALABA
TANGANYIKASEE
Sansibar
MWERUSEE
Angola-Plateau
NJASSASEE
SAMBESI
Viktoriafälle
MOÇAMBIQUE
Madagaskar
STRASSE VON
20° S
20° S
Südlicher Wendekreis
INDISCHER
OZEAN
Kap der guten Hoffnung
N
W
O
S
0°
20° O
40° O
Kartographie: www.kalimedia.de
Landhöhen in Meter
3000 - 5000
2000 - 3000
1000 - 2000
500 - 1000
200 - 500
0 - 200
0
500
1000 km
Maßstab: 1: 80 Mio.

AFRIKA

wie Aids und Ebola, wobei ersteres freilich sich über den ganzen Globus ausgebreitet hat, auch wenn Afrika weiterhin am stärksten betroffen ist.

Was im einen Fall ein Fluch ist, wirkt sich im andern als Segen aus: die Regenwaldgebiete der Erde sind nicht nur bevorzugte Brutstätten gefürchteter Krankheiten, sie weisen auch ein großes Potential von Pflanzen auf, die medizinisch wirksam sind. Wobei bei weitem noch nicht alle Möglichkeiten, die diese natürliche »Apotheke« bietet, ausgeschöpft sind. Denn der Artenreichtum gerade an Pflanzen ist in den tropischen Regenwäldern fast unbegrenzt; viele Pflanzenarten sind noch nicht einmal erfasst, geschweige denn auf ihre mögliche medizinische Wirkung hin untersucht worden. Die folgende Aufstellung macht deutlich, wie groß die Artenvielfalt im Regenwald tatsächlich ist: auf einer Fläche von zehn Quadratmetern wurden im Kongo-Becken 750 Baumarten registriert (in den gemäßigten Zonen finden sich auf gleichem Raum nur zehn Arten); ferner unterschied man auf der genannten Fläche 1500 Blumenarten, 400 Vögel, 125 Säugetiere, hundert Reptilien und 60 Amphibien, jeweils unterschiedlicher Art. Bemerkenswert dabei ist, dass der Regenwald eher den Eindruck erweckt, als sei er ein Ort, den Tiere und Pflanzen meiden. Denn die Baumkronen, die sich zuweilen in einer Höhe von 70 Metern ausbreiten und geradezu einen dichten Teppich bilden, wenn man den Wald aus der Vogelperspektive betrachtet, lassen kein Licht durch, so dass im Dunkel des Waldes nur wenige Pflanzen gedeihen, was wiederum zur Folge hat, dass auch Tiere, die auf Pflanzen als Nahrung angewiesen sind, fehlen. Lediglich an den Ufern der Flüsse oder auf Lichtungen bildet sich jener wuchernde, undurchdringliche Dschungel, den man gemeinhin mit dem tropischen Regenwald verbindet.

Was nun die Tierwelt betrifft, so sind die Tiere am zahlreichsten vertreten, die man gewöhnlich als eher harmlos betrachtet. Gemeint sind die Insekten, die es in unendlicher Vielzahl gibt. Sie sind jedoch nicht immer so harmlos, wie es scheint. Selbst Ameisen können dem Menschen gefährlich werden. Wie der folgende Bericht eines Zoologen beweist; er bezieht sich auf ein Phänomen, das man vor allem vom Amazonasgebiet her kennt, wo es als »Marabunta« bekannt ist; aber auch im Regenwald Zentralafrikas kommt diese Erscheinung vor:

»Ein- oder zweimal hatte ich das Pech, von Treiberameisen schlimm gebissen zu werden, als ich mir einen Weg durch dichtes Unterholz bahnte. Der heftigste Angriff dauerte mit Unterbrechungen etwa eine halbe Stunde. Selbst nachdem ich die Körper der beißenden Ameisen weggerissen hatte, blieben ihre Köpfe mit den geschlossenen Kieferzangen noch fest im Fleisch haften. Mir wurde am Ende übel, und ich bekam arge Kopfschmerzen. Seither habe ich mich vor diesen Ameisen in acht genommen und stets einen weiten Bogen um ihre Scharen gemacht. Jungtiere und kleine Vögel freilich müssen bei solchen Attacken einen elenden Tod erleiden, und man kann sich gut vorstellen, dass Elefanten vor Schmerz wahnsinnig werden, wenn Treiberameisen in ihren hochempfindlichen Rüssel gelangen.«

Ameisen dieser Art bilden ganze Armeen, die sich unbeirrbar durch den Wald, wo sie alles Leben töten, das ihnen in den Weg kommt, wälzen. Selbst Menschen vertreiben sie aus ihren Häusern; nichts hält sie auf, außer Feuer oder ein hochwirksames Insektizid.

So bedrohlich ein Heer von Wanderameisen auch sein mag, gefürchteter sind die Reptile, als deren berüchtigste Vertreter die Schwarze Mamba und die Gabunviper gelten. Erstere, die zu den eher harmlos klingenden Nattern gehört, flößt auch einem Einheimischen gehörige Furcht ein. Kein Wunder, wenn man erfährt, was diese Schlangenart anrichten kann: »Es ist glaubhaft bezeugt«, heißt es in einem einschlägigen Werk, »dass eine Schwarze Mamba in wenigen Sekunden vier Ochsen eines Gespanns nacheinander biss. Die ersten beiden starben an demselben Tag, die anderen beiden erholten sich wieder. Ein Mensch kann in zwanzig Minuten nach dem Biss sterben.« Eine Schwarze Mamba kann die stattliche Länge von vier Metern erreichen; sie ist zudem äußerst behende und kann bis auf Mannshöhe emporschnellen. Wer sie überrascht und nicht mit einer Waffe ausgerüstet ist, die ihm jedoch nur nützt, wenn er sofort reagiert, hat keine Chance: die Schwarze Mamba – wie auch die Gabunviper – ist mit einem hochwirksamen Gift ausgestattet, und wenn nicht sogleich ein Anti-Serum zur Hand ist, dann gibt es keine Aussicht auf Rettung. Während Mambas, die auch in einer grüngefärbten Variante, der sogenannten Grünen Mambas, vorkommen, auch auf Bäumen anzutreffen sind, findet sich die Gabunviper auf dem Boden des Waldes. Sie ist träge und nicht so angriffslustig wie die Mamba; aber auch sie weist eine dem Boden angepasste Tarnfarbe auf, so dass sie um so gefährlicher ist.

Zum Glück gibt es auch Erfreulicheres über die Fauna des afrikanischen Regenwaldes zu vermelden. Da wären die Schimpansen zu nennen, die – wie die Gorillas, ihre größeren Brüder, die gleichfalls in den Wäldern am Kongo hausen – ihre Ähnlichkeit mit dem Menschen nicht verleugnen können, auch wenn man daraus nicht ableiten kann – wie es zuweilen geschieht –, dass der Mensch vom Affen abstammt. Wobei es gelegentlich als fraglich erscheint, wem eine solche vermeintliche Verwandtschaft mehr als Beleidigung erscheinen müsste. Wozu gerade der Kongo und die Anrainerstaaten hinreichend Argumente liefern, wie wir bereits gehört haben und ausführlicher noch sehen werden.

Zu den erfreulicheren Begegnungen im Regenwald des Kongo, die einem – wenn auch eher selten – beschieden sein mögen, gehört auch eine Tierart, die lange Zeit nur durch Erzählungen bekannt war, denen man nicht recht glauben wollte: war es eine Giraffe, eine Antilope? Erst im Jahre 1900 entdeckte man das Okapi, das man in der Tat zu den Giraffen zählt, auch wenn es nicht deren Größe erreicht. Stanley hatte von diesem seltsamen Tier berichtet, und es waren britische Zoologen, denen die wissenschaftliche Sensation der eindeutigen Identifizierung dieses scheuen Tieres gelang.

Gelegentlich taucht in der Presse auch die Kunde von so manchem anderen Tier auf, das angeblich in den Wäldern des Kongo anzutreffen und von Geheimnissen, die sich hartnäckig halten, umgeben ist. Die Rede ist von Sauriern, die in der unwegsamen Wildnis am Kongo überlebt haben sollen. Die Aussicht, auf ein solches Relikt aus der Urzeit zu stoßen, wird allerdings immer geringer. Denn im Zuge der Erschließung auch der entlegensten Gebiete auf dem Globus birgt auch der Kongo heute nur noch wenige Überraschungen. Jedenfalls nicht der Art, dass sie das Herz eines Zoologen oder gar Paläontologen höher schlagen lassen könnten. Dagegen sind die Erwartungen um so hochgeschraubter, was andere Zeugnisse der Natur betrifft, mit denen der Regenwald am Kongo und die angrenzenden Regionen aufwarten können. Da ist zunächst die Wasserkraft des Kongo, die für die Erzeugung elektrischer Energie genutzt werden kann. Der Inga-Damm am Unterlauf des Kongo verdient, an die Seite des berühmteren Assuan-Staudammes gestellt zu werden, obwohl dieser vornehmlich der Regulierung der Wasserführung des Nil dient.

Sodann ist auf die Vielzahl an Bodenschätzen hinzuweisen: die Skala reicht vom Erdöl bis zu Gold, und vom Uran bis zu den Diamanten. Auch seltene Metalle wie Lithium und Beryllium, die beim Flugzeugbau und in der Waffentechnik, bei der Weltraumforschung und in der Elektronik Verwendung finden, kommen in der Gegend des Kongo und seiner Anrainerstaaten vor. Während der Zeit des Kalten Krieges war der Markt gerade dieser Rohstoffe hart umkämpft. Doch wie die jüngste Vergangenheit gezeigt hat, haben sich auch andere Schätze, die der Regenwaldgürtel Zentralafrikas aufweist, eher als Fluch erwiesen. Wie gesagt: der Schimpanse – und selbst der Gorilla – hätten es nicht zuwege gebracht, was sich der Mensch hat einfallen lassen, um sich in den Besitz dieser Schätze zu bringen. Darüber zu berichten, werden wir noch hinlänglich Anlass haben. Hier mag es genügen, darauf hinzuweisen, dass davon alle Länder betroffen sind, die wir behandeln werden, besonders aber der Zaire, Angola und Sierra Leone. Ihnen allen ist gemein, dass der Reichtum an Bodenschätzen, der sie auszeichnet, ihnen zu allem andern als zum Segen gereicht.

Zwerge im Wald

Die besonderen Gegebenheiten der Umwelt, die das Erscheinungsbild eines Landes prägen, haben auch Auswirkungen auf die physische Beschaffenheit des Menschen. Das wird vor allem in Afrika deutlich, wo sich der Mensch in besonders auffallender Weise den Bedingungen, die die natürliche Umwelt stellt, angepasst hat. Zwar gibt es Menschen dunkler Hautfarbe auch in anderen Regionen der Erde, doch dass Afrika der »Schwarze Kontinent« genannt wurde, geschah nicht von ungefähr. Bezog man sich damit doch auf ein Merkmal, das den Afrikaner vorrangig kennzeichnete: seine Hautfarbe. Sie stellt ein Extrem im Vergleich zum Gegenpol, den das Erscheinungsbild des sogenannten Weißen einnimmt, dar und hat nicht unwesentlich dazu beigetragen, dass der Afrikaner nicht nur nicht von den Weißen als gleichrangig anerkannt, sondern darüber hinaus auch in einer Weise misshandelt wurde, die in der Geschichte der Menschheitsentwicklung einmalig ist. Gemeint ist die Sklaverei, die zwar keine Erfindung der Weißen ist, denn es hat sie praktisch zu allen Zeiten und überall auf der Welt gegeben, die dennoch aber in besonders extremer Form durch die Weißen, die sich dazu der Afrikaner bedienten, betrieben wurde. Wobei – und das wird gern und hartnäckig übersehen – zu den »Weißen«, mit denen man gemeinhin nur Europäer (und Amerikaner) meint, auch jene gehören, die ihnen rassisch sogar verwandt sind, obwohl man geneigt ist, sie von ihnen zu unterscheiden: nämlich Türken und Araber, die auf Grund ihrer Religion, des Islam, dem Orient zugerechnet werden und folglich nicht eigentlich als Weiße gelten. Was sie vor dem Vorwurf bewahrt hat, ihrerseits ausgiebig Sklavenhandel betrieben zu haben, und zwar gleichfalls in Afrika und zu einer Zeit, die weit länger währte, als das bei den vermeintlich eigentlich Weißen der Fall war. Wir werden darauf noch zu sprechen kommen.

Es ist nicht übertrieben zu sagen, dass das besondere Erscheinungsbild des Afrikaners ihm zum Schicksal geworden ist. Das trifft in gewisser Weise auch heute noch zu: nicht nur treiben Araber fleißig weiter Sklavenhandel (im Sudan), der Afrikaner ist auch – auf Grund seines besonderen Erscheinungsbildes – einer anhaltenden Diskriminierung auch von seiten derer ausgesetzt, die vorgeben, das verwerfliche Erbe des Rassismus längst überwunden zu haben. Dabei ist Rassendünkel ebenso im Spiel wie eine weitverbreitete Unkenntnis über den wahren Sachverhalt. Weshalb es angezeigt ist, auf die Frage: wer ist der Afrikaner? näher einzugehen.

Zunächst einmal ist zu unterscheiden zwischen dem sogenannten Schwarzafrikaner, der für den mittleren und südlichen Teil des afrikanischen Kontinents bestimmend ist, und jenem, der den nördlichen Teil Afrikas bewohnt. Letzterer hat weder rassisch noch kulturell etwas mit dem eigentlichen Afrikaner, dessen Siedlungsgebiet südlich der Sahara liegt, gemein. Es gibt zwar Übergangsformen, sowohl rassischer als auch kultureller Art, doch der Norden Afrikas ist ethnisch eher als ein Randgebiet des Kontinents zu bezeichnen: den eigentlichen Kern Afrikas, gerade auch was seine Bevölkerung ausmacht, bildet »Schwarzafrika«, und hier wiederum stellt die Gegend des Kongo (und angrenzender Gebiete) das eigentliche Herz dieses Subkontinents dar.

Die Wissenschaft unterscheidet vier sogenannte Groß- oder Hauptrassen: das sind – in ihrer alphabetischen Reihenfolge – die Australiden, die Europiden, die Mongoliden und die Negriden. Letztere beziehen sich auf die Schwarzafrikaner, die – wie auch die übrigen Großrassen – in verschiedene Unterrassen zerfallen. Allen Negriden sind bestimmte physische Merkmale gemein; dazu gehören, wie es die Wissenschaft formuliert, »sehr dunkle Haut, krauses Haar, sehr breite Nase, Prognathie [vorspringender Oberkiefer] und wulstige Lippen«. Dagegen definiert sich der Europide durch folgende Merkmale: »reliefreiches Gesicht, schlichtes bis lockiges Haar, schmale, hohe Nase, Neigung zur Aufhellung der Farben, besonders in Europa«. Anzumerken und hervorzuheben ist, dass zum sogenannten europiden Rassenkreis auch eine Untergruppe gehört, die als »Orientalide« bezeichnet wird und deren Verbreitungsgebiet von Mesopotamien bis Marokko reicht.

Es fällt auf und sollte nicht übersehen werden, dass bei der Definition von Rassen, soweit sie wissenschaftlichen Ansprüchen genügt, ein entscheidendes Merkmal keine Rolle spielt: das, was als Intelligenzquotient bezeichnet wird. Dazu heißt es, wiederum von verlässlicher Seite: »Der Intelligenzquotient (IQ) ist [...] eingehend studiert worden, mit dem Resultat, dass es weder ›gescheite‹ noch ›dumme‹ Rassen gibt.« Intelligenz, die Fähigkeit, geistiges Potential zu entfalten und zu nutzen, ist also nicht, wie man auch heute immer noch gern glaubt, eine vorbestimmte Größe, die rassisch bedingt ist. Die geistigen Anlagen sind überall gleich; ob sie zum Tragen kommen, hängt von dem gesellschaftlichen und kulturellen Umfeld ab, das stimulierend, aber auch hemmend wirken kann. Das kann jeder in seiner eigenen Gesellschaft beobachten.

Einsichten dieser Art sind immer noch ein Geheimtipp, nicht zuletzt deshalb, weil die Wissenschaft sich nicht die Mühe macht, ihre Erkenntnisse in gebührender Weise bekannt zu machen. Sie zieht es immer noch vor, sich in ihren sprichwörtlichen Elfenbeinturm zurückzuziehen, mit fatalen Folgen, wie sie gerade auch in Schwarzafrika zu beobachten sind. Der Hinweis auf die Hautfarbe, der als Erklärung dient, bewusst oder unbewusst, für das Chaos, das sich dort abspielt, zeugt von nichts weiter als einer bequemen Indifferenz, die die Öffentlichkeit kennzeichnet, gepaart mit jenem latenten Rassismus, der der Mär von höher- und minderwertigen Rassen anhängt. Nach dem Motto: Was kann man von denen schon anders erwarten!

Das Problem ist vielschichtiger: soweit es eine Eigenverantwortung betrifft, ist es nicht die Rasse, sondern die Kultur, die entscheidenden Anteil an den Fehlentwicklungen hat, die in Schwarzafrika, namentlich im Kongogebiet und in den angrenzenden Ländern, zu verzeichnen sind. Wobei Kultur hier nicht mit Barbarei gleichgesetzt werden kann, obwohl es manchmal den Anschein hat. Es sind vielmehr die gesellschaftlichen und politischen Verhältnisse, die das Chaos bedingen. Der Begriff »Kultur« wird also hier in seinem umfassenden Sinn gebraucht.

Halten wir fest, dass das Erscheinungsbild des Schwarzafrikaners weitgehend einheitlich ist und sich sehr wesentlich von dem des Europäers unterscheidet. In beiden Fällen handelt es sich um spezifische Anpassungen an bestimmte Umweltbedingungen, die – soweit es Afrika betrifft – vor allem durch die starke Sonneneinwirkung gekennzeichnet sind. Daraus Schlüsse auf die Persönlichkeitsstruktur abzuleiten, ist durch keinerlei wissenschaftliche Erkenntnis gerechtfertigt. Es ist die Bürde des Schwarzafrikaners, dass sich diese Einsicht selbst heute noch nicht durchgesetzt hat und in der Vergangenheit noch viel weniger zum Tragen kam. Was einen Großteil seiner leidvollen Geschichte erklärt.

2

Der relativen Einheitlichkeit des Rassentypus in Afrika steht eine Vielzahl von Sprachen gegenüber. Das trifft insbesondere für Schwarzafrika zu, wo es vor allem im Westen eine große Sprachenzersplitterung gibt. Insgesamt hat man in Afrika über tausend Sprachen registriert. Da die Sprache ein wichtiges Identifikationsmerkmal ist – man spricht nicht von ungefähr von »Muttersprachen« –, lässt sich jede Sprache einer bestimmten Ethnie zuordnen.

Wobei man für Ethnie auch Stamm sagen könnte; wenigstens hat sich dieser Begriff für Afrika allgemein eingebürgert. Obwohl man heute eher von »Volk« spricht. Letzteres aber ist eine eher gewagte Verallgemeinerung, denn in den meisten Staaten Afrikas ist die Bevölkerung nicht homogen: sie besteht aus einer Vielzahl von Ethnien oder Stämmen, ein einheitliches Volk, wie wir es von Europa gewöhnt sind, gibt es nicht. Woraus eine Unzahl von Problemen erwachsen sind, die zum Großteil gerade jene Spannungen erklären, die das permanente Chaos in Afrika bedingen.

Die Sprachen Afrikas lassen sich in vier große Gruppen unterteilen; die beiden mit dem größten Verbreitungsgebiet sind die Gruppe oder Familie der Niger-Kongo-Sprachen und die der Afroasiatischen Sprachen. Letztere verteilen sich auf den nördlichen (und östlichen) Teil Afrikas; zu ihnen gehört beispielsweise das Semitische, dessen bekanntester Vertreter das Arabische ist, wie auch das Ägyptische, womit die Sprache des Pharaonenreiches gemeint ist. (Es wird häufig übersehen, dass es gerade in Ägypten eine tiefgreifende Zäsur gegeben hat, die auf den Einfall der Araber zurückzuführen ist und zu einem radikalen Wandel der ägyptischen Gesellschaft und Kultur geführt hat.)

Das Gebiet, in dem sich die Träger der Niger-Kongo-Sprachen finden, erstreckt sich von Westafrika entlang eines breiter werdenden Gürtels in südöstlicher Richtung bis in das südliche Afrika; nimmt also den zentralen und südlichen Teil Afrikas ein. Die beiden kleineren Sprachfamilien, im Norden die Nilo-Saharische Gruppe und im Süden die Khoisan-Gruppe, entfallen nur jeweils auf einen kleinen Raum; bilden gewissermaßen Inseln in dem zweigeteilten Meer, das die beiden anderen Sprachfamilien darstellen. Die Träger der Khoisan-Sprachen, zu denen als bekannteste Vertreter die sogenannten »Buschmänner« gehören, stehen der Urbevölkerung Afrikas am nächsten. Sie sind – ebenso wie die Pygmäen, die sich sprachlich jedoch überlagernden Völkern angepasst haben, in ihrer physischen Erscheinung aber, ähnlich wie die Buschmänner, einen urtümlichen Typus darstellen – Restvölker, die in Rückzugsgebiete abgedrängt wurden. Die Träger der Niger-Kongo-Sprachen hingegen breiteten sich im Laufe der Zeit immer weiter aus, wobei als Ursprungsgebiet die südliche Küstenregion Westafrikas gilt. Ihre wichtigsten Vertreter sind die Bantu, die aber ihrerseits wiederum in verschiedenen Ethnien zerfallen, die jeweils durch eine eigene Sprache gekennzeichnet sind. Die bekanntesten dieser Sprachen sind Zulu, Kongo und Suaheli. Praktisch alle Ethnien, die auf das Gebiet der Staaten entfallen, die wir hier behandeln, sind den Bantu zuzurechnen, so dass sprachlich eine gewisse Einheitlichkeit gegeben ist. Die jedoch nicht darüber hinwegtäuschen sollte, dass es sowohl im physischen Erscheinungsbild als auch in der kulturellen Tradition große

Unterschiede gibt, die die sprachliche Verwandtschaft eher verwischen als verdeutlichen.

Während sich die Zeit der Ausbreitung der Bantu weitgehend bestimmen lässt – sie erfolgte in dem Zeitraum, der zwischen der Mitte des ersten vorchristlichen Jahrtausends und etwa 300 n. Chr. liegt –, ist die Frage, *warum* die Bantu aus ihrer Urheimat abwanderten und die Träger der Khoisan-Sprachen verdrängten, nicht eindeutig geklärt. Vermutlich fielen mehrere Faktoren zusammen: eine ansteigende Bevölkerung, die sich durch eine fortgeschrittene Wirtschaftsform ergab, die das Stadium der Jäger- und Sammlerkultur überwunden hatte, führte zu einem wachsenden Bevölkerungsdruck, als dessen Folge sich Abwanderungen ergaben. Hinzu kam eine verbesserte Technik, die durch den Gebrauch von Eisenwerkzeugen gekennzeichnet war und es den Abwandernden ermöglichte, auch in das unzugängliche Kerngebiet des Regenwaldes einzudringen, wo die Khoisan-Stämme nur als Jäger und Sammler gelebt hatten. Die Bantu rodeten den Wald, machten ihn urbar und legten ihre Felder an, errichteten Siedlungen, die ihrerseits expandierten, bis man schließlich wieder die Savannen erreichte, die auch die Urheimat der Bantu geprägt hatten. Mit dem Unterschied, dass man nun fast die Südspitze des afrikanischen Kontinents erreicht hatte. Dieser Prozess war, wie gesagt, um 300 n. Chr. abgeschlossen. Seitdem hat es keine größeren Wanderungsbewegungen im zentralen und südlichen Afrika mehr gegeben.

Ein einschneidendes Ereignis trat erst wieder im 7. Jahrhundert ein, als die arabische Invasion begann. Sie erfasste zwar nur den nördlichen Teil Afrikas (und in geringerem Maße auch den Osten), hatte aber auch Auswirkungen auf Zentralafrika, wo – wenn auch nur am Nordrand – der Islam seinen Einzug hielt, mit allen Folgeerscheinungen, die die Ausbreitung dieser Religion zeitigte. Allerdings kam der Islam nur im Westen und im Osten der Gebiete zum Tragen, die der Gegenstand unserer Untersuchung sind. Der Islam stellt also in unserem Fall nur eine Randerscheinung dar. Bedeutsam war er allerdings in zweierlei Hinsicht: er förderte die Bildung von monarchischen Staatswesen, wobei hier freilich Impulse auch auf das pharaonische Ägypten (und seine Nachwirkungen im Sudan) zurückgehen. Zum andern führte die Ausbreitung des Islam und eine Ausweitung des Handels, die damit einherging, zur Entstehung des Sklavenhandels, der gerade Schwarzafrika in beträchtlichem Maße betraf. Dass dieser Handel dann später auch von den Europäern aufgenommen wurde, geschah nicht zuletzt auch auf Grund der Tatsache, dass das Begehren, diesen schändlichen Handel zu treiben, sozusagen auf fruchtbaren Boden fiel. Denn die islamischen Fürsten, die von diesem Handel profitierten, waren bereits an das Geschäft mit dem »schwarzen Elfenbein« gewöhnt.

Das Auftauchen der Europäer im 15. Jahrhundert – frühere Einfälle von den Griechen über die Römer bis zu den Vandalen, die zudem nur Nordafrika berührten, lassen wir einmal außer acht – signalisiert einen weiteren Bruch in der historischen Entwicklung Afrikas. Diesmal war der ganze Kontinent in gleicher Weise davon betroffen, auch wenn die eigentliche Unterwerfung erst später erfolgte. Zu diesem Zeitpunkt war allerdings der kulturelle Höhenflug der Bantu im Kernland ihres Siedlungsgebietes längst Geschichte. Dafür hatten bereits die Portugiesen gesorgt.

3

»Vor des Königs Prunktuche sitzen etliche Zwerge, mit dem Rücken nach ihm zu. Diese sind sehr kurz von Leibe, doch groß von Kopfe; darauf sie, zwischen einem Stricklein – anders als die Einwohner [des Landes] – ein Tierfellchen tragen müssen. Die Schwarzen berichten, dass in einer Landschaft oder Wildnis lauter solche Zwerge wohnten, welche daselbst die meisten Elefanten zu schießen pflegten. Man nennt sie allda gemeiniglich Bakkebakke, und sonst Minos.«

Was hier in einer Zusammenstellung von Reiseberichten, die aus der zweiten Hälfte des 17. Jahrhunderts datiert, über jene »Zwerge« gesagt wird, deckt sich durchaus mit Beobachtungen von Wissenschaftlern aus neuerer Zeit. Dabei ist unschwer zu erraten, um wen es sich bei den vermeintlichen Zwergen handelt. Die Fachwelt nennt sie »Bambutide« und verweist damit auf ihre Rassenzugehörigkeit, die einen Sonderfall darstellt, denn die Bambutiden weisen zwar eine Verwandtschaft mit den Negriden auf, bilden aber eine Sondergruppe, die außerhalb des eigentlichen Schemas, das auf den vier Hauptrassen beruht, steht. Als charakteristische Merkmale für die Bambutiden gelten: »Zwerghafter Wuchs (Männer um 140 cm) bei kindlichen Proportionen, nämlich langem Rumpf, kurzen Beinen und großem Kopf; steile, stark gewölbte Stirn, niedriges rundes Gesicht und besonders breite Nase.«

Die Griechen nannten sie »Pygmäen«, was »Fäustlinge« heißt; ein Indiz, dass die »Zwergvölker« des Innern Afrikas auch schon im Altertum bekannt waren. Auch die Pharaonen hinterließen Zeugnisse, die auf Pygmäen verweisen. Was nicht verwundert, denn einst waren sie über ein weit größeres Gebiet verbreitet als heute, wo man Pygmäen nur noch – als versprengte Reste – in Rückzugsgebieten findet. Am reinsten hat sich ihr Typus – wie auch ihre angestammte Kultur – im Nordosten des Zaire erhalten, in jenem Waldgebiet, das nach einem Nebenfluss des Kongo, dem Ituri, benannt ist. Hier siedeln die Bambuti, von deren Namen sich die Rassenbezeichnung der Pygmäen herleitet.

Einst waren die Pygmäen die unumschränkten Herren des Regenwaldes am Kongo. Ihr Siedlungsgebiet reichte sogar bis in den Regenwaldgürtel an den Küsten Westafrikas. Noch heute finden sich einige Splittergruppen in Gabun und Kamerun. Charakteristisch aber ist ihr Wohngebiet im heutigen Zaire; wobei noch einmal darauf hingewiesen sei, dass der Zaire seit 1997 wieder in »Kongo« umbenannt worden ist, auch wenn sich weiterhin die Bezeichnung »Zaire« findet, im Unterschied zum kleineren Nachbarstaat, der gleichfalls »Kongo« heißt und das Gebiet am westlichen Ufer des Unterlaufes des Kongo einnimmt.

Die Kleinwüchsigkeit der Pygmäen stellt eine Adaptionsform dar, die den besonderen Umweltbedingungen des Regenwaldes angepasst ist. Im Gegensatz dazu stehen etwa die Tutsi in Ruanda, auch als »Watussi« bekannt, die in einer offenen Savannenlandschaft leben und ihrerseits ein Extrem darstellen: sie zeichnen sich durch besonders hohen, schlanken Wuchs aus. Was ihnen eine aristokratische Erscheinung verleiht, die nicht unwesentlich dazu beitrug, dass sie sich Nachbarvölkern, die sie unterjocht haben, überlegen fühlen. Der Wald bedeutet für die Pygmäen Schutz und Lebenssicherung; Schutz nicht zuletzt auch vor einer intensiven Sonnenbestrahlung, denn sie sind hellhäutiger als die Negriden.

Der Wald liefert den Pygmäen ihre Nahrung, und zwar ohne dass sie lenkend eingreifen. Das heißt, sie sind Wildbeuter: sie leben von dem, was der Wald ihnen bietet – jagdbares Wild und pflanzliche Nahrung, die man nur zu ernten beziehungsweise sammeln braucht. Die Nahrung wächst ohne das Zutun des Menschen nach: die Pygmäen betreiben eine ausschließlich aneignende – im Gegensatz zur produzierenden – Wirtschaftsform. Sie ziehen als Jäger und Sammler durch den Wald und begnügen sich mit dem, was der Wald ihnen liefert. Ihre Waffen sind Pfeil und Bogen, auch Speere verwenden sie, und sie erlegen damit sogar Elefanten, wie schon zu Recht die Quelle aus dem 17. Jahrhundert vermerkt. Die Männer sind geschickte (und mutige) Jäger (bei der Elefantenjagd beispielsweise wagt man sich dicht an die Dickhäuter heran und durchtrennt ihnen die Sehnen, so dass die Kolosse hilflos zu Boden stürzen), während die Frauen – neben dem Sammeln – auch den Fischfang besorgen.

Die Pygmäen leben in kleinen Gruppen, die jeweils dem Nahrungspotential, auf das sie angewiesen sind, entsprechen. Eine Gruppe umfasst zwischen drei und sechs Familien und zählt 25 bis 40 Mitglieder. Gewöhnlich bilden die Familien einer Gruppe eine Sippe, also einen größeren Verwandtschaftsverband, der patrilinear, das heißt nach der männlichen Abstammungslinie, ausgerichtet ist. Mehrere Sippen bilden einen Clan, als dessen Kennzeichen ein gemeinsamer mythischer Vorfahre gilt. Folglich gehören totemistische Vorstellungen zur Glaubenswelt der Pygmäen. Die Heiratsordnung ist exogam ausgerichtet, das heißt, es dürfen nur Mitglieder verschiedener Sippen eine eheliche Gemeinschaft eingehen. Dabei gilt das Prinzip der Tauschehe: für eine Braut, die man ersteht, muss im Gegenzug eine andere abgegeben werden. Auf diese Weise bleibt das demographische Gleichgewicht erhalten, dem auch die Praxis der Monogamie dient, die bei den Pygmäen vorherrscht.

Die geistige Kultur beruht auf mündlichen Überlieferungen; die lokale Autorität stellt ein Ältester. Das Häuptlingstum entspricht nicht der Tradition der Pygmäen; dazu sind die Gruppen zu klein. Als höchstes überirdisches Wesen erkennt man einen Gott in anthropomorpher Form, also in seiner Erscheinung dem Menschen entsprechend, an; daneben werden Geister verehrt. Gesänge und Tänze – wie auch Initiationsriten, die jedoch nur dem männlichen Geschlecht vorbehalten sind – dienen als festlicher Höhepunkt im Leben der Pygmäen. Insgesamt schätzt man die Zahl der Pygmäen heute auf etwa 200.000. Allerdings sind sie einem immer größerem Zivilisationsdruck ausgesetzt: die meisten Pygmäen leben heute nicht mehr in völliger Isolierung; sie sind eine wirtschaftliche Symbiose mit den Bantu eingegangen, indem sie sich als saisonale Arbeiter auf deren Pflanzungen verdingen, um in den Besitz begehrter Güter des modernen Lebens zu gelangen. Das Transistorradio ist heute auch bei den Pygmäen keine Seltenheit mehr, und an die Stelle des traditionellen Lendenschurzes beziehungsweise Blätterrocks sind häufig Kleidungsstücke nach westlichem Muster getreten. Der Wunsch, sich dem Diktat der Moderne anzupassen, hat zu einer zunehmenden Abhängigkeit der Pygmäen von der mehrheitlichen dörflichen Bevölkerung geführt, die die Bantu stellen. Sie sind die eigentlichen Herren, auch im Regenwald. Von denen, die – in langer Tradition – von außen agieren, einmal abgesehen.

Heilige Könige

Stellen die Pygmäen nur eine Minderheit dar, so sind die Bantu heute in der Überzahl. Ihr Siedlungsgebiet erstreckt sich, wie gesagt, in einem breiten Gürtel quer beziehungsweise diagonal durch das zentrale und südliche Afrika; es reicht von Nigeria bis Kenia und von der Zentralafrikanischen Republik bis Südafrika. Das Kongo-Becken bildet das Herzstück des Siedlungsgebietes der Bantu.

Entsprechend ihrer großen Verbreitung zerfallen die Bantu in verschiedenen Untergruppen, die jeweils nach ihrer geographischen Zuordnung unterschieden werden und Besonderheiten aufweisen, die sich zum einen aus den geographischen Gegebenheiten, zum andern aus Einflüssen ergeben, die Völker, auf die sie stießen, auf sie ausübten. So prägt die Bantu des Kongo-Beckens in erster Linie die beherrschende Landschaftsform des Regenwaldes, daneben aber auch die Tradition und darüber hinaus auch der rassische Typus der Pygmäen; während sich die offenen Savannen oder gar Steppen und Völker, die sich hier niedergelassen hatten, auf die Bantu im Osten und Süden auswirkten. Im Kontext unserer Ausführungen sind vor allem die sogenannten Nord- und Mittelbantu von Bedeutung.

Generell lässt sich sagen, dass sich die Bantu durch eine höhere Stufe kultureller Entwicklung auszeichnen: womit nichts über den Wert einer Kultur gesagt ist. Wohl aber über den Grad ihrer Differenziertheit und die Beherrschung der Umwelt. So sind die Bantu keine Wildbeuter, sondern Ackerbau treibende Völkerschaften, wobei im Gebiet des Regenwaldes die Form von Pflanzungen (und nicht eigentlich Feldern) überwiegt, während im Osten und Süden, wo die offenen Landschaften dies erlauben, die Viehwirtschaft eine nicht unerhebliche Rolle spielt. Doch bedeutet dies nicht, dass die Bantu – im Gegensatz zu andern Völkern, mit denen sie in Berührung kamen – eine pastorale Lebensweise, die sich in einem Hirtennomadismus äußert, führen. Sie sind in erster Linie sesshafte Bauern beziehungsweise Pflanzer; wobei, was letzteres betrifft, nicht eine Plantagenwirtschaft, sondern lediglich die Rodung kleiner Pflanzungen im Wald gemeint ist, die individuell genutzt werden. Das Leben konzentriert sich auf dörfliche Siedlungen, wobei es keine größeren Zusammenschlüsse gibt. Sieht man von zentralisierten Strukturen, die sich in Form von Königreichen äußern, einmal ab; wir werden darauf noch zu sprechen kommen.

Oberste Autorität war jeweils ein Sippenältester, wobei – was die Vergangenheitsform betrifft – darauf verwiesen sei, dass Tradition und Wandel zu berücksichtigen sind; die überlieferte Kultur stellt zwar auch heute noch den Grundstock dar, aber vieles ist Veränderungen unterworfen, so dass die traditionelle Lebensweise oft nur noch ein Konstrukt ist, das den Hintergrund erhellt, ohne dass damit der Anspruch einhergeht, dass diese Form der Kultur tatsächlich überall noch anzutreffen ist. Es gilt dies im Auge zu behalten.

Bemerkenswert in der Tradition der Bantu ist eine bevorzugte Stellung der Frau; das heißt, die Abstammung richtet sich nach der Linie der Mutter. Ihre Sippe ist entscheidend; nicht die des Mannes. Dies hat zu einer beträchtlichen Aufwertung des Status der Frau geführt, wie er besonders in den monarchischen Staatswesen deutlich wurde. Als Grund dafür ist die wirtschaftliche Bedeutung der Frau zu nennen, der ein Großteil des Feldbaus obliegt. Die Jagd spielt eine untergeordnete Rolle, wie andererseits durch die Berührung mit pastoralen Völkern der Einfluss einer patrilinearen Gesellschaftsordnung sich bemerkbar macht. Entsprechend ihrer gesellschaftlichen Position kommt Frauen auch eine herausragende Bedeutung im Kult und bei Zeremonien zu. So sind die Reifefeiern, die die Einführung in die Gesellschaft der Erwachsenen symbolisieren, bei Mädchen aufwendiger und differenzierter als bei Jungen. Auch bei Tänzen, die einen Teil des Kultes bilden, spielen Frauen eine bedeutsame Rolle, wie auch weiblichen Gottheiten, in Form von Erd- und Fruchtbarkeitsgöttinnen, eine besondere Bedeutung zukommt. Als höchstes Wesen gilt ein Schöpfergott, dem untergeordnete Götter beziehungsweise Geister assistieren; sie sind für bestimmte Bereiche der Natur und Bedürfnisse des Menschen zuständig. Daneben symbolisierten sie die Geister Verstorbener, die man zu überirdischer Wesenheit erhebt.

Als typische Vertreter der nördlichen Gruppe der Bantu gelten die Mongo. Sie bilden wiederum eine eigene Gruppe, die über 60 Stämme umfasst. Ihr Siedlungsgebiet erstreckt sich vom nördlichen Kongobogen bis zum Kasai, einem östlichen Nebenfluss des unteren Kongo. Der Lebensraum der Mongo-Stämme ist das eigentliche Kernstück des Regenwaldes, weshalb die Kultur, die sie aufweisen, zuweilen als »hyläisch« bezeichnet wird. Sie stellt eine Adaption an die Bedingungen des Waldes dar, verrät aber auch die Tradition der Pygmäen, die sie verdrängten; sofern sie mit ihnen nicht in symbiotische Beziehung getreten sind. Vorrangig äußert sich dies in der Stellung der Frau, die zwar auch bei den Mongo gewisse Vorrechte genießt, doch ihre dominante Rolle eingebüßt hat. Die Gesellschaftsordnung unterliegt vaterrechtlichen Prinzipien; das heißt, der Mann gibt den Ton an, Sippe und Clan sind patrilinear ausgerichtet. Die Polygamie in ihrer patriarchalen Form ist verbreitet; doch die Braut gibt es nicht umsonst: es ist ein Brautpreis zu entrichten, der allerdings auch die Rückversicherung beinhaltete, dass der Ehemann, wenn die Frau ihn verlässt (wovon sie durchaus Gebrauch macht), Anspruch auf Ersatz hat, also eine neue Frau fordern kann. Bei Ehebruch seitens der Frau muss der Liebhaber mit dem Tod, zumindest aber der Sklaverei rechnen. Die Frau kommt glimpflicher davon und rächt sich ihrerseits, wenn der Mann fremdgeht, indem sie sich ihm verweigert oder ihm die Arbeit im Haushalt überlässt. Im übrigen hat sie, bei einer polygamen Ehe, Anrecht auf ein eigenes Haus sowie Anspruch auf die Aufsicht über die Kinder. Es zeigt sich hier deutlich, dass beide Traditionen, sowohl Vaterrecht als auch Mutterrecht, zum Tragen kommen.

Die Religion kennt keinen institutionalisierten Kult; es gibt weder Priester noch Opfer. Gemeinschaftliche Kulthandlungen manifestieren sich in tranceähnlichen Tänzen, bei denen Frauen eine besondere Bedeutung zukommt; sie trachten, in Verbindung mit den Geistern der Toten zu treten. Auch totemistische Vorstellungen haben sich bei den Mongo-Stämmen erhalten. Des weiteren gehören Hexerei, Zauberei und Magie zu den bevorzugten Praktiken der Daseinsbewältigung. Ein Erbe der Kolonialzeit ist das Christentum, das seinerseits wiederum oft enge Verbindungen mit traditionellem religiösen Gedankengut und Brauchtum eingegangen ist.

2

»Wie nun diese Mannsbilder das Zeichen Belli haben, so haben fast eben auf dieselbe Weise die Frauen ein Zeichen des Bundes, welches sie Nesogge nennen. Dieses hat seinen Ursprung in Gale genommen und ist jetzt auch in Folgia und Quoja gebräuchlich. Man bringt 10 oder 12 oder auch mehrjährige Töchter als auch Frauen an einen sonderlichen abgeschiedenen Ort in einem Busch, nicht weit vom Dorf; wo die Männer ihnen erst Wohnhütten gemacht. Danach lassen sie eine Frau aus Gola kommen, welche sie Soghwilly nennen, weil sie die Oberste dieses Werkes ist, nämlich im Töten der Garnur oder Vala Sandyla, wie sie es heißen. Die Soghwilly, welche wie eine Priesterin ist, gibt der Versammlung Hühner zu essen; welche sie Hühner des Bundes, Sandy-Laree, nennen, weil sie dadurch verbunden werden, dort zu bleiben. Danach schert man ihnen das Haar mit einem Schermesser ab und bringt sie des anderen Tages an einen Fluss im Busche; wo zur Stunde die gemeldete Priesterin die Beschneidung verrichtet: nämlich eine muss die andere festhalten, und die Priesterin zieht oder schindet den Kitzel der Wollust aus der Scham, welches überaus blutet und sehr schmerzt. Nach der Beschneidung heilt die Priesterin die Wunden mit grünen Kräutern, welches zuweilen kaum in 10 oder 12 Tagen geschieht.«

Die Ausführungen Dappers, des niederländischen Kompilatoren, werden seine Zeitgenossen nicht minder verwundert haben wie heutige Leser. Zumal er sich nicht selten selbst nicht im Klaren war, worum es eigentlich ging. Was freilich nicht überrascht: waren die Berichte, auf die er sich stützte, doch nicht von Wissenschaftlern oder gar kundigen Völkerkundlern verfasst, sondern von Reisenden, Kaufleuten oder Missionaren, die oft recht ungenaue Beschreibungen ihrer Beobachtungen hinterließen. Im vorliegenden Fall werden immerhin zwei Dinge deutlich: es gab in dem Gebiet der »Guinea-Küste«, um die es sich hier handelt und womit die Gegend der südlichen Küste Westafrikas gemeint ist, Zusammenschlüsse von Frauen (wie auch von Männern), die offensichtlich einen geheimen und kultischen Charakter hatten, und es herrschte der Brauch der weiblichen Beschneidung, der damit offenbar in Verbindung stand. Ersteres, ein sogenanntes Bundwesen, ist eine Erscheinung, die besonders in Westafrika zu beobachten ist; es kommt aber auch in anderen Weltgegenden bei eingeborenen Völkern, sowohl in Ozeanien als auch in Nordamerika, vor. Wobei wieder auf den Gebrauch des historischen Präsens verwiesen sei, das auf den Umstand hindeutet, dass traditionelles Brauchtum heute nicht mehr mit der Selbstverständlichkeit anzutreffen ist, wie das in der Vergangenheit der Fall war. Die weibliche Beschneidung ist eine Erscheinung, die besonders in Afrika anzutreffen ist, wo es zwei Verbreitungsgebiete gibt, auf die sie sich besonders konzentriert: das östliche und das westliche Afrika. Neben der weiblichen Beschneidung findet sich auch eine männliche Variante, die eine größere Verbreitung hat und – soweit es Afrika betrifft – besonders durch den Islam gefördert wurde. Der allerdings auch zu einer Zementierung der weiblichen Form der Beschneidung geführt hat, obwohl deren schädliche Auswirkungen offensichtlich sind. Das Paradoxe daran ist, dass diejenigen, die den barbarischen Akt der weiblichen Beschneidung ausführen, selbst Frauen sind, während die Sanktionierung dieser Sitte beziehungsweise Unsitte durch die Männer erfolgt, die den Ton nicht nur in der Religion, sondern auch in der Gesellschaft angeben. Dabei sind jedoch zwei unterschiedliche Geisteshaltungen zu unterschieden: die eine, die im Islam wurzelt, bezieht sich auf eine rigorose Forderung seitens des Mannes bezüglich der Keuschheit der Frau, was im Extremfall zur sogenannten Infibulation führt, bei der die Frau nicht nur sexuell verstümmelt, sondern obendrein auch noch vernäht wird (nach dem Motto: doppelt hält besser!). Im zweiten Fall, bei dem eine frühere Form der Vorstellungswelt erkennbar ist, handelt es sich um eine Erscheinung, die in enger Verbindung mit Initiationsriten zu sehen ist. Darunter versteht man in der Völkerkunde bestimmte Praktiken, auch als »Reifezeremonien« bezeichnet, die dazu dienen, Mitglieder einer Gesellschaft in einzelne Gruppen, die einen Teil dieser Gesellschaft bilden, aufzunehmen. Am verbreitetsten sind Pubertätsriten, durch die ein Jugendlicher in das Erwachsenendasein eingeführt wird. Bei traditionellen Gesellschaften, die eine deutliche Trennung zwischen Kindheit und Erwachsenenstatus kennen, spielt eine solche Initiation eine besondere Rolle. Wobei vor allem dem Eintritt in das Alter der Geschlechtsreife Rechnung getragen wird; in diesem Zusammenhang ist die weibliche Beschneidung zu sehen. Es herrscht die Vorstellung vor, dass Kinder – als gemeinsames Produkt der Eltern – gewissermaßen bisexuelle Wesen sind; damit sie ihrer Aufgabe, wenn sie das Erwachsenenalter erreichen, gerecht werden können, die vor allem darin besteht, für den Fortbestand der Gesellschaft zu sorgen, muss jeweils gewährleistet sein, dass nur noch ein Geschlecht das Erwachsenenalter bestimmt. Folglich werden sekundäre Merkmale, die als Teil der Bisexualität gesehen werden, entfernt; was bei den weiblichen Kandidaten, die sich dieser Prozedur unterziehen müssen (und sie stellt den Regelfall dar), zur Extirpation der Klitoris, oft auch der Nymphen führt, wie man es im Fachjargon ausdrückt. Damit wird freilich verschleiert, worum es sich tatsächlich handelt: einen brutalen Akt der Verstümmelung, der auch nicht im entferntesten mit der männlichen Form der Beschneidung zu vergleichen ist. Ein lebenslanges Trauma ist das mindeste, was die derart Malträtierte erwartet. In einem unseligen Zusammentreffen stießen beide Vorstellungswelten, die autochthon-afrikanische und die islamische, aufeinander und bestärkten sich gegenseitig: so gehört Sierra Leone auch heute noch zu den Ländern, die am meisten durch die Geißel der weiblichen Genitalverstümmelung gekennzeichnet sind.

»Gleichwohl bleiben sie da drei oder vier Monate beieinander und lernen unterdessen Tänze und Lieder von ihrem Sandi: welche so mancherlei und so übel zu begreifen sind. Und in solchen Liedern ist sehr wenig, welches sie mit Ehren singen mögen; ob sie schon sonst in ihren täglichen Reden züchtig, ehrbar und schamhaftig sind. Solange sie dort beieinander sind, gehen sie ganz nackt; denn alle ihre Kleider werden ihnen bei ihrer Ankunft von der Priesterin genommen, und sie bekommen dieselben niemals wieder. Die alten Beschnittenen dürfen zwar bei ihnen aus- und eingehen, so oft sie wollen: aber sie müssen ihre Kleider draußen auf dem Wege liegen lassen und ohne

Kleider zu ihnen kommen. Wenn die Zeit herbeikommt, dass sie wieder herausgeführt werden sollen, so machen sie ihnen ein Kleid aus Bast von den Bäumen, welches sie rot und gelb färben; und ihre Freunde bringen ihnen vielerlei Zierat wie Armringe, Korallen, Schellen, welche sie um ihre Beine hängen, wenn sie tanzen, und dergleichen mehr, womit sie sich im Ausgehen schmücken. Wenn sie in das Dorf kommen, da sich viel Volks – eben als wenn ein Feiertag wäre – versammelt, geht die Priesterin, auf das schönste geputzt, voran nach dem Spielplatz zu. Hier sitzt einer und trommelt mit zwei Stöcken auf ein rundes ausgehöhltes Holz mit sehr geschwinden Schlägen. Nach diesem Spiele tanzen die Simodiuno, das sind des Sandi Kinder, einer nach dem anderen. Ein jeder kann aus dem Spiele verstehen, wann die Reihe an ihm ist, und sucht den andern im Tanze zu übertreffen. Wenn dieses Fest aus ist, dann dürfen die Frauen bei Neo-Soggo, das ist bei ihrem Bunde, schwören, ihren Worten einen Nachdruck und Glauben zu geben; wiewohl sie mit ihrem Eidschwur wenig ausrichten.«

Die Beschneidung war nur eines der Mittel, mit Hilfe derer die Aufnahme in eine bestimmte Gruppe erfolgte, sei sie nun durch ein bezeichnendes Alter oder durch andere Merkmale gekennzeichnet. Hier wird die Beschneidung im Zusammenhang mit der Aufnahme in einen Bund von Mädchen beziehungsweise Frauen erwähnt, der als »Sande« bekannt geworden ist. Diese Vereinigung stellt die bedeutendste der sogenannten Frauengeheimbünde dar, die zwar seltener als das männliche Pendant, doch in Afrika in verschiedenen Gegenden anzutreffen sind. Man kann sie als Reaktion auf die sich oft recht aggressiv gebärdenden Männerbünde bezeichnen, die sich nicht selten gerade gegen Frauen und Mädchen richten. Insofern nehmen die Frauenbünde eine Schutzfunktion ein. Sie dienen außerdem der Enkulturation, das heißt der Einführung in die Tradition der Gesellschaft, sowie der Bewahrung der kulturellen, insbesondere geistigen Überlieferung. Dies haben sie mit den Männerbünden gemein. Frauenbünde sind jedoch darüber hinaus auf magische Praktiken ausgerichtet, die die Fruchtbarkeit der Felder und das Gedeihen des Stammes, denn darum handelt es sich bei den traditionellen Gesellschaften, zum Ziel haben. Schließlich üben sie ihre Schutzfunktion gegenüber ihren Mitgliedern durch besondere Zaubermittel wie Talismane oder Fetische aus, die sie gegen die Bedrohung durch die Männer oder auch nur gegen alltäglichen Chauvinismus anwenden.

Sichtbar treten die Frauenbünde vor allem durch rituelle Tänze, die sie aufführen, in Erscheinung. Hierin kommt ihre gesellschaftliche Bedeutung, die sich auf die Gesamtheit des Stammes bezieht, zum Ausdruck. Denn diese Tänze sind vor allem im Zusammenhang mit Fruchtbarkeitsriten zu sehen.

Was auch bei der folgenden Beobachtung anklingt, die Dapper – wobei er sich auf die gleiche Gegend bezieht, in der auch der Sande-Bund vorkommt – anführt:

»In jeder Stadt oder jedem Dorf steht ein großes Haus, von anderen abgesondert, da die Töchter der Einwohner auferzogen und ein ganzes Jahr von einem sehr ehrbaren und jugendliebenden alten Mann, aus adligem Stamme entsprossen, unterwiesen werden. Wenn dieses Jahr verlaufen, treten sie alle miteinander, zierlich gekleidet und ausgeschmückt, heraus und begeben sich an einen Ort, da sie nach dem Klange unterschiedlicher Saitenspiele in Gegenwart ihrer Väter und vieler junger Gesellen tanzen. Diese jungen Gesellen erwählen sich dann eine daraus, die ihnen am besten gefällt, sie zu ehelichen. Aber sie müssen dem Vater zuvor einige Dinge geben, ehe sie die Tochter heimführen dürfen. Ja, ein jeder Bräutigam ist verpflichtet, dem alten Manne den Lohn für die Unterweisung seiner Braut zu bezahlen.«

Entsprechend der gesellschaftlichen Vorherrschaft des Mannes sind Reife- beziehungsweise Initiationsriten für den männlichen Teil der Bevölkerung gewöhnlich noch aufwendiger. Das trifft vor allem für die Aufnahme in jene Vereinigungen zu, die – analog zu den Zusammenschlüssen weiblicher Teile der Bevölkerung – als Männerbünde bezeichnet werden. Dabei ist zu unterschieden zwischen einfachen Bünden und Geheimbünden. Erstere stehen allen männlichen Mitgliedern der Gesellschaft offen; sie stellen sozusagen ein Privileg des Erwachsenenstatus dar, das Kindern und Frauen verwehrt ist. Folglich haftet auch den gemeinen Männerbünden etwas Geheimes an, denn das Wissen, das in ihnen gepflegt wird und sich auf die geistigen Fundamente der Gesellschaft bezieht, darf Uneingeweihten, vor allem aber Frauen, die man wegen ihrer magischen Kräfte fürchtet, nicht zugänglich gemacht werden. Versuchten sie dennoch, sich dieses Wissen anzueignen oder sich gar dem Versammlungshaus der Männer zu nähern oder sich in den Besitz geheimer Kultgeräte zu bringen, mussten sie mit Tod oder Vergewaltigung rechnen.

Exklusiver noch als die gewöhnlichen Männerbünde, die sich auf die Gesamtheit der erwachsenen männlichen Bevölkerung bezogen, waren beziehungsweise sind, denn es gibt sie zum Teil auch heute noch, *geheime* Männerbünde. Zu den bekanntesten dieser Bünde, die wiederum insbesondere in Westafrika anzutreffen sind, zählt der sogenannte Poro-Bund, den man sowohl in Sierra Leone als auch in Liberia findet. Heute beschränkt sich seine Funktion weitgehend nur noch auf seine Rolle als Wahrer der Stammestradition, die an seine Mitglieder weitergegeben wird. Ursprünglich aber war sein Wirken sehr viel mannigfaltiger und erstreckte sich auch – und dies sehr wesentlich – auf politische Aktivitäten. Denn der Poro-Bund war mit weitreichender Autorität ausgestattet, die er vor allem auf interethnischer Ebene, bei Konflikten zwischen verschiedenen Stämmen, ausübte. Im Streitfall trat er als Vermittler auf, löste aber auch kriegerische Handlungen aus, indem er Schuldige zur Ermordung oder Ausplünderung freigab. Der Bund maßte sich somit sowohl juristische als auch Polizeigewalt an, ein Umstand, den schließlich die britische Kolonialmacht nutzte, als sie in Westafrika Fuß fasste.

Zugang zu einer geheimen Männervereinigung wie dem Poro-Bund erlangte man durch Verdienst, aber auch durch Erwerb; das heißt, man konnte sich die Mitgliedschaft erkaufen, was naturgemäß nur dem möglich war, der bereits über einiges Ansehen und entsprechenden Einfluss verfügte, was wiederum dem Bund zunutze kam. Üblicherweise wurde man jedoch durch einen Initiationsritus, dem eine entsprechende Unterweisung – wie auch eine Prüfung der Eignung – voraufgingen, aufgenommen. Innerhalb des Bundes gab es eine strenge Hierarchie; er stellte zugleich Abbild und Gegenbild der Gesellschaft dar, der er angehörte. Wobei der Poro-Bund übergreifend wirkte; also über die Grenzen eines Stammes hinaus agierte, worin seine besondere politische Bedeutung lag.

Bekannter als der Poro-Bund – und sein weibliches Pendant, der Sande-Bund – ist ein anderer Geheimbund geworden, der die Männerbünde in Afrika in Verruf gebracht hat. Man kennt ihn von Tarzanfilmen, die ja gerade in jenem Teil Afrikas angesiedelt sind, wo Männerbünde in besonderem Maße auftreten. Die Rede ist vom berüchtigten Leopardenbund, der in Sierra Leone sein Unwesen trieb. Wobei man durchaus auch sagen könnte, dass sein barbarisches Wirken nicht nur auf die Vergangenheit beschränkt blieb, denn die Gewalttätigkeiten, wie sie in jüngster Zeit in Sierra Leone begangen wurden, kann man sicher auch als ein Erbe der Vergangenheit betrachten. Was freilich nicht nur für Sierra Leone, sondern auch für andere Gegenden, mit denen wir uns im Rahmen unserer Untersuchung befassen, zutrifft.

Naturgemäß agierte ein Geheimbund wie der der *Anyoto*, der »Leopardenmenschen«, im verborgenen, so dass es nicht leicht war, verlässliche Informationen über ihn zu erlangen. Zudem gab es keinen allumfassenden Zusammenschluss; vielmehr handelte es sich um mehrere voneinander unabhängige Vereinigungen, die zwar alle bestimmte Gemeinsamkeiten aufwiesen, sich jedoch in einzelnen Praktiken und Glaubensvorstellungen unterschieden. Erwiesen ist, dass die Entstehung dieses Geheimbundes – wie bei allen übrigen derartigen Zusammenschlüssen – kultischer Art ist; wir es also nicht mit bloßem Terror zu tun haben. Was nicht bedeutet, dass er nicht oft in Terror ausartete, der alles andere überdeckte.

Der Leopard bedeutet für den Afrikaner, der in Waldregionen lebt, das, was man in offenen Savannen und Steppen für den Löwen empfindet: der eine wie der andere wird ob seiner Kraft und der Furcht, die er dem Menschen einflößt, als ein Wesen angesehen, dem übernatürliche Eigenschaften anhaften. Wie man vom Löwen als dem »König der Wüste« spricht, so gilt auch der Leopard als der »Herr des Waldes«. Das wird deutlich in einem Bericht, den Dapper überliefert. Darin heißt es:

»Die Schwarzen haben die Gewohnheit, wenn in einigen Dörfern, außer des Königs Sitze, ein Leopard gefangen wird, dass sie denselben tot in des Königs Dorf bringen, ihn dort zu schlachten und zu essen. Aber weil die Einwohner desselben Dorfes nicht zulassen, dass die Fänger den Leoparden in ihr Dorf bringen, indem sie vorgeben, dass es ihnen zur Schande gereichte, wenn ein anderer Herr – nämlich der Leopard, den sie des Waldes Herrn nennen – ohne Widerstand in ihr Dorf gebracht werden sollte; so fallen sie die Träger des Leoparden sämtlich mit gewaffneter Hand an: welche dann sich danach gewaffnet jenen mit Gewalt widerstehen. Wenn sie nun außerhalb des Dorfes einander anfallen, mit Prügeln tapfer abschmieren und die Träger des Leoparden zu ihrem Vornehmen nicht gelangen können, so dass sie den Mut sinken lassen, dann kommt jemand aus des Königs Dorf und holt den Leoparden samt den Trägern in das Dorf: wo man endlich dem Leoparden auf dem Spielplatz das Fell abzieht und dasselbe samt den Zähnen dem König gibt. Sein Fleisch wird gekocht und von der Gemeinde auf dem Spielplatz mit Spielen und Tanzen verzehrt. Der König aber genießt nichts davon, weil kein Tier – wie er vorgibt – von seinesgleichen isst und er darum von keinem König essen soll.«

Dem Leoparden gebührt also eine besondere Verehrung: der König – oder Häuptling – schmückt sich mit seinem Fell, das zu einem Attribut der Herrschaft geworden ist, wie man auch heute noch beobachten kann – Mobutu trug stets eine Kappe aus Leopardenfell –, und das Volk, indem es das Fleisch des Leoparden verzehrt, hat dadurch Anteil an der magischen Kraft, die das Tier verkörpert.

Es verwundert also nicht, wenn der Leopard zum Symbol eines geheimen Bundes geworden ist, der zwar Angst und Schrecken verbreitet, dennoch aber – in seiner ursprünglichen Intention – den Zweck verfolgte, zum Wohl der Gemeinschaft beizutragen, wie es dazu in einschlägigen Quellen heißt. Die Mittel, die man dabei anwandte, waren jedoch in der Tat geeignet, dass man den Anyoto, den Leopardenmenschen, nur mit Furcht begegnete. Das traf besonders für Frauen beziehungsweise junge Mädchen zu, die ein bevorzugtes Opfer darstellten.

Der Schrecken, den der Leopardenbund verbreitete, beruhte auf zweierlei. Da war zunächst die Art, wie ein Opfer angefallen wurde. Wobei man bewusst die Jagdmethoden der Leoparden nachahmte und bemüht war, den Anschein zu erwecken, dass es tatsächlich auch ein Leopard war, der den Überfall verübt hatte.

Eine typische Abfolge der Ereignisse ergab sich, wenn ein neues Mitglied in den Geheimbund aufgenommen wurde. Es erfolgte dies in Form eines Initiationsritus, der aus einer Überprüfung der Eignung des Aspiranten sowie eines zeremoniellen Mahls bestand, das die Aufnahme besiegelte. Entscheidend bei der Initiation war jedoch, dass der Betreffende sich bereit erklärte, für ein geeignetes Opfer, das aus seiner Verwandtschaft stammen musste, zu sorgen. Ausgewählt wurde vorzugsweise ein junges Mädchen, das das Alter der Pupertät erreicht hatte. Es wurde dazu verleitet, sich zu einer bestimmten Zeit – nachts – aus seinem Dorf zu entfernen und einen vorherbestimmten Weg einzuschlagen. Selbst wenn sie sich sträubte, der Aufforderung nachzukommen, weil sie ahnte, was sie erwartete, blieb ihr keine andere Wahl: ihre eigene Familie, die die Anyoto eingeschüchtert hatten, zwang sie zu gehorchen.

Im Dschungel verborgen lauern als Leoparden verkleidete Mitglieder des Geheimbundes; sie sind mit dem Fell eines Leoparden angetan, tragen eine Maske, und als Waffe dient ihnen ein Dolch mit doppelter Klinge, der an einen Dreizack erinnert. Sie sind außerdem mit kleinen Tongefäßen ausgestattet, mit Hilfe derer, indem sie hineinblasen, sie das Fauchen eines Leoparden nachahmen. Ihr Anführer ist der sogenannte *Yongolado,* der »mit den Zähnen und Klauen«.

»Schließlich ist der Augenblick gekommen. Die Stille des Dschungels zerreißt ein aus tiefer Kehle kommendes Knurren. Das vorgesehene Opfer verhält in seinem Schritt. Und in diesem Augenblick bricht der Yongolado aus seinem Versteck hervor. Er fällt das Opfer von hinten an und reißt ihm mit einer schnellen Bewegung die Kehle auf. Das ist das Signal für die anderen Leopardenmänner hervorzukommen, und gemeinsam tragen sie das Opfer tiefer in den Wald. Während sie dies tun, macht sich einer von ihnen, der dazu auserwählt ist und Holzstücke an den Füßen trägt, die so geschnitzt sind, dass sie den Tatzen und Klauen eines richtigen Leoparden entsprechen, daran, so viele Leopardenspuren zu hinterlassen wie möglich, und dies in der Weise, dass sie in eine andere Richtung des Waldes führen als jene, die der Trupp mit dem Opfer genommen hat.«

Soweit die Darstellung eines Überfalls, die aus einer einschlägigen Untersuchung stammt. Der Leopard tötet sein Opfer durch einen Biss in Nacken oder Kehle, und er jagt, wie gesagt, nachts. Die Täter schlüpfen also in die

Rolle des Leoparden, und sie gehen dabei so weit, dass sie anschließend das Opfer in einem rituellen Akt verspeisen. Dem voraus geht das Schlachten des Opfers, was wiederum in zeremonieller Weise geschieht. Dabei konnte es auch vorkommen, dass man das Opfer zunächst nicht tötete, sondern zwang, sich unter einen Baum zu setzen, wo man an ihm einige magische Handlungen vollzog. Erst dann erfolgte die eigentliche Opferung: »Man öffnete den Bauch... [mit einem Messer] und stellte eine Schale darunter, um das Blut aufzufangen. Ein Helfershelfer fuhr mit seiner Hand tief in den Bauch hinein und riss mit einer schnellen Bewegung die Leber und die Gedärme heraus. Ein anderer stieß dann seine Hand hinein und riss etwas von dem Fett los. Als das Blut aufgehört hatte zu fließen und die Schale voll war, trug man die Gedärme, die Leber, das Fett und das Blut zu einer Hütte. Das Opfer selbst, das womöglich noch am Leben war, trotz des Blutverlustes und der Marter, die es hatte ertragen müssen, wurde dann zu einer Plattform vor der Hütte des Häuptlings getragen und an einen Pfahl gebunden.«

Der Häuptling stellt in diesem Fall den Nutznießer der Zeremonie dar, denn er, der für das Wohl des Dorfes verantwortlich ist, empfängt sozusagen die »heilige Medizin«, die durch das Opfer freigesetzt wird: »Am folgenden Morgen brachte man den Körper zurück an einen geheimen Ort im Wald und schnitt ihn in Stücke. Die Brüste wurden sorgsam herausgeschnitten und einige der Rippen entfernt. Dies war der Anteil, der dem Häuptling gebührte, und eine seiner Frauen pflegte sich bereitzuhalten, um den Anteil in Empfang und mitzunehmen, um ihn für ihn zu kochen. Sodann wurden die Beine abgetrennt und aufgeschnitten, so dass die Knochen entfernt werden konnten. Der Kopf wurde abgetrennt, enthäutet, und alles Fleisch wurde entfernt. Die Knochen der Beine und Schenkel und der Schädel wurden dann unter einer Palme vergraben. Der Rest des Leichnams wurde in kleine Teile zerschnitten, und zu gegebener Zeit, auf Geheiß des Häuptlings, kam das Volk herbei, um an dem Festmahl teilzuhaben.« Hier schließt sich der Kreis: ursprünglich begnügte man sich, sich mit der Trophäe, die das Fell des Leoparden darstellte, zu schmücken und dem gemeinen Volk das Fleisch des Tieres zu überlassen; am Ende trat an die Stelle des Leoparden ein menschliches Opfer, dessen magische Kraft für noch höher angesehen wurde. Dass es sich vorzugsweise bei dem Opfer um ein junges Mädchen handelte, unterstreicht die kultische Bedeutung des barbarischen Akts der Opferung: das Opfer stand für die Fruchtbarkeit der Felder, garantierte also das Wohlergehen der Gemeinschaft.

3

Im Leopardenbund manifestierten sich zwei traditionelle Bräuche: die rituelle Tötung und der Kannibalismus. Eine Verbindung zwischen beidem findet sich auch in anderen Kulturen, namentlich bei den Azteken im präkolumbischen Amerika, wo Geopferte in einer rituellen Zeremonie verspeist wurden. Verbreiteter aber ist der Kannibalismus schlechthin, ohne dass er mit bestimmten Opferzeremonien in Verbindung steht. Was nicht bedeutet, dass er nicht auch rituellen Charakter hat. Doch es gibt auch Fälle, wo der Kannibalismus gänzlich seiner rituellen Assoziation entkleidet ist. In besonderem Maße trifft dies für Zentralafrika zu, wo der Kannibalismus insgesamt besonders stark verbreitet ist. Ja, von Angola bis zum Sudan und von Sierra Leone bis Kenia war dieser Brauch einst anzutreffen. Mag er auch heute noch vereinzelt vorkommen, so ist doch eine der segensreichen Einwirkungen kolonialer Herrschaft das Vorgehen gegen diese Sitte gewesen, die Mitte des vorigen Jahrhunderts immer noch keine Seltenheit war.

Der Kannibalismus reicht weit in die Geschichte der Menschheit zurück. Und es findet sich dieser Brauch nicht nur bei sogenannten »Primitiven«, das heißt Völkern mit einer vergleichsweise einfachen, naturverbundenen Lebensweise, sondern auch bei Hochkulturvölkern wie eben den Azteken, wo allerdings eindeutig ein ritueller Aspekt im Vordergrund steht. Gleiches lässt sich nicht von den Völkern Zentralafrikas sagen, wo der Kannibalismus nicht nur weitverbreitet war, ein Umstand, auf den schon Stanley hinwies, sondern auch ohne Zweifel oft nur deshalb praktiziert wurde, weil dadurch ein Nahrungsbedarf befriedigt werden konnte. Und zwar nicht etwa, weil eine Notsituation herrschte, sondern eine eindeutige Präferenz bestand. Das folgende Beispiel, von dem ein Augenzeuge berichtet, mag das verdeutlichen: »Ein junger Häuptling der Basongo kam zu unserem Kommandanten während eines Essens in sein Zelt und bat ihn, ihm sein Messer zu leihen, das der Kommandant, der sich nichts dabei dachte, ihm gab. Worauf der Häuptling hinter dem Zelt verschwand und einem kleinen Sklavenmädchen, das ihm gehörte, die Kehle durchschnitt, und er war schon im Begriff, die Getötete zu kochen, als einer unserer Soldaten ihn sah. Der Kannibale wurde sofort in Ketten gelegt, doch kaum war er wieder auf freien Fuß gesetzt, da wurde er wieder von einigen unserer Soldaten festgenommen, die berichteten, dass er Kinder im Lager wie auch in der näheren Umgebung verspeise. Er trug einen Beutel um den Hals, der, als wir ihn untersuchten, einen Arm und ein Bein eines kleinen Kindes enthielt.«

Die Rede ist hier von einem Vorfall, der sich zur Zeit der Herrschaft König Leopolds von Belgien über den Kongo ereignete; der Beobachter, von dem die Schilderung stammt, gehörte zu den Ordnungskräften, die im Kongo eingesetzt waren. Wobei freilich die Ordnung, die man einführte, von zweifelhaftem Charakter war.

An dem Umstand, dass im Kongo – und in angrenzenden Gebieten – Kannibalismus vorherrschte beziehungsweise praktiziert wurde, der nicht rituell bedingt war, kann kein Zweifel bestehen. Darin sind sich alle Beobachter einig, und es gab nicht wenige, die über diese Praxis berichteten, von Kolonialoffizieren bis zu Völkerkundlern. Auch Missionare hielten ihre Beobachtungen fest; einer von ihnen, Holman Bentley, der einer baptistischen Missionsgesellschaft angehörte, bezieht sich auf das nördliche Grenzgebiet des Kongo, das wegen der weitverbreiteten Praxis des Kannibalismus berüchtigt war, wenn er schreibt:

»Sie teilten ihre menschliche Beute untereinander auf und hoben sie auf, gefesselt und dem Hunger ausgesetzt, bis es ihnen gelang, noch mehr zu fangen und so eine Ladung zusammenzustellen, die es wert war, zum Mobangi gebracht zu werden. Wenn die Gelegenheit nicht so günstig war, konnte es geschehen, dass man sah, wie diese armen Teufel, die dem Hunger ausgesetzt waren, gefesselt gerade noch, mit einem Minimum an Nahrung, am Leben gehalten wurden. Man stellte einen Trupp zusammen, und zwei oder drei Kanus wurden mit diesem menschlichen Vieh beladen. Dann ging es den Lulongo hinab, über den Hauptstrom, wenn Windstille herrschte, und den Mobangi aufwärts, um schließlich die Fracht in einigen der Dörfer gegen Elfenbein einzutauschen. Die Käufer machten sich dann daran, die Hungernden aufzupäppeln, bis sie wohlgenährt genug für den Markt waren, dann töteten sie sie und verkauften das Fleisch in kleinen Portionen. Was übrig blieb, wenn es ein Überangebot auf dem Markt gab, pflegte man auf einem Rost über dem Feuer zu trocknen oder auf einen Spieß zu stecken, den man in die Erde stieß neben einem langsam brennenden Feuer, bis man es wochenlang aufbewahren und in Ruhe verkaufen konnte.«

Es wurden regelrechte Jagden veranstaltet, um Menschen zu fangen, die als Nahrungsquelle begehrt waren. Dabei konnte es geschehen, dass man sozusagen mit einem wandelnden Metzgerladen handelte. Ein englischer Reisender, Herbert Ward, der sich Anfang des vorigen Jahrhunderts im Kongo aufhielt, berichtet: »Die wahrscheinlich unmenschlichste Praxis von allen ist bei den Stämmen anzutreffen, die absichtlich mit dem Opfer stückweise handeln, während es noch am Leben ist. So unglaublich es erscheinen mag: Gefangene werden von Ort zu Ort geführt, damit man die Gelegenheit hat, indem man entsprechende Körperteile markiert, jene zu bestimmen, die man zu kaufen wünscht. Für die Markierungen bedient man sich gewöhnlich gefärbten Tons oder besonders gebundener Grasbüschel. Dem erstaunlichen Stoizismus der Opfer, die auf eine solche Weise das Feilschen um ihre Körperteile erleben, kommt nur die Gleichgültigkeit, mit der sie ihrem Schicksal entgegengehen, gleich.«

Treffender wäre zu sagen, dass diese Schicksalsergebenheit, soweit es sich denn tatsächlich um eine solche handelte, nur noch übertroffen wurde durch die offensichtliche Gefühllosigkeit derer, die die Opfer ihrem Schicksal überantworteten. Womit wir beim Punkt wären. Denn es geht uns hier nicht darum, die Völker Zentralafrikas zu diffamieren. Und schon gar nicht reden wir hier einem wie auch immer gearteten Rassismus das Wort. Wir wollen klären, wie die exzessiven Ausschreitungen, die in jüngster Zeit in Zentralafrika und angrenzenden Gebieten zu beobachten waren (sofern sie nicht noch andauern), zu erklären sind. Allzu bereitwillig lädt sich der Weiße alle Schuld auf, und der Afrikaner bestärkt ihn natürlich in seinem Schuldgefühl. Diese Schuld kann nicht in Abrede gestellt werden, wie man noch sehen wird. Aber sie allein reicht nicht, um das erschreckende Ausmaß an Barbarei, das im genannten Teil Afrikas anzutreffen ist (natürlich auch anderswo), zu erklären. Ein beträchtliches Maß an Verantwortung ist den Afrikanern selbst zuzuweisen, ob ihnen (und den Übereifrigen unter den Weißen, die geradezu eifersüchtig über die eigene Schuld wachen) das nun ins Konzept passt oder nicht. Man kann darauf verweisen, soweit es die Praxis des Kannibalismus betrifft, dass sie nicht nur zum Zwecke der Nahrungsbeschaffung betrieben wurde. Erwähnenswert in dem Zusammenhang ist vor allem eine Sonderform des Kannibalismus, die sogenannte Nekrophagie, auch Endokannibalismus genannt. Dabei handelt es sich um einen rituellen Akt, der aus dem Verzehr Verstorbener besteht, und zwar sowohl indem man das Fleisch isst, als auch die Asche des Verstorbenen in Form eines Getränkes, das sie enthält, zu sich nimmt. Dies hat insofern kultischen Charakter, als man durch diese Art des Kannibalismus sich der besonderen Eigenschaften oder Kräfte des Verstorbenen versichern will. Auch ist in der Praxis des Endokannibalismus der Versuch zu sehen, der Seele des Verstorbenen einen neuen Platz in der Gesellschaft zu geben, damit sie nicht wahllos umherirrt und womöglich Schaden anrichtet. Hier liegen tiefverwurzelte Glaubensvorstellungen vor, wie sie bereits anklangen, und sie waren gleichfalls in Zentralafrika weitverbreitet. Doch daneben bestand eben auch die von jeglichem Kultischen losgelöste Form des Kannibalismus, die zumindest ebenso bedeutsam war. Was beweist, dass der Schwarze nicht erst durch den Weißen »korrumpiert« wurde, sondern auch aus eigenem Antrieb so manche Barbarei verübte, die allein seiner Tradition anzulasten ist. Der Hinweis auf ein möglicherweise anderes Wertsystem zieht nicht, will man nicht der Beliebigkeit Tür und Tor öffnen. Wenn berichtet wird, wie es glaubhaft geschehen ist, dass ein Afrikaner im Kongo eine seiner sieben Frauen nur deshalb von seinen sechs übrigen in den Kochtopf stecken ließ, um sie dann gemeinsam zu verspeisen, weil sie sich nicht an bestimmte Vorschriften, die ihre Rolle als Frau betrafen, hielt, so bleibt das dennoch ein Akt der Barbarei. Er mag der Tradition des betreffenden Stammes entsprechen, aber dadurch gewinnt er nicht an Respektabilität. Das mag man anerkennen; man kann es auch lassen. Nur hat man dann nicht das Recht, sich anderweitig kritisch zu äußern.

4

»Auf das Land der Schwarzen folgt eine weit ausgestreckte Gegend, welche die Landbeschreiber gemeiniglich Nieder-Etiopien – gleichwie das Abessinische Reich Ober-Etiopien – zu nennen pflegen. Dieses Nieder-Etiopien begreift unterschiedliche Königreiche, Länder und Völker: als unter anderen das Königreich Lovango..., Kongo, Angola, das Land der Kaffer, die Königliche Monomotapa... mit noch anderen Königreichen und Ländern. Es nimmt seinen Beginn auf der Nordseite des Flusses Zaire, welcher unter dem Mittagsstriche (Äquator) liegt, und breitet sich sehr weit nach Osten und Süden aus, wo es bei dem Vorgebirge der Guten Hoffnung mit der See endet.«

Man nennt die Gegend, auf die sich Dapper in seiner »Umbständlichen Beschreibung von Africa« bezieht, heute nicht mehr »Nieder-Äthiopien«, eine Bezeichnung, die die einstweilen noch vagen Kenntnisse über den afrikanischen Kontinent erkennen lässt, aber es trifft doch immerhin der Hinweis zu, dass sich in diesem Gebiet eine Reihe von staatsähnlichen Gebilden befanden, die das Stadium einer auf die dörfliche Lebensweise beschränkten Kultur überwunden hatten. In der Völkerkunde wurde für diese monarchischen Gebilde der Begriff »Sakralkönigtümer« eingeführt. Solche Sonderformen königlicher Herrschaftsgebiete gibt es auch in anderen Weltgegenden wie etwa in der Südsee oder in Hinterindien, aber sie erfuhren eine besondere Ausprägung in Afrika, wobei die Frage noch nicht ganz geklärt ist, woher die Tradition dieser Art Königtum stammt. Soweit es Afrika betrifft, liegt der Schluss nahe, dass eine Verbindung zum alten Ägypten besteht, wo sich ja bereits Ende des 4. Jahrtausends v. Chr. eine Herrschaftsform herausbildete, die schließlich in der imperialen Macht der Pharaonen gipfelte. Es lässt sich auch eine geographische und zeitliche Abfolge der Institution einer monarchischen Struktur verfolgen, die sich – soweit es den Bereich unserer Untersuchung betrifft – im östlichen Afrika zunächst nach Süden und dann in nordwestlicher Richtung ausbreitete. Eine solche Verbreitung – sofern sie sich denn tatsächlich in der skizzierten Weise vollzog – stellt in gewisser Weise eine Gegenbewegung zur Ausbreitung der Bantu-Völker dar, die – wie man sich erinnern wird – aus dem Westen in südöstlicher Richtung erfolgte. Aus dem Zusammentreffen dieser beiden Bewegungen entstand jene Institution, die als »sakrales Königtum« bezeichnet wird.

Was darunter zu verstehen ist, klingt bei Dapper an, wenn er über den Herrscher des Reiches von Loango, das im Gebiet der heutigen Republik Kongo, dem kleineren Pendant zum Zaire, angesiedelt war, schreibt: »Der König nennt sich selbst *Mani-Lovango,* das ist Herr von Lovango, aber sein Volk nennt ihn auch Mokisie, weil er – wie sie sagen – eine ungemeine Kraft bei sich hat, nämlich jemand mit einem Worte töten zu können und das ganze Land zu verderben, sowie jemand plötzlich zu erheben oder zu erniedrigen, reich oder arm zu machen, nach eignem Belieben. Was sie weiter sagen, dass er regnen lassen kann, wann er will, sich selbst in ein Tier verändern und einen Knopf in einen Elefantenzahn legen, ja mehr dergleichen Dinge auswirken. Solches dient alles, seine Macht zu vermehren und dem Volke sein großes Vermögen einzubilden, damit sie ihn höher halten, als er ist.«

Die Macht, die ein Herrscher ausübte, wie er hier geschildert wird, war weniger politisch bedingt als vielmehr religiöser Natur. Deshalb die Berechtigung des Begriffes »*sakrales* Königtum«. Der König repräsentierte göttliche Macht, und sein vorrangiges Ziel, seine eigentliche Aufgabe bestand darin, für das Wohlergehen seines Volkes zu sorgen. Dazu gehörte nicht nur die Sicherheit des Staates, sondern vor allem auch die Sicherung der wirtschaftlichen Grundlage des Reiches. Landwirtschaft und Viehzucht bildeten die Basis des Wohlstandes, und um ihr Gedeihen zu sichern, bedurfte es der vermeintlichen Einwirkung auf die Kräfte der Natur, wie etwa für ausreichend Regen zu sorgen. Der König bediente sich dazu magischer Kräfte, die man ihm zuschrieb, und entsprechender Praktiken, die er anwandte: sie garantierten den Fortbestand des Reiches. Was zugleich bedeutete, dass im Falle von Missernten oder anderen Schicksalsschlägen, die das Reich heimsuchten, dies als ein Zeichen gewertet wurde, dass die Kraft des Königs erlahmte und er nicht mehr in der Lage war, den Segen der Götter herbeizurufen. Er hatte in seinem Amt gefehlt und folglich sein Leben verwirkt. Ein neuer König musste an seine Stelle treten; makellos in seiner Erscheinung, kraftvoll und im Besitz der Gunst der Götter.

Da der König, wenn er erfolgreich seines Amtes waltete, als ein Wesen mit überirdischer Macht angesehen wurde, umgab ihn ein strenges Zeremoniell. »Jeden Tag hält er«, berichtet Dapper über den König von Loango, »zweimal

Tafel, das erste Mal des Morgens, ungefähr um 10 Uhr. Dann wird ihm in verdeckten Körben seine Speise zugebracht. Dabei geht ein Mann mit einer großen Schelle, womit er gemeiniglich schellt, einen jeden zu warnen, dass des Königs Speise in das verordnete Tafelhaus getragen werde. Und hierauf verlässt der König zur Stunde alle dieselben, die bei ihm sind, und begibt sich in das gemeldete Haus. Sobald der König ankommt, gehen die Speisenträger weg, wie sein Hofmeister und Koch; weil niemand, es sei Mensch oder Vieh, ihn essen sehen darf, es sei denn, dass er sein Leben verlieren wolle. Und darin isst er allezeit mit geschlossenen Türen.«

Nach dem Essen hielt der König hof; auch dabei wurde gewissenhaft die Etikette eingehalten: »Wenn der König gegessen hat, dann begibt er sich gemeiniglich mit einer großen Menge des Adels und der Beamten – auch wohl gemeiner Leute – nach dem Weinhause zu, welches das größte und prächtigste Gebäude ist auf seinem ganzen Hofe, mit einem großen Platz umringt und mit Palmenzacken umzäunt: darin die schwersten Streitigkeiten in des Königs Gegenwart geschlichtet werden.

Dieses Haus steht mit dem Vorgiebel offen, also dass das volle Tageslicht darein schießen kann. Ungefähr 20 Füße vom Hintergiebel ist zwerch (quer) durchhin eine Wand gezogen, welche acht Füße hoch und zwölf breit ist. Hinter dieser Wand liegt des Königs Wein, so dass ihn das Volk nicht sehen kann. Die Wand selbst ist mit zarten Küssenblättern, welche sie Kumbel nennen, über und über behängt. Und an derselben steht ein Reichsstuhl oder Königsessel von weißen und schwarzen Palmzacken, sehr künstlich gemacht, fast auf die Weise, wie sie Körbe flechten; die man zuweilen mit nach Europa zu bringen pflegt.«

Eine besondere Bedeutung kam dem Thron des Königs zu, er war das Sinnbild seiner Macht: »Dieser Königsstuhl ist ein Klafter lang, anderthalb Fuß hoch und zwei Füße breit. Auf beiden Seiten stehen zwei große Körbe von roten und schwarzen Weiden, darin der König – wie er selbst sagt – einige Teufelskünste zur eigenen Beschirmung bewahrt. Neben ihm sitzt auf jeder Seite ein Schenke, der ihm, wenn er trinken will, den Becher zureicht. Aber der eine an der linken Seite ist eigentlich verordnet, das Volk zu warnen, und hält in jeder Hand ein Eisen; welches ungefähr einen Finger dick ist und oben spitz. Mit diesen beiden Eisen schlägt er zusammen, zum Zeichen, dass der König trinken will. Sobald das Volk, welches sowohl außerhalb als in dem Weinhause steht, solchen Klang hört, so fällt es in aller Eile mit den Angesichtern in den Sand nieder und wendet die Augen weder hier- noch dorthin. Also bleibt es liegen, solange die gemeldeten Eisen gegeneinander geschlagen werden; welches nicht eher aufhört, als bis der König getrunken. Dann ruft der Schenke sie wieder auf: welcher mit geschlossenen Augen und rücklings von dem König den Becher, den er ihm gegeben, wieder empfängt. Wenn dieses geschehen und ein jeder sich wieder aufrichtet, so klopfen sie alle in die Hände, als wollten sie dem König Gesundheit wünschen. Dieses Händeklopfen wird bei ihnen für eine gemeine Ehre gehalten, gleich wie bei uns das Hutabziehen; welches allda nicht gebräuchlich...«

Die Etikette wurde so streng gehandhabt, dass von einem Fall berichtet wird, wo ein Prinz, der noch in kindlichem Alter war, seinen Vater dabei erblickte, wie er sein Mahl zu sich nahm: der Prinz wurde gevierteilt; seine Eingeweide trug man als Warnung durch die Stadt. Deren Größe übrigens mit der Amsterdams verglichen wird; was womöglich übertrieben ist, aber immerhin erkennen lässt, dass es sich bei der Residenz des Königs nicht um ein einfaches Dorf und bei seinem Amt nicht um ein bloßes Häuptlingstum handelte.

So herausragend die Stellung des Königs auch war: an Rang übertraf ihn die sogenannte Königinmutter. Sie war nicht unbedingt die leibliche Mutter des Herrschers. Oft nur eine Verwandte, die ihm beigeordnet war. Dapper schreibt: »Dem König wird durch das Oberhaupt der Reichsräte eine Mutter zugeordnet, nämlich die Älteste aus dem Geschlechte; welche sie Makonda nennen und er mit Gehorsamkeit erkennen muss als seine eigene Mutter. Diese Makonda hat große Freiheiten und Vorrechte vor die Edelleute sowohl als die gemeinen Leute, die in des Königs Ungnade geraten. Auch ist der König verpflichtet, in allen wichtigen Sachen ihres Rates zu pflegen. Ja, sie sind einander im unterlichen Teufelsdienste sehr beförderlich. Sie hat im Reiche ein solches Ansehen und eine solche Macht, dass sie den König, im Falle er ihr einigermaßen zuwiderfällt oder mit ihr nicht friedlich zu leben trachtet, aus dem Mittel zu rennen vermag.«

Mit anderen Worten: die »Königinmutter« verfügte über die Macht, den König absetzen zu lassen. Was ihre sonstigen Vorrechte betrifft, so bezogen diese sich nicht zuletzt auch auf eine beträchtliche Freizügigkeit, der sie frönte: »Es steht ihr [der Königinmutter] frei, wenn ihr die Lust beizuschlafen ankommt, soviel Männer bei sich zu lassen, als ihr beliebt. Eben dasselbe ist auch des Königs eigener Mutter und Schwestern, ja allen, die aus königlichem Blute entsprossen, vergönnt: wiewohl eine jede – auf Anraten des Königs – ihren eigenen Eheherrn hat, welcher sie der Unzucht wegen auf keinerlei Weise strafen darf. Wenn aber ihr Edelherr sich bei einer anderen Frau verläuft, so ist er, kraft der Gesetze, des Todes schuldig: dergestalt, dass sich dieselben mit Recht unglücklich zu schätzen haben, die sich mit so hohen Weibsbildern verheiraten müssen.«

Da hatten es die, die davon absahen, einfacher; denn beim Adel und mehr noch beim gemeinen Volk war es umgekehrt – da hatten die Frauen nichts zu lachen: »Die Frauen werden insgemein wenig geachtet. Denn sie müssen das Land umhacken, säen, einernten, die Hirse stampfen und zu Mehl reiben, auch dasselbe kochen und ihren Männern zu essen geben; welche für nichts als den Trank sorgen. Wenn der Mann isst, dann steht die Frau von fern und sieht ihm zu. Bleibt etwas übrig, so ist es für sie. Bleibt aber nichts übrig, so bekommt sie auch nichts. Ja, die Frauen sind ihren Männer so untertänig, dass sie dieselben anders nicht als auf ihren bloßen Knien ansprechen; und (um) vor ihnen im Begegnen ihre Ehrerbietung zu beweisen, in die Hände klopfen.« Und was die Ehe betrifft, die nach Möglichkeit, das heißt, wenn die Mittel des Mannes ausreichten, polygam war, so weiß Dapper zu vermelden: »Wenn die Frauen sich übel verhalten, vielmals auslaufen oder halsstarrig sind, so mögen die Männer sie ohne jemandes Widersprechen wegjagen.«

Diese unterschiedliche Einstellung zur Frau beziehungsweise die gegensätzliche Würdigung, die sie erfuhr, ist bezeichnend für die Königtümer, die im Kongo und in den angrenzenden Gebieten entstanden. Dabei stellt die Entwicklung, soweit es die Stellung der Frau betrifft, ein gewisses Paradoxon dar: denn die bodenständige Tradition, die durch die Kultur der Bantu geprägt war, räumte der Frau große Rechte ein, so dass man zuweilen von matriarchalen Strukturen sprechen kann. Das Königtum aber, zumal in seiner sakralen Form, stellt einen Import dar, aus Gegenden, im östlichen beziehungsweise nördlichen Afrika, wo die Tradition patriarchalisch geprägt war. Hirtenvölker verbreiteten diese Tradition, die sich zunächst nach Süden und von dort aus in das Gebiet des Kongo fortsetzte. Die Ruinen von Simbabwe im ehemalige Rhodesien sind das bekannteste Zeugnis dieser Königskulturen im südlichen Afrika. Weiter nördlich, im Seengebiet Ostafrikas, entstanden im heutigen Uganda, Ruanda und Burundi vergleichbare Königtümer, in denen gleichfalls eine traditionelle, matriarchalisch ausgerichtete Kultur durch eine Kaste patriarchaler Hirtennomaden überlagert wurde. Aus dieser Überlagerung, die feindlich verlief und zu keinem Ausgleich führte, resultieren die heutigen Spannungen in diesem Gebiet, die sich immer wieder in blutigen Auseinandersetzungen entladen.

Friedlicher vollzog sich der Wandel im Gebiet des Regenwaldes, wohin Impulse aus Rhodesien gelangten. Hier entstand eine Reihe von Königtümern, die sich eigentlich nicht *im* Wald, sondern an seinem südlichen Rand ansiedelten. Die bedeutendsten dieser Königreiche waren Luba und Lunda am Südrand des Kongo-Beckens und die Reiche von Loango, Kongo und Ndongo im Mündungsgebiet des Kongo sowie im angrenzenden Angola. Hier trat die angestammte Tradition besonders in Erscheinung, derart, dass sie mit dem Königtum verschmolz. Die traditionelle Wirtschaftsbasis, der

Ackerbau, oblag der Frau, was sich – wie es bereits anklang – auch auf den Kult auswirkte. Folglich ging zwar auf den König ein Teil der Bedeutung, die die Frau im Kult beziehungsweise bei der Sicherung des Gemeinwohls besaß, über, aber in der Person der Königinmutter (und der Vorrangstellung der weiblichen Mitglieder der Königsfamilie) blieben Privilegien der Frau, die sie zuvor genossen hatte, erhalten. Lediglich außerhalb des Umfeldes des Königs wandelte sich der Status der Frau; wobei patriarchale Reminiszenzen aus der Frühzeit mit neueren Einflüssen aus dem Gebiet der Hirtenvölker zusammenfielen.

»Wenn ein König gestorben ist, so machen sie ein Gewölbe unter der Erde, darein der verstorbene König mit seinen besten Kleidern auf einen Stuhl gesetzt wird und neben ihn allerlei Hausrat, wie Töpfe, Kessel, Pfannen und ein Haufen Tücher. Sie machen auch Bilderlein aus Holz und roter Erde und setzen sie rund um die Leiche herum. Diese sollen seine Diener und Hausgenossen, die er in seinem Leben gehabt, bedeuten.«

Ähnliches findet sich auch im pharaonischen Ägypten, auf das die Tradition des sakralen Königtums zurückgeht. Auch hier gab man den Toten, zumal dem Pharao, Nachbildungen, sogenannte Uschebtis, die die Funktion von Dienern im Jenseits hatten, mit ins Grab. Dieser Brauch war eine Abwandlung aus den Anfängen der Hochkulturen im Orient, als man noch Lebende aus dem Gefolge eines Herrschers mit ins Grab gab. Anklänge daran fanden sich schließlich auch noch im Königreich Loango: »Man tötet auch viele Leibeigene, welche zur königlichen Leiche ins Grab oder in ein anderes Gewölbe daneben gesetzt werden, dem König in der anderen Welt – wie sie wähnen – bedient zu sein; und zugleich zu bezeugen, wenn er zu einem großen Herrn kommen möchte, was er hier gewesen.« Man glaubte also an ein Leben nach dem Tode, und da konnte es nicht schaden, sofern man sich im Diesseits als König betätigt hatte, auch im Danach mit entsprechenden Referenzen aufzuwarten. Im übrigen sah der Brauch vor, dass bei der Inthronisation eines neuen Herrschers ein junges Paar lebendig begraben wurde. Ein Opfertod, der auf die symbolische Bedeutung des Königs, der für das Gedeihen der Feldfrüchte zu sorgen hatte, verweist.

5

»Die Einwohner des Königreichs Kongo, welche man in der Landessprache Mazikonger nennt, sind – sowohl Frauen als Männer – kohlschwarz, wiewohl einer mehr als der andere; weil auch braune oder olivenfarbige unter ihnen gefunden werden. Sie haben schwarzes gekräuseltes Haar und etliche wenige ein dunkelrotes, sind mittelmäßig lang, stark und untersetzt von Gliedern, wie ein gemeiner Niederländer, schwarz oder seegrün von Augäpfeln und nicht so dick von Lippen als andere Schwarze, also dass unter ihnen etliche schöne, wie unter uns, gefunden werden; darum auch die vom Kongo von anderen unterschieden sind, sonderlich von den Nubiern und Guineeren, die fast alle hässlich aussehen.«

Dapper, der selbst Niederländer war, legt natürlich den Maßstab des Europäers an, wenn er sich über das Aussehen der Bewohner des Kongo-Reiches äußert. Von diesem subjektiven Urteil einmal abgesehen, sind seine Bemerkungen hinsichtlich des Erscheinungsbildes der Bewohner dieses Reiches recht aufschlussreich: sie verweisen nämlich auf den Umstand, dass die Bevölkerung in ihrer physischen Erscheinung nicht homogen war, ein Indiz, das sich mit Überlieferungen deckt, denen zufolge die Entstehung der Reiche in Zentralafrika auf die Ein- beziehungsweise Zuwanderung von Bevölkerungsgruppen zurückzuführen ist, die durch fremde rassische Merkmale gekennzeichnet waren und die angestammten Völker überlagerten. Diese Zuwanderer, die sich durch höheren Wuchs und hellere Haut auszeichneten, kamen aus dem Osten und etablierten sich als Herrenvolk; oder, um es genauer zu benennen: sie bildeten eine Herrenkaste, die in der Errichtung des sakralen Königtums gipfelte. Die Exklusivität der Herrenschicht wurde gewahrt, indem die Herrscherfamilie alle politische Macht wie auch kultische Bedeutung auf sich vereinte. So dass eine zweigeteilte Gesellschaft entstand, die jedoch nicht jene tiefe Kluft aufwies wie bei den Königtümern Ostafrikas, wo die ethnischen Gegensätze erhalten blieben und zu jenen Spannungen führten, die bis heute dieses Gebiet nicht zur Ruhe kommen lassen. In der Gegend des Regenwaldes und der Savanne passten sich die Neuankömmlinge mehr der Tradition der unterworfenen Völker an, was zu einem Ausgleich führte. Interethnische Spannungen gab es in diesen Reichen weniger, was nicht unwesentlich dazu beitrug, dass die Reiche dieser Region eine weit größere Ausdehnung erfuhren als die Königtümer im Seengebiet. Das trifft insbesondere für das Kongo-Reich zu, wie auch für das Luba- und das Lunda-Reich, die am Südrand des Kongo-Beckens entstanden. Das bedeutendste dieser Reiche, die seit dem 14. Jahrhundert auf der Bühne der Geschichte erschienen, war das Kongo-Reich, das zugleich das älteste dieser Reiche darstellt. Seine Entstehung wird auf die Zeit um 1390 n. Chr. datiert. Es dehnte sich nach Norden wie nach Süden aus, wobei allerdings auch das Reich von Loango zeitweilig eine Hegemoniestellung erlangte. Doch das Kongo-Reich lief allen anderen den Rang ab; nicht zuletzt deshalb, weil es in enge Beziehung zu einer europäischen Macht trat, was zugleich aber auch weitreichende Veränderungen mit sich brachte. Denn das Kongo-Reich, das bereits Ende des 15. Jahrhunderts mit den Portugiesen in Berührung kam, war die erste staatliche Einheit Afrikas, die einem tiefgreifenden Wandel ausgesetzt war, der auf die Einwirkung Europas zurückzuführen ist. So vollzog sich ein Großteil der Entwicklung in diesem Reich unter dem Einfluss Europas, worauf im folgenden einzugehen sein wird.

Festzuhalten an dieser Stelle gilt, dass die kulturelle Entwicklung im autochthonen Afrika südlich der Sahara und im besonderen im Gebiet des Kongo ein Niveau erreichte, das an die Schwelle der Hochkulturen grenzt. Das heißt, vom ursprünglichen Wildbeutertum hatte die Entwicklung, ohne Einwirkung von außen, das Stadium der dörflichen Ackerbaugesellschaft durchlaufen, bis sie schließlich auf der Höhe zentralisierter Reiche anlangte. Die Grundlage dieser Reiche war – abgesehen vom Ackerbau (und der Viehhaltung), die die Basis der Wirtschaft bildeten – die Verwendung von Metallen (Kupfer, Eisen, Gold) und ein weitverzweigter Handel, der binnengerichtet war. Lediglich in Ostafrika führten Handelsverbindungen bis nach China.

Diese Reiche hatten im 15. Jahrhundert ihre volle Ausformung erlangt und bestanden zum Teil in ihrer ursprünglichen Form bis zum Ende des 19. Jahrhunderts, als auch Innerafrika zur Beute europäischer Kolonialmächte wurde. Dies trifft beispielsweise für das Lunda-Reich im südlichen Kongo zu, das sich am Vorabend der kolonialen Eroberung über ein Gebiet erstreckte, das immerhin die Größe Frankreichs erreichte und sich auf die stattliche Zahl von etwa dreihundert Vasallen stützte, die als Häuptlinge fungierten. Zu dieser Zeit war das einst mächtige Kongo-Reich, das die höchste Stufe dieser Königreiche darstellte, nur noch ein Schatten seiner selbst. Im Lunda-Reich aber waren noch alle wesentlichen Merkmale, die die Königreiche auszeichneten, anzutreffen. Dazu gehörten: die göttliche Verehrung des Königs, Löwe beziehungsweise Leopard als Wappentier, die Königinmutter als Symbol und Relikt ursprünglicher mutterrechtlicher Ordnung und höchste Autorität, Geschwisterehe in der Herrscherfamilie, ein Rat aus königlichen Verwandten, denen auch die Beamtenhierarchie entstammte, ein feudales Lehenswesen, ein strenges Hofzeremoniell mit Musikanten und Leibgarde, rituelle Tötung des Königs, unter anderem durch die Schwestergemahlin, im Falle von Unheil, das das Reich bedroht, Mumifizierung der Leiche des Königs, Schädelkult, Menschenopfer, Priesterschaft, Magie und Zauberwesen, naturverbundene Religion. All dies gehörte zur Tradition der Königreiche, auf die die Europäer seit dem Beginn des ausgehenden 15. Jahrhunderts stießen. Wobei die Verbreitung dieser Königreiche von der Mündung des Kongo bis zum Seengebiet in Ostafrika reichte. Einige dieser Reiche hatten über Jahrhunderte Bestand und setzten ihre Tradition bis in die unmittelbare Gegenwart fort. Andere zerbrachen bereits unter dem Anprall der ersten Europäer. Dazu gehörte auch das ruhmvollste dieser Reiche, das Königreich am Kongo. Es wurde das erste Opfer der europäischen Expansion nach Übersee.

ZWEITER TEIL

Schwarzes Elfenbein

Im Mai 1291 brachen zwei Brüder aus Genoa, Ugolino und Guido Vivaldi, zu einem Abenteuer auf, das das Ziel hatte, »durch den Ozean« eine Route nach Indien zu erkunden. Die Gebrüder Vivaldi waren Kaufleute, und Indien galt seit dem Zug Alexander des Großen als ein Land nicht nur der Wunder, sondern auch unermesslicher Reichtümer. Schon die Römer pflegten regelmäßig Handel mit Indien; doch nach dem Scheitern der Kreuzzüge und dem neuerlichen Erstarken der Muslime im Orient war der Handel mit Indien unterbrochen, und so suchte man einen Ausweg aus dem Dilemma, indem man auf den Gedanken verfiel, einen Seeweg nach Indien zu suchen. Das war ein origineller Gedanke, den nicht erst Kolumbus in die Welt setzte, als er zweihundert Jahre später – in dem Versuch, Indien auf westlichem Kurs zu erreichen – auf einen Kontinent stieß, der sich als Barriere erwies und unter dem Namen »Amerika« bekannt wurde.

Die beiden Brüder Vivaldi versuchten es auf östlichem Kurs, was schließlich auch näher lag; nur konnte man es eben nicht wie die Römer halten, die immerhin Ägypten besetzt hatten und so über das Rote Meer nach Indien gelangen konnten. Ägypten war in der Hand der »Ungläubigen«, also blieb nur der Weg um Afrika herum, das heißt die Erkundung eines neuen Seeweges. Das Problem dabei war, dass niemand wusste, welchen Umfang der afrikanische Kontinent hatte; auch war es nicht sicher, dass der Atlantische Ozean überhaupt mit dem Indischen Ozean in Verbindung stand. Zwar gab es die Kunde, dass ein ägyptischer Pharao, Necho mit Namen, vom Roten Meer her Afrika umrundet haben sollte, und auch ein Karthager, namens Hanno, war angeblich bis zur Westküste Marokkos vorgestoßen. Doch verlässliche Berichte über diese beiden angeblichen Entdeckungsfahrten gab es nicht, und so tappte man buchstäblich im Dunkeln; zumal was das eigentliche Afrika betraf, das nur als das »Land der Schwarzen« bekannt war. Eine Bezeichnung, mit der die Muslime, die im Norden herrschten, den Rest des afrikanischen Kontinents, mit dem sie Handel trieben, belegt hatten.

Und nicht nur waren Gestalt und Umfang des afrikanischen Kontinents unbekannt, es herrschten auch höchst beunruhigende Vorstellungen bezüglich der Beschaffenheit des Ozeans vor. Man fürchtete – eingedenk der hohen Temperaturen, die sich nach Süden hin, in Richtung Äquator, steigerten –, dass das Meer in diesen Breiten kochte und jeder, der sich dahin wagte, im Sonnenglast verbrannte. Kurzum, die Gebrüder Vivaldi, die sich mit zwei Galeeren aufmachten, gingen ein nicht geringes Risiko ein. Selbst wenn man nur die tatsächlichen – und nicht auch noch die vermeintlichen – Gefahren und Widrigkeiten in Rechung stellt. Es verwundert denn auch nicht, dass diese Erkundungsfahrt im Unglück endete: die beiden Galeeren blieben verschollen, und alle Versuche, Aufschluss über ihr Schicksal zu erlangen, waren vergeblich.

Hundert Jahre vergingen, dann wurde ein portugiesischer Prinz, den man auf den Namen »Henrique« taufte, geboren. Dieser Heinrich, der dritte Sohn König Johann I. und seiner englischen Gemahlin, Philippa von Lancaster, entpuppte sich als ein neuer Vorkämpfer des Christentums im jahrhundertealten Ringen gegen die Ungläubigen. Ein Begriff, mit dem übrigens beide Seiten, sowohl Christen als auch Muslime, den verhassten Gegner bezeichneten. Als König Johann seine beiden Jüngsten, Duarte und Heinrich, zum Ritter schlagen lassen wollte und dies mit festlichem Prunk im Beisein versammelter Ritterschaft aus allen christlichen Ländern zu veranstalten gedachte, verwies Heinrich darauf, dass er sich erst noch einer solchen Auszeichnung würdig erweisen müsse. Es bot sich ein Angriff auf Ceuta an, eine Hochburg der Mauren in Afrika: von hier aus war einst die Unterwerfung der Iberischen Halbinsel durch die Araber erfolgt. Inzwischen waren die Mauren bis auf eine Enklave in Spanien zurückgedrängt. Ein Vorstoß gegen Ceuta, das auf der gegenüberliegenden Seite der Meerenge von Gibraltar lag, würde die Mauren weiter schwächen und zudem für Portugal einen Brückenkopf in Afrika eröffnen. 1415 wurde die Stadt genommen, Prinz Heinrich verdiente sich seine ersten Sporen, wurde zum Ritter geschlagen, hatte aber – als dritter Sohn – kaum Aussicht auf die Königswürde und verlegte sich folglich auf nicht minder ehrgeizige Pläne. Während sein Bruder Duarte die Regierungsgeschäfte übernahm, fand Heinrich die Muße, sein Augenmerk auf ein Projekt zu richten, das ihm seit seiner Teilnahme am Feldzug gegen Ceuta am Herzen lag: er wollte das Reich der Mauren in Afrika erobern. Nicht nur weil ihm die Ungläubigen ein Dorn im Auge waren, sondern auch weil er in Ceuta erfahren hatte, dass die Mauren einen schwunghaften Handel mit Gold und Sklaven trieben, der durch die Wüste der Sahara lief. Wenn es Portugal gelänge, im Süden, wo die Quellen des Reichtums lagen, Fuß zu fassen, dann würde es zum einen das Reich der Mauren, womit Marokko gemeint ist, schwächen und zum andern direkten Zugang zu den begehrten Handelsgütern erlangen. Als Verbündeter im Kampf gegen die Ungläubigen sollte ein legendärer christlicher König gewonnen werden, der seit geraumer Zeit durch die Vorstellungswelt der Christenheit geisterte. Als »Priesterkönig Johannes« bezeichnet, tauchte die Mär von seiner sagenhaften Existenz zuerst um die Mitte des 12. Jahrhunderts auf: wie es hieß, handle es sich bei diesem König um einen tapferen Streiter für die Christenheit, der zudem über unermesslichen Reichtum verfüge. Zunächst verlegte man die Existenz seines Reiches nach Asien, später, als sich die Kunde verdichtete, nach Afrika, und zwar in jenes Gebiet, wo in Äthiopien seit der Antike tatsächlich ein christliches Reich bestand. Der Vatikan nahm bereits zu Beginn des 14. Jahrhunderts Kontakt mit dem christlichen Reich in Äthiopien auf, und seitdem stand eigentlich fest, dass es sich bei dem Herrscher von Äthiopien um den sagenhaften König handelte. Doch da man nicht wirklich einen regen Verkehr mit dem fernen Äthiopien pflegte, wusste niemand so recht, wo das Reich des Johannes denn tatsächlich lag. Vermutlich irgendwo südlich der Sahara, wobei man allerdings davon ausging, dass sich der afrikanische Kontinent nicht mehr allzu weit nach Süden ausdehnte. Was jenen anderen Aspekt ins Spiel brachte, der schließlich die Überlegungen Prinz Heinrichs abrundete: die Erkundung eines Seeweges nach Indien. Denn Indien war das Ziel aller Träume: inzwischen hatte Marco Polo, der auf seiner Rückreise aus China den indischen Subkontinent besucht hatte, vom märchenhaften Reichtum Indiens berichtet, und so trachtete man, mehr noch als zuvor, einen Weg, der unbehelligt durch die Mauren dorthin führte, zu finden.

Prinz Heinrich, der – wie gesagt – keine Aussicht auf den Thron hatte, zog sich 1419 in ein Refugium an der Südküste Portugals zurück, wo – auf einem Vorgebirge namens Sagres, das in den Atlantik ragte – eine kleine Siedlung entstand, die sich ganz den Unternehmungen des Prinzen widmete. Es gab hier ein Observatorium und eine nautische Schule, und die Kunde verbreitete sich, dass hier ein Zentrum der Schifffahrt entstanden war, das nicht nur ehrgeizige Ziele verfolgte, sondern auch über die nötigen Mittel verfügte, sie in die Tat umzusetzen. Kartographen, Astronomen, Schiffskapitäne und Piloten, letztere im Sinne von kundigen Steuermännern, die die Schiffsrouten kannten, fanden sich am Hofe des Prinzen ein, und schon bald florierte sein Unternehmen. Auch wenn es zunächst noch keine großen Gewinne abwarf.

Immerhin, in den vierzig Jahren, die sich Prinz Heinrich seinen kolonialen Aktivitäten widmete, auf die seine Unternehmungen schließlich hinausliefen, brachte er Bemerkenswertes zustande: nicht nur wurde ein Großteil der westafrikanischen Küste erkundet, entscheidender noch war, dass diese Erkundungen den Auftakt eines neuen Zeitalters bedeuteten. Für Europa war das Zeitalter der Entdeckungen angebrochen, das erste seiner Art, dem ein zweites im 18. beziehungsweise 19. Jahrhundert folgen sollte. Die erste Welle dieser Entdeckungen gipfelte 1492 in der Fahrt des Kolumbus nach Amerika und sechs Jahre später der Erkundung des Seeweges nach Indien durch Vasco da Gama. Für die »entdeckten« Länder und Völker bedeuteten diese Kontakte mit Europa den Beginn des Verlustes ihrer Autonomie. Das traf zwar mehr für Amerika und Indien zu, zeigte aber auch schon Auswirkungen in Afrika.

Es war ein langsames Vortasten, das zur Erkundung der Westküste Afrikas führte: die erste Barriere, das Kap Bojador, südlich der Kanarischen Inseln, die bereits im 14. Jahrhundert entdeckt worden waren und gewissermaßen die Grenze der Erkundung im Atlantik dargestellt hatten, wurde 1433 durchbrochen. Seit diesem Datum wagte man sich weiter auf das »Meer der Dunkelheit« hinaus. Doch bis der Portugiese Bartolomeu Dias das Kap der Guten Hoffnung, die Südspitze Afrikas, umrundete, vergingen mehr als fünfzig Jahre. Ein halbes Jahrhundert benötigte man, die Westküste Afrikas zu erkunden, und dass dies, trotz aller Widrigkeiten, die sich den Seefahrern entgegenstellten, gelang, war allein das Verdienst der Portugiesen. Eine bemerkenswerte Leistung für ein Land, das schon damals zu den Zwergen Europas gehörte.

Nun war die Erkundung fremder Länder kein Selbstzweck. Dahinter standen, wie gesagt, handfeste Spekulationen, und so war man denn nicht scheu, sobald sich die Gelegenheit bot, forsch zur Sache zu gehen. Kaum hatte man das Kap Bojador umrundet, rüstete man die ersten Expeditionen zur Sklavenjagd aus: sie fanden in den Jahren 1441 und 1445 im Gebiet des heutigen südlichen Marokko statt. Von diesem Zeitpunkt an war der Sklavenhandel ein integraler Bestandteil der portugiesischen Handelsinteressen in Afrika. Die ersten Sklaven wurden auf Zuckerrohrfeldern, die die Portugiesen auf den Inseln anlegten, die sie im Atlantik entdeckten, eingesetzt. Das war, bevor der große Exodus nach Amerika begann.

Das zweite Handelsgut, das anfangs eine Rolle spielte, war Pfeffer. Ihn fand man in der Gegend des heutigen Liberia, die man deshalb »Pfefferküste« nannte. Das angrenzende Sierra Leone, das die Portugiesen 1462 erreichten, verdankte seinen Namen dem Umstand, dass die heftigen Stürme, die hier wehen und sich in einem Küstengebirge fangen, die portugiesischen Seefahrer an das Brüllen von Löwen erinnerten, weshalb sie die Gegend »Serra Lyoa«, »Löwengebirge«, nannten, woraus sich schließlich die heutige (aus dem Spanischen abgewandelte) Form ergab.

Das dritte und eigentliche Ziel war die sogenannte »Goldküste« in Guinea, dem heutigen Ghana. Diese Gegend erreichten die Portugiesen 1471, nachdem sie zuvor die »Elfenbeinküste« erkundet hatten. Auch Elfenbein war ein begehrtes Handelsgut. Doch Gold, die Quelle allen Reichtums, um die die Portugiesen die Mauren beneideten, war der wirkliche Anreiz, der hinter all ihren Unternehmungen stand, und so errichteten sie westlich des heutigen Accra einen Stützpunkt, der als Handelsposten diente und den bezeichnenden Namen »Mina d'Ouro«, »Goldmine«, erhielt. Dieser Handelsposten wurde schließlich zu einer Festung ausgebaut, die man stolz »Castello da Mina« nannte. Doch es war ein elender Ort, wie dem Bericht eines zeitgenössischen Chronisten zu entnehmen ist; auch wenn er einen beträchtlichen Gewinn abwarf. »In jener Niederlassung«, schreibt der Chronist, Duarte Pacheco, »gedeiht der Handel durch Gottes Gnade so prächtig, dass sie jährlich einhundertsiebzigtausend *dobras* pures Gold nach Portugal ausführt. Neger, die verschiedenen Völkerstämmen angehören und aus großer Entfernung herkommen, liefern es gegen Waren mancherlei Art. Der Gewinn beläuft sich auf fünf für eins und mehr; doch das Land ist wegen seines Fiebers höchst ungesund, und die Weißen sterben hier sehr rasch.«

Das war die Kehrseite der Medaille: das Goldfieber forderte seine Opfer, denn das Klima am Golf von Guinea, unweit des Äquators, hat in der Tat seine Tücken. Doch die Portugiesen ließen sich dadurch nicht aufhalten: der Handel florierte, so dass sich der Aufwand lohnte, und die Portugiesen setzten unbeirrt ihre Erkundungen fort. Mittlerweile hatte Prinz Heinrich das Zeitliche gesegnet, aber in Johann II., der 1481 den portugiesischen Thron bestieg, fand er einen würdigen Nachfolger, der das Werk des Infanten energisch und zielstrebig fortsetzte. Stolz legte er sich 1486 den Titel eines »Herrn von Guinea« zu und konnte sich zu dieser Zeit bereits einer weiteren Entdeckung rühmen; auch wenn er selbst – wie schon der Prinz, sein Vorgänger, obwohl der als »Heinrich der Seefahrer« Berühmtheit erlangte – nicht wirklich an den Erkundungsfahrten teilnahm.

Der neuerliche Triumph, mit dem sich der portugiesische König schmücken konnte, war die Entdeckung eines Flusses, der wahrhaft gewaltige Dimensionen haben musste. Denn noch in einer Entfernung von fünf *Leguas,* also 25 Kilometer, von der Küste waren seine Spuren zu erkennen: Pflanzen, die er ins Meer trug, und Süßwasser, das sich mit den Wellen des Atlantik mischte. Dieser Fluss, den die Eingeborenen, die an seinen Ufern siedelten, *nzadi* nannten, woraus dann später »Zaire« wurde, war bislang unbekannt gewesen. Und nicht nur eine Freude, die das Herz eines Entdeckers höher schlagen ließ. Denn auch die Mündung dieses Flusses, so überwältigend sie auch war, bedeutete nicht das Ende des Suchens. War man doch nun, da man das Goldland erreicht hatte, um so eifriger bemüht, den Weg nach Indien zu finden. Die Unterwerfung der Mauren, die Prinz Heinrich am Herzen gelegen hatte, konnte warten; und auch der Priesterkönig trat hinter Vordringlicherem zurück. Unglücklicherweise entpuppte sich der Verlauf der Küste widriger, als man erwartet oder erhofft hatte: nicht nach Osten setzte sie sich fort, als man den Golf von Guinea erreicht hatte, sondern nach Süden. Und auf diesem Kurs, mit dem man sich halt abfinden musste, entdeckte der Portugiese Diogo Cão 1482 den Kongo.

Cão hatte bereits Erfahrung im Guineahandel, und König Johann setzte große Stücke auf ihn. Was unter anderem darin zum Ausdruck kam, dass er eine Neuerung einführte: hatten die portugiesischen Seefahrer sich bislang damit begnügt, hölzerne Kreuze an den Orten aufzustellen, die sie erkundet hatten, um dadurch zu dokumentieren, dass eine Entdeckung auch tatsächlich stattgefunden hatte, so ging Johann II. einen entscheidenden Schritt weiter. Eingedenk seiner Überzeugung, die ein Chronist folgendermaßen überlieferte: »Sein Geist weilte immer in der Ferne, immer gewillt, das Reich zu vergrößern«, von dem Wunsch beseelt, die Machtstellung Portugals durch eine Expansion nach Übersee zu erweitern, rüstete er die Expedition Cãos mit steinernen Pfeilern aus, die mit dem Wappen Portugals versehen waren und jeweils dort aufgestellt werden sollten, wo man an neuentdeckten Küsten an Land ging. Mit der Absicht, dadurch nicht nur den Akt der Entdeckung zu bekunden, sondern zugleich und vor allem auch die Inbesitznahme der entsprechenden Landstriche, wozu die steinernen Pfeiler als eine verlässlichere Garantie angesehen wurden als hölzerne Kreuze.

Mit diesen sogenannten *padrôes,* die gewissermaßen ein Patronatsrecht bekundeten, ausgestattet, stach Cão im Juni 1482 in See und leitete damit eine neue Phase der Entdeckung ein, im Verlauf derer nicht nur ein beachtlicher weiterer Teil der Küste Afrikas erkundet wurde, sondern die auch den Anstoß gab für erste koloniale Unternehmungen, die über den bloßen Handel hinausgingen. Ziel der Aktivitäten war dabei die Gegend des heutigen Kongo und des angrenzenden Angola. Als Cão die Mündung des großen Flusses erreichte, machte er sich sogleich daran, einen der Steinpfeiler, die er mitgebracht hatte, am Ufer des Flusses aufzustellen. Und entsprechend taufte er den Fluss auf den Namen »Rio do Padrão«. Auf der Rückseite des Pfeilers ließ er eine Inschrift anbringen, die etwa folgenden Wortlaut hatte (der Pfeiler ist verschollen, doch ein zweiter, der weiter südlich, in Angola, aufgestellt wurde, blieb erhalten, und auf ihm findet sich eine entsprechende Inschrift): »Im Jahre 6681 seit der Erschaffung der Welt und 1482 seit der Geburt unseres Herrn Jesus Christus ließ der höchst erlauchte, höchst ausgezeichnete und mächtige Fürst König Johann, der zweite seines Namens von Portugal, dieses Land durch seinen Knappen Diogo Cão entdecken und diesen Pfeiler errichten.«

Erste Erkundungen erbrachten die Nachricht von einem König, der sich

»Mani Kongo«, »Herr des Kongo-Volkes«, nannte. Er residierte in einem offenbar größeren Ort, der einige Tagesmärsche vom Fluss entfernt lag, und den Gerüchten nach zu urteilen, die über ihn im Umlauf waren, bestand die Möglichkeit, dass es sich bei diesem Herrscher um den langersehnten, legendären Priesterkönig Johannes handelte. Cão schickte eine Gesandtschaft an den Hof des Königs, die entsprechende Nachforschungen anstellen sollte, während er selbst die Reise entlang der Küste fortsetzte. So gelangte er nach Angola, bis zu jenem Punkt, wo er den zweiten Steinpfeiler aufstellte. Bemerkenswerterweise war die Stelle, wo dies geschah, der südlichste Punkt, bis zu dem die Oberhoheit des Manikongo reichte. Was aber den Portugiesen kaum bewusst gewesen sein dürfte.

Mit diesem Vorstoß nach Süden begnügte sich Cão einstweilen; er kehrte an den Kongo zurück, und als er feststellen musste, dass die Abgesandten, die er ausgeschickt hatte, nicht zurückgekehrt waren, nahm er kurzerhand vier der Einheimischen, die von Rang zu sein schienen, in Gewahrsam und trat die Heimreise an. Um die Gesandten nicht zu gefährden, versprach er, die Geiseln bei einer zweiten Fahrt wieder mitzubringen. Inzwischen würde man ihnen Portugiesisch beibringen, so dass man sich verständigen konnte; im übrigen sollten sie König Johann nähere Auskünfte über den Manikongo und sein Reich, das – wie gesagt – das Reich des Priesterkönigs zu sein versprach, erteilen. König Johann war entzückt, schlug Cão zum Ritter, stattete ihn mit einer lebenslangen Rente aus und animierte ihn, sogleich eine zweite Reise zu unternehmen.

Noch im gleichen Jahr, 1484, machte sich Cão erneut auf den Weg. Diesmal erkundete er die Küste Westafrikas hinunter bis zur Walfisch-Bucht im heutigen Namibia; womit er die Erkundung der Küste Westafrikas – und letztlich des Seewegs nach Indien – um insgesamt eintausendfünfhundert Meilen erweiterte. So beachtlich diese Leistung auch war, bedeutsamer im Zusammenhang mit unseren Ausführungen ist die Erweiterung der Kenntnisse über den Kongo, die auf dieser zweiten Fahrt Cãos erzielt wurde. Er setzte die vier Geiseln frei, nahm seinerseits die Gesandten wohlbehalten in Empfang und stattete dem Manikongo selbst einen Besuch ab. Dieser bot sich ihm, wie es dazu in einer Überlieferung heißt, »mit nacktem Oberkörper dar, auf einem reich geschmückten Podium thronend, den Kopf mit einer Kapuze aus einem Palmblattgeflecht bedeckt, über der Schulter einen mit Silber verzierten Pferdeschweif, um die Hüften ein Damasttuch, das ihm unser König hatte zukommen lassen, den linken Arm endlich mit einem Elfenbeinarmband geschmückt«.

Offensichtlich bezieht man sich hier, was das Damasttuch betrifft, auf Geschenke, mit denen Cão, der ja im Auftrag des portugiesischen Königs reiste, seine Gesandten ausgestattet hatte. Davon einmal abgesehen, erweckte der Manikongo eher den Anschein eines barbarischen Fürsten; jedenfalls entsprach er nicht der Vorstellung eines christlichen Herrschers vom Schlage des legendären Priesterkönigs. Ganz offensichtlich war die Lehre Christi gänzlich unbekannt; aber was das betraf, so würde man schon bald Abhilfe schaffen.

Auf dem Wege zum Herrschersitz des Manikongo erkundete Cão den Unterlauf des Kongo. Wobei er bis in die Gegend jener Stromschnellen gelangte, die als »Höllenschlund« bekannt wurden und mit denen auch Stanley zu kämpfen hatte, der sie dann nach seinem großen Vorbild Livingstone benannte. Hier findet sich eine Felseninschrift, die zwar undatiert ist, aber immerhin den bezeichnenden Hinweis enthält: »Bis zu diesem Ort kamen Schiffe, die von Johann II., König von Portugal, ausgesandt wurden; D[iog]o Cão, Po Annes, Po da Costa.« Eine andere Inschrift vermeldet den Tod von »Jo de Santyago«; er erlag einer Krankheit, offensichtlich dem Fieber. Das Klima des Kongo, das nicht weniger höllisch ist wie der Schlund, durch den der Fluss sich auf seinem Weg zum Meer zwängt, warf seine Schatten voraus. Noch so mancher, der sich in diese Gegenden vorwagte, sollte ihm zum Opfer fallen. Vermutlich raffte es auch Cão hin, denn er schaffte es zwar, in die Heimat zurückzukehren, doch nur um schon bald darauf aus dem Leben zu scheiden. Weder Ruhm noch königliche Zuwendungen nützten ihm noch etwas.

2

»Mani Kongo, der Herr des Landes, bat um Maurer und Zimmerleute, da er wünschte, dass es in seinem Reiche ebenso aussähe wie in Portugal; auch vertraute er Cão einige Söhne seiner Vornehmen an, damit sie in Lissabon getauft würden.« Ganz offensichtlich hatte es Cão verstanden, indem er sein Versprechen wahrmachte und mit den vier Geiseln zurückkehrte, das Vertrauen Nzinga a Nkuwus, des Herrschers am Kongo, zu gewinnen. Denn nicht nur gab dieser jene Söhne von Vornehmen des Reiches in die Obhut der Fremden, damit sie im christlichen Glauben unterwiesen würden, er schickte schließlich auch selbst eine Gesandtschaft nach Lissabon, was seine Bereitschaft, mit den Portugiesen in freundschaftliche Beziehungen zu treten, unterstrich. Nzinga a Nkuwu konnte nicht ahnen, dass er sich in seiner Gutgläubigkeit auf ein Spiel mit dem Feuer einließ.

Es war immerhin bemerkenswert, dass ein einheimischer Fürst in einem der fremden Länder und Kontinente, die die Europäer sich anschickten zu erkunden, von sich aus den Wunsch äußerte, mit den »Entdeckern« in Beziehung zu treten und darüber hinaus auch noch ihre Gebräuche, namentlich ihren Glauben, anzunehmen. Denn auch Nzinga a Nkuwu ließ sich schließlich taufen.

Nun war das Janusgesicht der Europäer, zumindest im Falle der Portugiesen und soweit es den Kongo betraf, am Anfang noch nicht erkennbar. Anders als bei ihren bisherigen Kontakten mit den Bewohnern der Küstenländer Westafrikas stießen sie am Kongo auf eine gesellschaftliche Ordnung, die nicht nur festgefügt war, sondern auch gewohntem Muster, das an die Verhältnisse in ihrer Heimat erinnerte, entsprach. Es gab einen König, eine Beamtenhierarchie, Vasallenstaaten und einen offensichtlich zivilisierten Umgang. Das einzige, was fehlte, war der rechte, der christliche Glaube. Und was das betraf, so würde man auch da alsbald die nötige Entsprechung finden. Aus der Sicht der Portugiesen eine durchaus vielversprechende Entwicklung. Und die Kongolesen?

Allzu viel ist nicht über sie bekannt, soweit es ihre Geschichte und Kultur *vor* dem Erscheinen der Portugiesen betrifft. Der Legende nach soll ein gewisser Nimi a Lukeni, der als Reichsgründer gilt, einst aus dem Osten, da wo der Kwango, einer der südlichen Zuflüsse des Kongo, fließt, gekommen sein. Er ließ sich in Mbanza, das zum Mittelpunkt des Reiches wurde, nieder, und von hier aus breitete sich die Herrschaft der Manikongo, wie sich die neuen Herren nannten, nach Norden wie auch nach Süden aus, bis sie schließlich ein Gebiet umfasste, das größer als Portugal war. Das Reich gliederte sich in sechs Provinzen, die jeweils einem Statthalter, der der herrschenden Familie entstammte, unterstellt waren. Sie wählten den König, obwohl es sich nicht eigentlich um eine Wahlmonarchie handelte: als Thronfolger galt stets der älteste Sohn der ältesten Schwester des regierenden Königs, ein Relikt aus der matriarchalen Gesellschaftsordnung, die der dörflichen Tradition Schwarzafrikas entstammt. Die Provinzgouverneure mussten immerhin bei einer Nachfolge ihre Zustimmung erteilen, was ihren Einfluss auf die Geschicke des Landes sicherte. Im übrigen teilte der Herrscher, der als Herr des Himmels und der Erde verehrt wurde, mit einer Art Hohepriester, der als Zauberer fungierte und für den Ahnenkult zuständig war, die Macht. Ansonsten herrschte das gleiche Zeremoniell, wie es bereits am Beispiel Loangos erläutert wurde, das in einem Vasallenverhältnis zum Kongo stand. »Wenn der König ausgeht«, berichtet Dapper »wird er von dem Adel des ganzen Hofes und seinen meisten Edelknaben begleitet; als auch von all denen, die um den Hof her wohnen oder um dieselbe Zeit sich eben dort befinden. Etliche dieser Edlen gehen vor und nach dem Könige, mit Springen und Tanzen, und gebärden sich fast so wie die Gaukler und Seiltänzer. Voraus gehen auch einige Spieler [Musikanten], welche auf unterschiedlichen

Spielzeugen sich hören lassen; danach die Edelleute zu tanzen scheinen, wiewohl ohne Ordnung. Diese Spielzeuge sind einige Trommeln – dort gemacht –, welche einen dumpfen Klang geben, und lange elfenbeinerne Pfeifen – gleich den Schalmeien –, welche sehr hell klingen. Nicht eher hört man zu spielen, zu tanzen und zu springen auf, als bis der König in ein Haus gegangen.«

In der Überlieferung ist von drei, vier Herrschern die Rede, die vor dem Erscheinen der Portugiesen regierten. Ihnen gelang es, das Reich im Norden bis in die Gegend des heutigen Gabun auszudehnen, während es im Süden bis weit nach Angola hineinreichte, wo der Vasallenstaat Ndongo freilich eine weitgehende Autonomie genoss. Auch die Residenz des Königs, Mbanza, befand sich auf dem Territorium des heutigen Angola. Ein Indiz für die Willkürlichkeit der Grenzen, die sich im Zuge kolonialer Eroberungen ergaben.

Immerhin, auch die Bakongo, das Herrenvolk im Kongo-Reich, waren einst Eroberer gewesen, und ihre Herrschaft reichte nicht weiter als bis zum Ende des 14. Jahrhunderts zurück. Bei der Ankunft der Portugiesen waren sie gerade mal hundert Jahre an der Macht. Und keine weiteren hundert Jahre vergingen, da setzte der Niedergang ein. Denn was sich anfangs als friedliche und freundschaftliche Begegnung angelassen hatte, verwandelte sich schon bald in Misstrauen und Unstimmigkeiten. Bis es schließlich zum Krieg kam.

Zunächst aber sah es so aus, als ob Portugiesen und Bakongo gut miteinander auskämen. Die Söhne der Vornehmen, die unter der Leitung eines Prinzen namens Cazuta mit nach Portugal geschickt worden waren, wurden mit gebührendem Respekt empfangen; im christlichen Glauben unterwiesen, getauft und mit einem portugiesischen Namen ausgestattet: Cazuta durfte sich fortan João da Silva nennen. Im Rahmen einer neuerlichen Expedition, mit der der portugiesische König seinen Kollegen im fernen Afrika beglückt, der bereits ungeduldig wurde und deshalb eine zweite Gesandtschaft auf den Weg geschickt hatte, kehrte Cazuta in seine Heimat zurück. In seiner Begleitung befanden sich all jene, deren Entsendung der Manikongo so sehnlichst erbeten hatte: Maurer, Zimmerleute, Geistliche. Das große Zivilisationswerk, mit dem der Manikongo hoffte, sich seinem großen Bruder in Portugal ebenbürtig zu erweisen, konnte beginnen. An seinem Anfang stand die feierliche Taufe Nzinga a Nkuwus, ein Akt, der mit gebührendem Zeremoniell am 3. Mai 1491 vollzogen wurde. Fortan herrschte ein christlicher König im Kongo.

Und wie der Monarch, so wurden auch die Untertanen des Manikongo, der sich jetzt stolz – seinem Namensvetter zu Ehren – João I. nannte, angehalten, sich taufen zu lassen. Zu Tausenden ließen sich die gehorsamen Untertanen bekehren. Kirchen wurden erbaut, Schulen eingerichtet, die

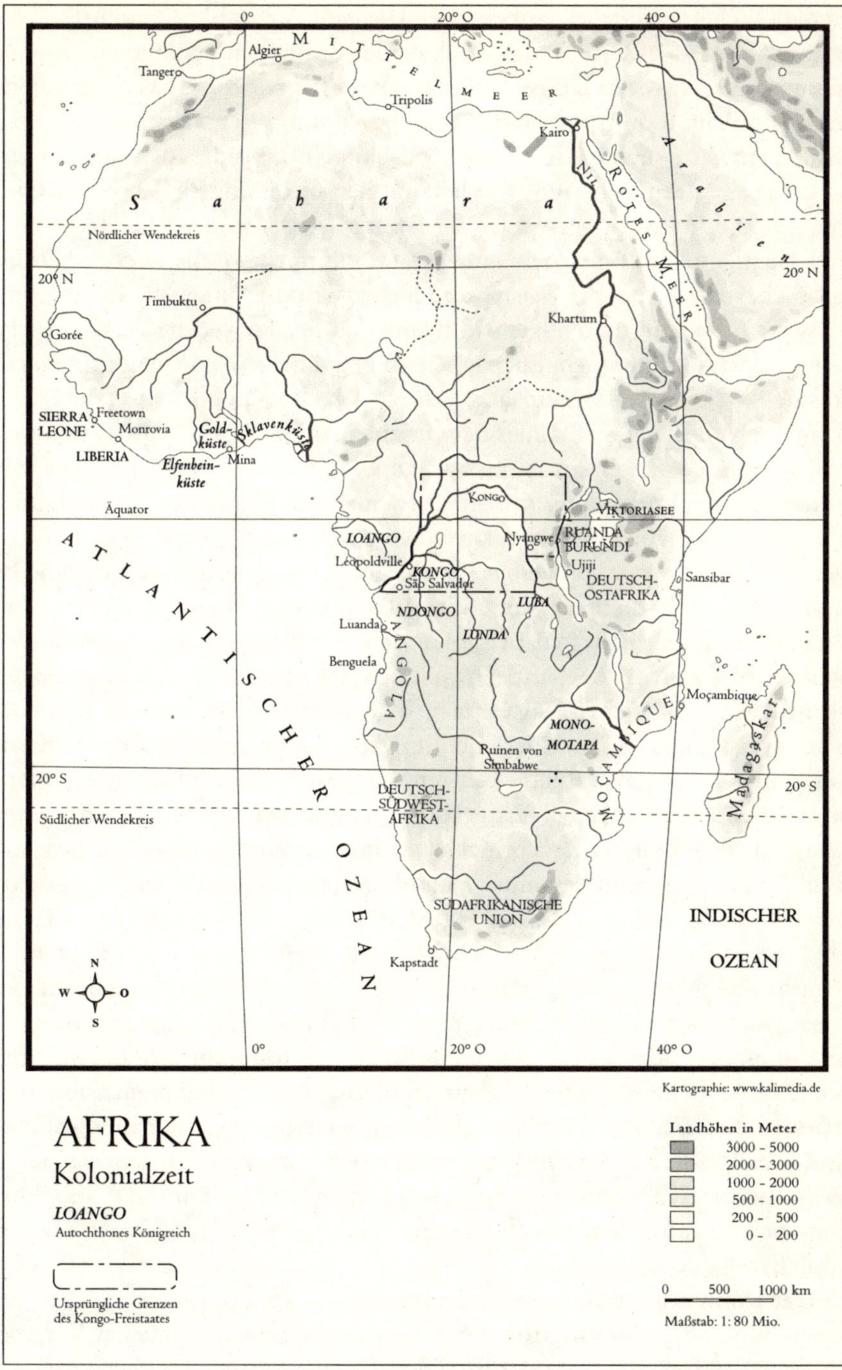

AFRIKA
Kolonialzeit

ersten Bücher gedruckt; wobei zwei Deutschen die Ehre gebührt, die Beschwernisse einer Reise in das dunkle Afrika auf sich genommen zu haben, um am Hofe des Manikongo eine Druckerei einzurichten. Man lernte lesen und schreiben, in portugiesischer Sprache, und es sah ganz so aus, als ob am Kongo ein getreuliches Abbild Portugals entstand. Bis die Reaktion einsetzte.

Denn es waren nicht alle glücklich mit den Neuerungen. Zu plötzlich wurden sie dem Volke aufgezwungen; zu wenig wusste man wirklich von der so andersartigen Welt Europas. Natürlich tat der puritanische Eifer der Ordensgeistlichen das Seine, die Geister und mehr noch die Sinne der Kongolesen zu verwirren. So hielt man allgemein nichts von der Forderung der Geistlichen, sich hinfort mit nur einem Ehepartner zu begnügen. Wo doch allgemein recht freizügige Sitten herrschten. Der Erfolg, den die Kirchlichen erzielten, war denn auch eher mäßig. Dapper bericht zu einer Zeit, da das Bekehrungswerk am Kongo bereits hundertfünfzig Jahre andauerte: »Das Ehelichen und Trauen geschieht bei den Einwohnern von Kongo nach der Römischgesinnten Weise: wiewohl ein jeder soviel Beiweiber hält, als er ernähren kann. Wenn eine von diesen Beiweibern länger im Hause gewesen, so muss die Ehefrau, die der Mann nach der Zeit auf Päpstische Weise geehelicht, unter derselben – als der ältesten Beischläferin – Gehorsam stehen.« Mit anderen Worten: die Polygamie wurde fröhlich weiter betrieben, wenn auch unter christlichem Vorzeichen. Im übrigen hielt man es auch mit der Keuschheit nicht so genau, was besonders den jungen Damen zugute kam, die die Privilegien matriarchaler Reminiszenzen auch weiterhin unbekümmert genossen. »Wenn die jungen Töchter oder Jungfrauen beschlossen haben, die Blume ihrer Jungfernschaft pflücken zu lassen, dann begeben sie sich in ein dunkles Häuslein und beschmieren und färben sich mit Öl und rotem Takelholze von Majumba. In diesem Häuslein bleiben sie ungefähr einen Monat. Und nach Verlauf dieser Zeit wählen sie denselben von ihren Freiern, von dem sie den meisten Dienst genossen, und nehmen ihn als ihren Ehemann an. Dieser kauft ihnen dann hübsche Kleider; damit sie wohl geputzt und geziert aus dem Häuslein gehen mögen.« Einen Gottesfürchtigen musste dieses »Häuslein« lebhaft an ein Bordell erinnern, und er konnte sich nur damit trösten, dass sich die darin Entjungferten wenigstens gesittet herausputzten und schickliche Kleider anlegten, anstatt – wie vormals – barbusig sich der Welt darzubieten, wenn sie besagtes Häuslein, das in Wahrheit ein Pendant zum bei traditionellen Gesellschaften geläufigeren Männerhaus darstellte, verließen.

Der Unmut, der sich insbesondere im Kreise der Privilegierten regte, denn diese empfanden die Eingriffe der Kirche in ihre überkommenen Vorrechte, zu denen gerade auch ihre freizügigen Ehearrangements gehörten, als besonders störend, führte schließlich zu einer offenen Rebellion. Nzinga a Nkuwu alias João I. musste dem Christentum abschwören und starb schließlich 1507 in der bitteren Erkenntnis, dass sein Reformwerk gescheitert war. Doch aus den Wirren um die Thronfolge ging einer seiner Söhne, der auf den Namen Afonso getauft worden war, als Sieger hervor. Als Afonso I. bestieg er den Thron, und während seiner langen Herrschaft, die bis 1543 währte, lebte das Reformwerk seines Vaters wieder auf. Mehr noch: als Manuel I., seinerseits Nachfolger auf dem portugiesischen Thron, 1512 eine neuerliche Expedition, die aus fünf Schiffen bestand und unter der Leitung eines Edelmannes, Simon da Silva, stand, in den Kongo entsandte, setzte recht eigentlich der Prozess der Umwandlung des Kongo-Reiches ein. Da Silva hatte den Auftrag, aus Afonso einen wahren christlichen Herrscher zu machen, der nicht nur die Gebote des Herrn achtete, sondern auch geziemende Tischsitten wahrte und sich würdig kleidete; kurzum: ein Abbild des portugiesischen Königs darstellte, wie auch sein Reich ein Spiegelbild Portugals sein sollte. Also richtete man Kanzleien ein, führte ein Beamtentum sowie die Titel und Ämter eines Marquis, Herzogs oder Grafen ein und sorgte dafür, dass ein Sohn des Manikongo nach Rom entsandt wurde, wo ihm der Papst die Bischofsweihe verlieh. Am Ende zierte den Königspalast in Mbanza, das seinerseits – nach dem Heiland – in São Salvador umgetauft worden war, ein goldener Kronleuchter, und der König hielt hof auf einem Thronsessel, der mit rotem Samt ausgelegt war, gerade so wie es die Monarchen in Europa hielten. »Der König saß«, heißt es bei Dapper, der sich auf den Besuch einer holländischen Delegation im Jahre 1642 beim König im Kongo bezieht, »in einem kleinen Kapellchen, von Lehmerde aufgeführt und mit Sträuchern gedeckt. Mitten darin hing ein Kronleuchter mit wächsernen Lichtern. Er trug einen großen Nachtrock von goldenem Laken und um den Hals dreierlei starke goldene Ketten; am rechten Daumen einen ganz großen Granatring und an der linken Hand zwei große Smaragde, auch auf dem linken Ärmel des Rockes ein goldenes Kreuz, darin ein ungemein wohlgeschliffener Kristall spielte. Das Haupt war gedeckt mit einer zarten weißen Schlafmütze, des Königs gewöhnlicher Haupttracht; und die Füße gestiefelt mit grünen Stiefeln. An seiner rechten Seite stand ein Diener, welcher ihm mit einem Handtuche Luft zuwehte, und an seiner linken Seite hielt ein anderer einen zinnernen Bogen und zinnernen Reichsstab, mit einem feinen gestrickten Tuche überdeckt. Er saß auf einem roten samtenen Spanischen Stuhle, darauf oben gestickt stand: *Don Alvarez,* König von Kongo.« Die Portugiesen hatten ganze Arbeit geleistet, zumindest was die Erscheinung des Königs und seine Hofhaltung betraf. Doch das Bild, so wie es sich den holländischen Abgesandten offenbarte, täuschte: mittlerweile war eine merkliche Abkühlung in den Beziehungen zwischen dem einst so angesehenen Vorbild und seinem hingebungsvollen Nachahmer eingetreten. Denn die frohe Botschaft, im Namen der Kirche, die die Portugiesen verkündet hatten, war nur eine Seite der Medaille. Die andere sah entschieden unchristlicher aus.

3

»Der hauptsächliche Handel der Portugiesen und anderen Weißen mit den Einwohnern besteht in Leibeigenen; welche von dort zu Schiff an unterschiedliche Orte in Westindien geführt werden: wie nach den Inseln Porto Riko, Rio Plata, Sante Domingo, Havanna, Kartagena und nach dem festen Lande, sonderlich nach Brasilien und anderen Örtern, wo sie in den Zuckermühlen, welche sie Ingenhos nennen, arbeiten müssen, sowie in den Bergwerken, welche Arbeit diese Angolanischen Schwarzen allein und keine Weißen ausstehen können. Und darin haben die Portugiesen und Spanier ihren meisten Reichtum, den sie in Westindien besitzen, der Arbeit dieser Leibeigenen zu danken. Es ist gewiss, dass die Spanier früher alle Jahre wohl über 50.000 Leibeigene aus Angola nach Westindien geführt haben, um sie in den Bergwerken zu gebrauchen. Und darum steht zu glauben, dass jetzt die Portugiesen keine geringere Anzahl dahin führen.«

Dapper, der Kompilator und Chronist, ist mit der Geographie der Neuen Welt nicht sonderlich vertraut, was man ihm nachsehen muss, denn schließlich galt seine Aufmerksamkeit Afrika, aber an seiner eigentlichen Aussage, die er hier gewissermaßen zu Protokoll gibt, ist nicht zu rütteln: es waren vor allem jene »Leibeigenen«, womit Sklaven gemeint sind, die die Portugiesen zur Grundlage ihrer Aktivitäten in Afrika erkoren. War es zunächst der Goldhandel gewesen, der lukrative Gewinne abwarf, so verlegten sie sich mehr und mehr auf den Sklavenhandel. Was eine einfache Erklärung hat: die Portugiesen wurden nämlich, nachdem Kolumbus in Amerika einen neuen Kontinent entdeckt hatte, zu Herren über einen Landstrich, der Afrika gegenüberlag; lediglich der Atlantik trennte die Westküste Afrikas von den Gestaden Brasiliens, das den Portugiesen – nach einem Schiedsspruch des Papstes – zufiel. Anders als im spanischen Teil der Neuen Welt waren in Brasilien jedoch keine Reichtümer in Edelmetallen, Gold oder Silber, zu gewinnen, und so verlegte man sich auf den Anbau von Zuckerrohr, wie man es bereits auf den Inseln des Atlantik getan hatte. Der Anbau von Zuckerrohr setzte jedoch den Einsatz einer großen Anzahl widerstandsfähiger Arbeitskräfte voraus; die Ureinwohner der Neuen Welt, die Indianer, mit denen man es zunächst versuchte, eigneten sich für diese Aufgabe nicht; also verfiel man auf den Gedanken, Schwarze aus Afrika zu importieren. Sie erschienen kräftiger, waren disziplinierter und an regelmäßige Arbeit gewöhnt, und auch das Klima machte ihnen nicht zu schaffen; es unterschied sich nicht von dem in ihrer Heimat. Zudem war die Sklaverei in Afrika allgemein üblich; sie galt als anerkannte Institution, und seit der Islam sich jenseits der Grenzen der Sahara ausgebreitet hatte, wurde auch Handel mit Sklaven getrieben. Sie wurden nach Nordafrika und in den Nahen Osten verbracht. Was also die Araber und ihre Helfershelfer konnten, das konnten die Portugiesen – und alle jene, die ihrem Beispiel folgten – nicht minder. Und so stieg man denn im großen Stil in den Sklavenhandel ein.

»Das Pombische Reich liegt über 100 Meilen von der See oder von der Stadt Lovango landeinwärts, recht von dem Abessinischen Reich, und steht unter dem Gebiet des großen Makoko.

Unterschiedliche Schwarze und Portugiesen, die in Lovango, Kongo und Lovando des Heiligen *Pauls* wohnen, treiben mit diesem Pombo großen Kaufhandel, sonderlich in Leibeigenen, Elefantenzähnen, dafür sie Kanarische, Spanische oder Maldeische Weine, große Schneckenhörner von der Insel Lovando, Busichen und andere Waren geben. Und zwar geschieht dieser Handel durch ihre getreuesten Leibeigenen, welche sie von Jugend auf in ihrem Hause erzogen. Etliche Kaufherren lassen solche Leibeigenen, welche sie nach Pombo, wo sie handeln, gemeiniglich Pomberos nennen, wenn sie einigen Geist in ihnen verspüren, im Lesen, Schreiben und Rechnen unterweisen.

Diese Pomberos haben zu ihrem Dienste noch andere Leibeigene unter sich, zuweilen 100, ja wohl 150, welche die Waren auf dem Kopfe tragen; als die Weine in Töpfen, welche Perebros genannt werden und mit Spart oder Spanischem Grase, davon die Rosinenkörbe gemacht werden, bekleidet sind. Oftmals bleiben sie ein Jahr, zuweilen auch anderthalbes, ja wohl zwei Jahre aus und bringen vier-, fünf-, ja sechshundert Leibeigene nach Hause. Etliche der getreuesten bleiben vielmals gar im Lande und senden die eingehandelten Leibeigenen ihren Herren zu, welche ihnen dann wieder andere Waren zuschicken. Aber zuweilen betrügen die Pomberos ihre Herren und laufen mit den Leibeigenen und den Waren weg.«

Das »Pombische Reich«, von dem Dapper spricht, kann eher als eine Metapher gelten, denn »Pombo« steht eigentlich für das ganze Hinterland, das sich parallel zur Küste von Loango bis Angola erstreckte, wo die Portugiesen mit São Paulo de Luanda einen Stützpunkt errichtet hatten, der sich zum eigentlichen Umschlagplatz für das »Schwarze Elfenbein« entpuppte, das die Portugiesen in Afrika erbeuteten. Dabei war die Zueignung Luandas an den

Heiligen Paulus eher eine Ironie, um nicht zu sagen Blasphemie. Aber ein christliches Mäntelchen, das man sich umhängte, machte sich besser; es beruhigte das Gewissen und beschwichtigte die Kirche, die sich freilich ohnehin nicht sonderlich ins Zeug legte, wenn es darum ging, den infamen Handel mit Menschen zu unterbinden. Da hat sie sich genauso wenig mit Ruhm bekleckert wie der Islam. Zur Schande beider sei es gesagt.

Was nun die Pomberos beziehungsweise Pombeiros betrifft, so waren es in der Tat nicht die Portugiesen selbst, die auf Sklavenjagd gingen. Die Gründe waren ähnlicher Natur wie auf den Zuckerrohrplantagen im fernen Brasilien. »Die Weißen oder Portugiesen«, erläutert Dapper, »müssen diesen Handel durch die Pomberos oder schwarzen Leibeigenen tun: weil es nicht möglich ist, dass er durch weiße Menschen – wie man berichtet – geschehen kann; indem der Weg überaus verdrießlich, das Land sehr ungesund und die Reisenden dort vielem Hunger und Kummer unterworfen sind. Ja, man sagt, dass der Mondschein dort so ungesund sei, dass die Köpfe der Weißen davon überaus aufschwöllen und ein Kopf wohl so groß werde als zwei andere.«

Ob die Weißen und die Portugiesen im besonderen nicht dennoch eine weiche Birne bekamen und ihnen folglich der Geist abhanden kam, sei dahingestellt. Jedenfalls waren sie unermüdlich bemüht, jene Pombeiros, die ihnen als Handlanger dienten und zumeist Mulatten, also Mischlinge aus Weißen und Schwarzen, waren, auf Trapp zu halten, damit sie sie mit der begehrten menschlichen Ware versorgten. Die Pombeiros bedienten sich ihrerseits williger einheimischer Autoritäten, Häuptlingen oder Stammesfürsten, die sie mit billigem Tand, vor allem aber Alkohol, becircten. Und wenn das nicht reichte, so halfen sie auch schon mal mit anderen Mitteln nach; denn die Pombeiros waren natürlich auch waffenmäßig gut (und überlegen) ausgerüstet. Kurzum, der Nachschub florierte, und so nahm denn der große Exodus seinen Lauf: »Alle diese Leibeigenen lassen sie durch ihre sogenannten Pomberos ... einkaufen und wohl 150, ja 200 Meilen aus dem Lande holen; von wo sie ihnen die Pomberos selbst wie Herdenschafe zubringen oder aber durch ihre Leibeigenen zusenden. Sehr wenig bekommen diese eingekauften Leibeigenen unterwegs zu essen und müssen alle Nacht unter blauem Himmel auf der Erde ohne eine einzige Decke schlafen; dadurch sie sehr abgemattet und mager werden. Und darum bringen die Portugiesen in Lovando [Luanda] solche Leibeigenen, ehe sie zu Schiff gehen, nach Westindien geführt zu werden, gemeiniglich in große Häuser, welche sie zu dem Zwecke bauen lassen; und geben ihnen dort vollauf zu essen und zu trinken, sowie Palmöl, sich zu erholen und den Leib zu schmieren. Wenn aber keine Schiffe da sind oder nicht Leibeigene genug vorhanden, so werden sie indessen zum Landbau gebraucht, sonderlich wenn das Land zur Mandihoka [Maniok] beschickt werden soll oder die gereifte abgeschnitten. Ein jeder Portugiese nimmt seine Leibeigenen wohl in acht und versieht sie, wenn sie zu Schiff gebracht werden, mit guten Arzneien, damit sie gesund überkommen; sonderlich mit Lemonen und Bleiweiß, für die sogenannten Bitios zu gebrauchen. Und darum wird auch derselbe, der krank wird, von den anderen Leibeigenen abgesondert und allein gelegt, auch mit warmer Speise wohl versorgt.« Ein Sklave brachte schließlich Geld; aber wenn alle Heil- und Wundermittel nichts halfen und gar die Gefahr einer Ansteckung der übrigen Fracht drohte, dann warf man den oder die Unglückliche auch schon mal einfach über Bord. Da war man nicht allzu zimperlich.

Die Portugiesen mochten ja noch halbwegs sorgsam mit ihren Sklaventransporten umgehen; wenn aber selbst Dapper seine eigenen Landsleute tadelt, dann müssen die Verhältnisse auf den Schiffen zumindest der Holländer schon recht mangelhaft gewesen sein, um es vorsichtig auszudrücken. Wie er weiter berichtet: »Zu Schiffe liegen sie [die Sklaven] auf kleinen Matten, welche bei und um Lovando gemacht werden. Und hiervon geben sie [die Portugiesen] ihnen eine Menge mit, insonderheit, wenn sie nach Westindien fahren, damit sie alle zehn oder zwölf Tage frische bekommen können. Aber so sorgfältig sind die Holländer für die Leibeigenen nie gewesen, wenn sie dieselben aus Angola nach Brasilien übergeführt, sondern sie wurden mager und ungestalt – wie sie aus dem Lande kamen – zu Schiffe gebracht; daher ihrer viele auch auf See starben. Auch versahen sie dieselben mit keinen Matten, sondern sie mussten oben auf dem Schiffe mit bloßem Leib liegen und bekamen keine Decken.«

Die Holländer waren nicht die einzigen, die sich knauserig zeigten: von den Engländern, die gleichfalls in das Geschäft mit dem Sklavenhandel einstiegen, wird berichtet, dass sie auf ihren Schiffen einem Sklaven genau fünf Fuß Länge, zehn Zoll Breite und zwei Fuß zwei Zoll Höhe an Raum zugestanden. Auf diese Weise, indem sie ihre menschliche Fracht wie in einer Sardinenbüchse zusammenpferchten, schafften sie es, die Zahl der Sklaven pro Ladung auf fünfhundert zu bringen. Eine Kreuzfahrt war die Reise über den Atlantik für die Afrikaner wahrlich nicht.

Beteiligt am infamen Sklavenhandel, der Afrika über vierhundert Jahre heimsuchte, waren so ziemlich alle »christlichen« Nationen, die Zugang zum Atlantik hatten, von den Dänen bis zu den Franzosen, um die schon genannten Kantonisten nicht extra noch einmal zu erwähnen. Wie begierig sie dabei zu Werke gingen, lässt sich am Beispiel der Insel Gorée, am westlichsten Punkt Afrikas, erkennen. Gorée, das zu einem Symbol der Schande des Weißen Mannes geworden ist, war einer der wichtigsten Umschlagplätze für Sklaven an der Westküste Afrikas: die Portugiesen ließen sich hier erstmals

1444 blicken, später tauchten die Holländer auf, die der Insel ihren Namen, »gute Reede«, gaben, nur um dann wieder von den Portugiesen vertrieben zu werden; 1667 gaben die Engländer ihr Entrée, zehn Jahre später die Franzosen, die aber dann – 1758 – wieder den Engländern weichen mussten, bis sie schließlich doch noch – 1817 – den endgültigen Sieg davontrugen. Ein bemerkenswertes Gerangel, allein der Sklaven wegen!

Bei soviel Eifer verwundert es nicht, dass die Zahl der Afrikaner, die verschifft wurden, beträchtlich war. Wie hoch sie genau gewesen ist, wird man nie mehr ermitteln können. Untersuchungen, deren Ergebnisse man nur als Näherungswerte ansehen kann, beziffern die Zahl der Sklaven, deren Verfrachtung *Europa* auf dem Gewissen hat, auf zehn Millionen, und zwar für die Zeit von 1526 bis 1870, die man sozusagen als die Hochsäson des von Europa betriebenen Sklavenhandels bezeichnen kann. Die meisten Sklaven wurden aus Gegenden ausgeführt, die unter der Hoheit beziehungsweise im Einflussbereich der Portugiesen standen: so stammten zwei Millionen aus der Gegend des Kongo (und angrenzender Gebiete), 1,3 Millionen aus Angola und die gleiche Zahl aus Moçambique, an der Ostküste, wo die Portugiesen gleichfalls Fuß gefasst hatten. Die meisten Sklaven, über 3,5 Millionen, wurden nach Brasilien verschifft; dagegen, vergleichsweise, nur eine geringe Zahl, 400.000, nach Nordamerika, wo immerhin die Sklaverei zu einem erbitterten Bürgerkrieg führte.

Nun sollte man bei all dem, wie es gern geschieht, nicht vergessen, dass zu diesen zehn Millionen Afrikanern, die auf dem Gewissen der Europäer lasten, weitere *siebzehn* Millionen kommen, die dem *arabischen* Sklavenhandel anzulasten sind. Hier hat sich bisher kein Gewissen geregt; man versteckt sich geflissentlich hinter der Schuld der Europäer. Was deren Schuld zwar nicht mindert, aber relativiert. Es wird Zeit, dass man die Geschichtsbücher auf einen adäquaten Stand bringt, damit sie nicht weiter nur halbe Wahrheiten verkünden.

4

»Wir können nicht ermessen, wie groß der Schaden ist, denn die [...] Kaufleute nehmen täglich Untertanen von uns gefangen: Söhne des Landes und Söhne unserer Edelleute, Vasallen und Verwandte.« Der Manikongo Afonso I. richtete 1526 einen verzweifelten Appell an seinen königlichen Bruder in Portugal. Darin beschwerte er sich über das rücksichtslose Vorgehen der portugiesischen Sklavenaufkäufer und bat inständig um Abhilfe. »Sie nehmen sie gefangen«, führte der Manikongo weiter in seinem Schreiben aus, »und lassen sie dann verkaufen. So groß, Herr, ist ihre Verderbtheit und Zügellosigkeit, dass unser Land drauf und dran ist, in hohem Grade entvölkert zu werden. » In naiver Gutgläubigkeit schlug Afonso vor, welcher Art die Hilfe sein sollte, damit man dem Problem Herr werden könnte: »Und um sie [die verderblichen Auswüchse] zu vermeiden, brauchen wir aus Eurem Königreich nur Priester und Lehrer, die in den Schulen unterrichten sollen, und keine anderen Waren als Wein und Mehl für das Heilige Sakrament; darum bitten wir Eure Hoheit, uns in dieser Angelegenheit zu helfen und beizustehen, indem Ihr Euren Agenten Befehl gebt, keine Kaufleute und Waren hierher zu schicken, denn es ist *unser Wille, dass es in diesen Königreichen keinen Sklavenhandel und keinen Sklavenmarkt geben* sollte.«

Selten ist ein vermeintlich christlicher Monarch von einem eingeborenen Fürsten so bloßgestellt worden wie im Falle Johanns III., bei dem sich sein angeblicher Schützling im Kongo über das Verhalten der Landsleute des Königs bitter beschwerte und ihn vergeblich um Abhilfe bat. Dabei hatte sich der Manikongo anfangs durchaus kooperativ gezeigt, indem er als Gegenleistung für die Lieferung begehrter Waren und für bestimmte Dienste, die er in Anspruch nahm, dem Wunsch nach Sklaven, die als Bezahlung gefordert wurden, entsprochen hatte. Die Sklaverei war ja keine Neuerung, die die Portugiesen einführten; sie galt auch im Kongo als eine akzeptierte Institution. Doch sie war nicht auf kommerzieller Basis betrieben worden und hatte traditionell mehr den Charakter eines familiären Dienstleistungsverhältnisses. Die Portugiesen aber degradierten Sklaven zur Ware, und ihr Bedarf war unersättlich. Der Druck, der auf den Manikongo ausgeübt wurde, wurde immer größer, und die Auswirkungen des erzwungenen Sklavenhandels waren schließlich so verheerend, dass Afonso keinen anderen Ausweg sah, als sich offiziell bei seinem Amtskollegen im fernen Portugal, der eine Art Schutzfunktion ausübte, zu beschweren. Doch die erhoffte Unterstützung, die geeignet gewesen wäre, dem barbarischen Treiben der Portugiesen im Kongo ein Ende zu bereiten, blieb aus, und stattdessen stieg die Nachfrage ständig, so dass die Portugiesen sich schließlich sogar dazu herbeiließen, Diego I., einen Nachfolger Afonsos, dazu zu verleiten, den südlichen Vasallenstaat Ndongo, der in einem losen Patronatsverhältnis zum Kongo stand, anzugreifen. Auf diese Weise würde man den Sklavenhandel nach Süden ausweiten können. Der Kriegszug schlug jedoch fehl und führte dazu, dass der Ngola von Ndongo, wie man die Herrscher des südlichen Vasallengebietes nannte, seinerseits gegen den Kongo zu Felde zog. Und nicht nur dies: wilde Horden kannibalistischer Krieger, sogenannte Jaga, nutzten die Chance, um ihrerseits in den Kongo einzufallen und auf Beute zu gehen. Diese Einfälle setzten sich auch unter der Herrschaft Alvaros I. fort, der 1568 im Kongo an die Macht gelangte. Er musste schließlich seine Residenz, São Salvador, das die Jaga verwüsteten, aufgeben und auf einer Insel im Kongo-Fluss Zuflucht suchen. Diesmal fühlte sich sogar der König in Portugal, nunmehr Sebastian, bemüßigt, seinem bedrängten Schützling zu Hilfe zu kommen: er entsandte eine Streitmacht von 600 Mann, denen es gelang, die Jaga zurückzudrängen. Der Ngola von Ndongo jedoch kündigte nun endgültig sein Vasallenverhältnis auf und erhob zudem Anspruch auf einen Gebietsstreifen im Süden des Kongo, den er im Zuge der kriegerischen Auseinandersetzungen besetzt hatte. Der Zerfall des Kongo hatte eingesetzt.

Aber auch der Ngola von Ndongo musste schon bald erkennen, dass die Begehrlichkeiten der Portugiesen unbegrenzt waren. Nachdem sie den Kongo heimgesucht hatten, richtete sich ihr Augenmerk schließlich auf das angrenzende Königreich im Süden, dem sie schon bald einen neuen Namen, Angola, verliehen, zu dem der Titel des Herrschers dieser Gegend verballhornt wurde. Hier unterhielten die Portugiesen auf einer Insel namens Loanda, die zur Keimzelle der späteren Kolonialmetropole São Paulo de Luanda wurde, einen Stützpunkt.

1575 rüsteten die Portugiesen sieben Kriegsschiffe aus, für die man 700 Soldaten bereitstellte. Den Anführer des Unternehmens, das den Grundstein der portugiesischen Herrschaft in Angola legte, stattete König Sebastian mit einer sogenannten *doação* aus, einer lehensrechtlichen Schenkung, die dem Begünstigten – unter der Bedingung, für die Kolonisierung des ihm anvertrauten Landes zu sorgen – das Nutzungsrecht sowie die Autoritätsausübung zuerkannte. Die portugiesische Krone, die in kurzer Zeit ihren Einfluss in so entlegenen Gebieten wie Macão in China und Brasilien in der Neuen Welt geltend gemacht hatte, verfügte nicht über die Mittel, in eigener Regie die Kolonisierung von Ländern und Gebietsstreifen in Angriff zu nehmen, auf die sie Anspruch erhob. Vermögende Adlige sprangen in die Bresche, und es versteht sich von selbst, dass sie weniger an christlicher Mission als vielmehr an lohnenden Profiten interessiert waren. Und der Sklavenhandel versprach in der Tat den erhofften Gewinn; zumindest in den Gegenden, wo die Voraussetzungen für andere profitable Aktivitäten nicht gegeben waren. Und so nahm denn auch in Angola das Verhängnis seinen Lauf.

Anders als im Kongo, wo es die Portugiesen verstanden, sich die dortigen Herrscher auf friedlichem Wege gefügig zu machen, wurde Angola, wo sich die einheimischen Herrscher entschlossen zur Wehr setzten, militärisch unterworfen. Der Kampf um die Vorherrschaft dauerte hundert Jahre; aber am Ende hatten auch hier die Portugiesen gesiegt und zugleich eine Kolonie erworben, die zu einer wichtigen Ergänzung ihres Kolonialbesitzes in Brasilien wurde. Bemerkenswert bei der Eroberung Angolas ist der Widerstand, den eine Frau den Portugiesen entgegenstellte. Der Ruhm, den sie erlangte, verklärte sie zu einer schwarzen Jeanne d'Arc. »Sie ist eine sehr beherzte Heldin«, berichtet Dapper, der über ihr Wirken recht gut unterrichtet war, denn die Holländer unterstützten ihren Widerstand, »und zu den Waffen überaus geneigt, indem sie sich fast in nichts anderem übt. Ja, sie pflegte so kühnmütig zu sein, dass sie keinem Portugiesen das Leben schenkte. Zudem wusste sie ihre Leibeigenen solchergestalt zu verleiten, dass sie von sich selbst zu ihr überliefen.«

Nzinga Mbanda Ngola, wie die Beherzte, von der hier die Rede ist, hieß, war 1582 geboren worden. Nur wenige Jahre, nachdem die Portugiesen ihren Stützpunkt in Luanda errichtet hatten. Der Widerstand des Ngola von Ndongo war noch nicht gebrochen, als Nzinga von ihrem Bruder, dem König, mit einer diplomatischen Mission betraut wurde, um die Möglichkeiten für einen Frieden auszuhandeln. Nzinga begab sich mit einem ihrer Würde entsprechenden Gefolge nach Luanda, wo sie vom portugiesischen Statthalter empfangen wurde. Doch er wollte die herrschaftliche Abgesandte zugleich demütigen und verweigerte ihr bei der Audienz eine angemessene Sitzgelegenheit, wie er sie für sich selbst beanspruchte. Worauf die Königsschwester, stolz und hochfahrend wie sie war, eine Dienerin herbeiwinkte und ihr bedeutete, sich niederzuknien, so dass Nzinga auf ihrem Rücken Platz nahm.

Trotz der Brüskierung, die Nzinga durch die Portugiesen erfuhr, ließ sie sich in der Kathedrale von Luanda taufen und nahm den Namen der Frau des Gouverneurs an, so dass sie sich fortan Anna nannte. Als dies geschah, stand Anna Nzinga in ihrem 40. Lebensjahr. Zwei Jahre später, 1624, starb ihr Bruder, und aus dem Streit um die Thronfolge ging sie als Siegerin hervor. Als weibliches Mitglied der Königsfamilie genoss sie ohnehin besondere Autorität. Sie nutzte ihre Macht, die sie erlangt hatte, indem sie den Kampf gegen die Portugiesen, der inzwischen beigelegt worden war, wiederaufnahm. Sie schwor dem Christentum ab und zog sich in eine Grenzprovinz im Osten zurück, wo sie als unumschränkte Herrscherin wirkte und die überkommenen Traditionen wiederaufleben ließ. Dazu gehörte in erster Linie die traditionelle Religion, die sie sich für ihre Kriegszüge zunutze machte. Dapper bemerkt dazu: »Mit ihrem Volke führt sie fast ein solches Leben wie die Jäger, hat keinen festen und gewissen Sitz, fragt auch den Teufel durch ihre Zauberkunst um Rat. Und zu dem Ende hat sie einen Abgott, dem sie im Anfang eines wichtigen Krieges einen Teil lebendiger Menschen von den besten und tapfersten, welche dazu bewahrt werden, in prächtigen Kleidern aufopfert und dabei fragt, ob solcher Krieg wohl oder übel gelingen werde.«

Es handelt sich also um eine Art Orakel, das die Königin selbst vollzog:

»Wenn das Opfer angehen soll, kleidet sie sich in Mannskleider, wie sie allzeit pflegt, und behängt sich hinten und vorne mit Tierfellen, steckt einen Hauer in den Nacken und ein Beil unter den Gürtel, nimmt einen Bogen mit Pfeilen in die Hand und springt alsdann ihrer Gewohnheit nach bald hier-, bald dorthin, viel geschwinder als die behendigsten Jünglinge nimmermehr tun können. Und solches tut sie unter dem Klange ihrer zwei eisernen Glocken, Engema genannt, welche sie statt einer Trommel gebraucht.«

Der Tanz, in rituellem Kontext, spielte überall in Afrika, namentlich im eigentlichen Schwarzafrika, eine bedeutende Rolle. Hier ging er der Opferzeremonie voraus: »Wenn sie vermeint, dass sie ihr Spiel lange genug männlich gespielt und dadurch sich und alle Umstehenden zur Grausamkeit erweckt, dann nimmt sie eine breite Feder eines Vogels und steckt sie durch die Löcher ihrer durchbohrten Nase, welches ein Kriegszeichen ist. Sie selber fasst in diesem wütenden Eifer den ersten an, der zum Opfer bestimmt ist, und hackt ihm den Kopf ab, davon sie so viel Blutes trinkt, als ihr möglich ist. Hierauf treten ihre tapfersten und kühnsten Hauptleute auch herzu und tun dasselbe. Und solches geschieht mit großem Frohlocken und Gerase unter dem Klange vieler Spielzeuge [Musikinstrumente].«

Die Königin von Matamba, wie das Reich hieß, über das Nzinga herrschte, war eine furchteinflößende Amazone, die auch in ihrer Erscheinung wie das männliche Abbild eines Kriegers wirkte. Was freilich damit zusammenhing, dass sie gewissermaßen die Königswürde usurpiert hatte, die sie sich nur dann bewahren konnte, wenn sie in der Gestalt eines Mannes auftrat. Was zu einem kuriosen Brauch führte: »Die mehr gemeldete Königin pflegt auch 50 oder 60 Beiweiber für sich zu halten, wiewohl diese in der Tat Jünglinge seien, aber in Frauenkleider gekleidet. Denn sie will gleichsam unter den Ihrigen den Namen nicht haben, dass sie eine Frau ist, darum sie auch selbsten allezeit Mannskleider träget und sich für ein Mannsbild ausgibt, gleichwie die 50 oder 60 Jünglinge, welche sie aus den besten und schönsten erlesen, für Weibsbilder. All diese Jünglinge haben auch Frauennamen; aber die Königin läßt sich im Lager mit einem Mannsnamen nennen. Sie will auch gegen niemand anders bekennen, als daß sie ein Mannsbild sei; ja, ihre eigenen Buhlen, welche sie als Beiweiber hält, dürfen nichts anderes sagen, sonst müssen sie straks sterben. Sie versucht auch gemeldete Jünglinge – ihre ausgegebenen Beiweiber – oftmals und lässet sie ungehindert umgehen mit allen Schwarzinnen, vornehmlich den schönsten, die sie in ihrem Dienst hält, nur allein um zu sehen, ob sie ihr auch getreu sind und keine Gemeinschaft mit anderen Frauen haben.«

Streitbar war sie und eifersüchtig auf ihre Vorrechte bedacht, die Königin von Matamba. Immerhin gelang es ihr, im Verein mit den Jaga, die sie für ihre Zwecke einspannte, das Vordringen der Portugiesen für eine Weile aufzuhalten. Auch mit den Holländern, die 1641 in Angola einfielen, verbündete sie sich. Geschickt nutzte sie die Rivalität der Europäer. Doch als sie älter wurde, musste Nzinga erkennen, dass die Portugiesen am längeren Hebel saßen, und so willigte sie schließlich, mittlerweile im ehrwürdigen Alter von 75 Jahren, in einen Friedensschluss ein. Er wurde im April 1657 vertraglich besiegelt und sah unter anderem vor, dass die Portugiesen eine der Schwestern der Königin, die sie als Geisel genommen hatten, freiließen, während sie sich verpflichtete, zweihundert Sklaven bereitzustellen. Im übrigen kehrte Nzinga zum Christentum zurück, wohl in der Einsicht, dass es – da sie sich nun dem Ende ihres Lebens näherte – nicht schaden könne, sich mit dem Gott der Christen, der offensichtlich mächtiger als die Götter ihres eigenen Volkes war, gut zu stellen. Mit dieser Rückversicherung starb sie am 17. Dezember 1663, nach fast vierzigjähriger Regierungszeit. Rühmlicher als jeder andere hatte sie den Portugiesen die Stirn geboten.

5

Während die Portugiesen ihr Augenmerk zunehmend auf Angola richteten, verlor das Königreich Kongo für sie immer mehr an Bedeutung. Und anders als Angola, das sie zu einer Kolonie ausbauten, blieb der Kongo stets nur in loser Verbindung zu Portugal. Hier kam es schließlich 1651 zu einem Vertrag, der das Kongo-Reich lediglich zu einem Protektorat Portugals erklärte. Anlass dafür waren auch hier Avancen der Holländer, die – nach der Schwächung Portugals infolge einer vorübergehenden Annexion durch Spanien – Morgenluft witterten und auch im Kongo einen Verbündeten suchten. Doch einer militärischen Expedition, die die Portugiesen aus Brasilien herbeiführten, waren die Holländer nicht gewachsen, und so gaben sie 1648 ihre Intervention in der portugiesischen Einflusssphäre an der südlichen Westküste Afrikas auf und überließen den Portugiesen das Feld, die nun Nägel mit Köpfen machten: zuerst zwangen sie den Manikongo zur Botmäßigkeit und dann Anna Nzinga. Doch auch im Kongo ging es nicht ohne militärischen Widerstand ab: die Bedingungen, die die Portugiesen dem Manikongo auferlegt hatten, erregten Unmut, und es kam zu einem Aufstand, bei dem der Kongo noch einmal einen letzten Versuch unternahm, sich der Vormundschaft der Portugiesen zu entziehen. Unglücklicherweise waren die Bakongo, das Volk, über das der Manikongo gebot, nicht sonderlich kriegerisch; wodurch sie sich sehr wesentlich von den Völkern Angolas unterschieden. Dapper vermerkt dazu: »Sobald der Feldherr, der sich mitten im Heere befindet, erlegt ist, begeben sich alle auf die Flucht und verlassen das Feld, also, dass man sie auf keinerlei Weise anhalten kann. Auch sind die Konger von Natur keine streitbaren Kriegsleute, sondern die verzagtesten unter ihren allen benachbarten Völkern, indem ihrer wohl 1000 von mehr nicht als 20 Weißen auf die Flucht getrieben werden können.« Bei einem solchen Gegner hatten es die Portugiesen nicht schwer, auch im Kongo einen entscheidenden Sieg zu erringen. Der Ort, wo dies geschah, war Ambwila, im Grenzgebiet zu Angola, wo die beiden feindlichen Heere am 25. Oktober 1665 – beide unter der Flagge des Erlösers – zusammentrafen. Eine blutige Schlacht, die damit endete, dass auch der Manikongo, Antonio I., der sich erkühnt hatte, gegen die Portugiesen zu Felde zu ziehen, sein Leben ließ. Aber nicht nur, dass er getötet wurde, er wurde obendrein auch noch enthauptet. Damit war das Schicksal des Kongo besiegelt. Was folgte, war der Niedergang. Thronwirren brachen aus, die Zentralmacht löste sich auf, São Salvador, die Residenz des Königs, zerfiel, Kirchen und Paläste verwandelten sich in Ruinen. Am Ende herrschte der Manikongo, nur noch ein Schatten des einstigen Glanzes seiner Väter, über nicht viel mehr als ein Dorf, in das sich das einst stolze São Salvador verwandelt hatte.

Daran änderte auch nichts das Auftreten einer zweiten Jeanne d'Arc. Die diesmal dem Bild der Jungfrau von Orleans noch mehr entsprach. Auch wenn sie nicht zu kriegerischen Mitteln griff. Sie begnügte sich, die Hilfe Gottes anzurufen. Vielleicht auch war er es, der sie zu seinem Werkzeug erkor. Ihr Name: Vita Kimba; doch bekannt wurde sie als Dona Béatrice. Sie entstammte einer adligen Familie und bekleidete zunächst das Amt einer Priesterin in einem traditionellen Kult, ehe ihr ihre vermeintlich göttliche Mission offenbart wurde.

»Diese junge Frau«, heißt es in dem Bericht eines Ordensgeistlichen, Laurent de Lucques, der Zeuge der Ereignisse wurde, »war ungefähr zweiundzwanzig Jahre alt. Sie war von schlankem Wuchs und besaß ebenmäßige Züge. Äußerlich gab sie sich sehr fromm. Sie sprach mit großem Ernst, so dass es den Anschein hatte, als wäge sie jedes ihrer Worte sorgfältig ab. Sie sagte die Zukunft voraus und verkündete unter anderem, dass der Tag des Jüngsten Gerichts nahe sei.«

Die Ordensgeistlichen, in diesem Falle Kapuziner, waren der jungen Frau, die da – wie sie behauptete – die Stimme Gottes vernommen hatte, nicht wohlgesonnen. Denn Vita Kimba, die ihrem heidnischen Glauben abschwor und zum Christentum übertrat, vollzog damit einen Schritt, der weitreichende Folgen hatte. In dem Maße nämlich, wie sich ihr die christliche Botschaft eröffnete, wuchs in ihr die Erkenntnis, dass darin eine große Kraft lag. Die freilich auch aus ihrer Erfahrung als Priesterin eines einheimischen Kultes resultierte. Spielten doch gerade in der traditionellen Religion Geister, die sich bestimmter Auserwählter bemächtigen, darunter insbesondere auch Frauen, die sich als Wahrsagerinnen oder Heilkundige betätigen, eine besondere Rolle. So verwundert es nicht, dass Vita Kimba alias Dona Béatrice auf ganz ähnliche Weise zu ihrer schicksalhaften Mission gelangte. Wie Bernardo de Gallo, ein Ordensbruder de Lucques', berichtet: »Das Ereignis trug sich, wie sie erzählte, folgendermaßen zu. Als sie erkrankt war und im Sterben lag, erschien ihr in ihrem Todeskampf ein Geistlicher, der das Ordensgewand eines Kapuziners trug. Er erklärte ihr, dass er der heilige Antonius sei, den Gott in ihren Kopf gesandt habe, um zum Volk zu predigen und für die Wiedererrichtung des Königreiches zu sorgen, während allen jenen strenge Strafen drohten, die sich dem in den Weg stellten. Und obwohl sie gestorben war, fühlte sie sich, da anstelle ihrer Seele der heilige Antonius in ihren Kopf eingedrungen war, ohne dass sie wusste, wie, zu neuem Leben erwacht. » Der heilige Antonius, als Bote Gottes, hatte sie erwählt, das Volk der Bakongo von seinem Elend zu erlösen.

Antonius gehörte zu den heiligen, die die Ordensgeistlichen besonders in den Vordergrund gestellt hatten. Es gab Statuen und Abbilder von ihm, so dass es nicht überrascht, dass Béatrice gerade diesen Heiligen zu ihrem Mentor erkor. In seinem Namen entstand eine Bewegung, die als Antonier bekannt geworden ist. Es handelte sich dabei um eine Sekte, an deren Spitze besagte Dona Béatrice stand und die zu jenen Erscheinungen gehörte, die auch in anderen Teilen der Welt, wo durch Einwirkung Fremder die angestammte Lebensweise zerstört wurde, immer wieder zu beobachten gewesen sind. Man nennt diese Erscheinung »messianistische Bewegungen«, denn sie beruhen auf der Erwartung eines Heilands, der das bedrängte Volk aus der Not führt und den Zustand wiederherstellt, der vor der Ankunft der Fremden herrschte. Dabei spielt vor allem das Christentum eine besondere Rolle, denn zumeist – wenn auch nicht immer – waren es Christen – zumindest bezeichneten sie sich als solche –, die ihre Herrschaft über eingeborene Völker errichteten. Und so bediente man sich der christlichen Religion, die eine Symbiose mit überkommenen Glaubensvorstellungen einging, um sich aus der Vormundschaft der Fremden zu befreien und die alte Ordnung wiederherzustellen.

Zumeist waren es Männer, die als Initiator solcher Bewegungen auftraten. Dass es im Falle der Antonier eine Frau war, zeigt einmal mehr, wie bedeutsam die Tradition matriarchaler Strukturen in Schwarzafrika war. Vita Kimba beließ es nicht dabei, den Anspruch, auserwählt zu sein, zu erheben. Nichts Geringeres propagierte sie, als den Kongo als das wahre Heilige Land hinzustellen, wobei sie selbst die Rolle für sich in Anspruch nahm, die Mutter Gottes zu sein. Zu welchem Zweck sie einen Sohn gebar, über dessen Vaterschaft sie sich, wie es überliefert wird, folgendermaßen äußerte: »Ich kann nicht leugnen, dass dies mein Sohn ist, doch wie ich ihn empfangen habe, kann ich nicht sagen. Ich weiß aber, dass er mir vom Himmel beschieden worden ist.« Eine Aussage, die in den Ohren der Ordensgeistlichen wie Blasphemie erscheinen musste. Überhaupt war ihnen die junge Prophetin, die sich mal als Mutter Gottes, mal als der heilige Antonius oder gar als die Stimme des Herrn ausgab, ein Dorn im Auge, den es tunlichst zu entfernen galt. Doch wäre ihnen dies schwerlich gelungen, wenn Dona Béatrice nicht auch politisch wirksam geworden wäre, indem sie in einem Machtkampf um den Thron sich auf die Seite der Gegner des Königs, Pedro IV., gestellt hätte. Und so hatten die Ordensgeistlichen, die in Béatrice eine Gefahr für das Bestehen der Kirche, so wie sie sie lehrten, sahen, leichtes Spiel. Sie bewogen den König, die »falsche Prophetin«, wie sie sie nannten, festnehmen zu lassen und vor ein Gericht zu stellen. Der König folgte dem Drängen der Patres, fürchtete aber, den Zorn des Volkes heraufzubeschwören, wenn Dona Béatrice zu Schaden käme. Sie hatte inzwischen eine große Anhängerschaft, die sich über das ganze Land verteilte, und die Lehre, die sie vertrat, kam den Erwartungen der Bakongo ebenso entgegen, wie sie sich an christlichem Brauchtum orientierte. So ließ Béatrice eine Kirche errichten, lehnte aber das Kreuz – als ein Symbol des Teufels, da Christus am Kreuz gestorben war – ab; auch übernahm sie die christlichen Gesänge, während sie das heilige Sakrament der Ehe zurückwies, weil es nicht der afrikanischen Tradition, die durch die Polygamie geprägt war, entsprach. Schließlich verkündete sie, dass es in Wahrheit Afrikaner gewesen seien, die eigentlich das Christentum begründet hätten, und sie stellte die Forderung auf, die christliche Kirche sollte von Rom unabhängig sein. Befolge man ihre Lehre und unterwerfe sich ihren Geboten, dann würde auch das ersehnte neue Zeitalter anbrechen. Eine Zeit des Friedens und Wohlergehens, im Zeichen eines Glaubens, der nicht die Welt der Weißen spiegelte, sondern die Vorstellungen der Afrikaner.

Pedro, der König, wusste, dass Vita Kimba mit ihrer eigenwilligen Lehre, die – so würde man es heute formulieren – einen nationalen Charakter hatte, dem Volk aus dem Herzen sprach, und so wagte er nicht, der Forderung der Geistlichen, Béatrice anzuklagen und zu bestrafen, nachzugeben. Stattdessen gab er vor, sie nach Luanda schicken zu wollen, damit der Bischof dort sich der Angelegenheit annehme. Der Bischofssitz, den die Portugiesen ursprünglich für den Kongo eingerichtet hatten, war inzwischen nach Angola verlegt worden. Der Ausweg, den der Manikongo suchte, hatte jedoch vor allem den Zweck, den Anhängern Béatrices die Gelegenheit zu geben, sie auf dem Wege nach Angola zu befreien. So würde er sie sich vom Halse schaffen, ohne den Zorn des Volkes zu erregen.

Doch die Kapuzinermönche, eifrig auf ihre Mission bedacht, gaben nicht nach und verlangten keinen Aufschub, so dass der König schließlich einwilligte und den Kronrat einberief, der über die vermeintliche Ketzerin und ihre Irrlehre beriet und zu dem erwarteten Urteil gelangte. Pater de Lucques, Ankläger und Zeuge, hat das, was geschah, überliefert: »Der *basciamucano* [Richter] hielt eine lange Rede. Das Hauptthema dabei war eine Lobpreisung des Königs. Er zählte seine Titel auf und legte die Beweise für seine Bemühungen um Gerechtigkeit dar. Er verkündete schließlich das Urteil gegen Dona Béatrice, wobei er darauf verwies, dass sie unter dem falschen Namen des heiligen Antonius das Volk zu seinem Irrglauben und seinen Falschheiten verleitet habe. Folglich verurteilten sie der König, ihr Herr, und die königliche Ratsversammlung zum Tode auf dem Scheiterhaufen, sie und die Frucht ihres Konkubinats.« Doch das ging selbst den eilfertigen Patres zu weit, und wenn das Kind auch in Sünde gezeugt worden war, so war es selbst doch unschuldig. Es reichte, wenn die Mutter die ganze Härte des Gesetzes traf. Aber es war zu spät: das Urteil war gesprochen, und wie es verkündet worden war, wurde es vollstreckt: »Man führte sie zum Scheiterhaufen. Die Frau tat alles, was sie konnte, um ihrer Lehre abzuschwören. Aber ihre Beteuerungen waren vergebens. Es entstand ein so großer Aufruhr unter der versammelten Menge, dass wir keine Möglichkeit hatten, den beiden Verurteilten irgendeinen Beistand zu leisten. Sie wurden eilig zum Scheiterhaufen gebracht.« Den natürlich die Ordensgeistlichen zu verantworten hatten, eingedenk der Inquisition, jenes Schandflecks der katholischen Kirche, die für Abtrünnige vom Glauben keine Gnade kannte. »Alles, was wir noch über das Weitere sagen können«, vermeldet der unerbittliche de Lucques, »ist, dass man dort einen großen Haufen Holz aufgeschichtet hatte, auf den man die beiden warf. Man bedeckte sie mit einem weiteren Haufen Holz, und dann wurden sie lebend verbrannt. Damit noch nicht zufrieden, machten sich am anderen Morgen Männer daran, auch noch einige Knochen, die übriggeblieben waren, zu verbrennen und alles wie Staub in Asche zu verwandeln.«

So starb, am 2. Juli 1706, eine beherzte Afrikanerin, die mit friedlichen Mitteln versucht hatte, ihr Volk aus der Not und der Entwürdigung zu befreien, in die es die Fremden, die den Namen des Herrn nur noch im Munde führten, ohne ihm wirklich zu dienen, gestürzt hatten. Für den Kongo – und sein einst stolzes König-Reich – bedeutete dies, dass er nun unaufhaltsam in Chaos und Vergessen hinabglitt. Bis ein neuer Eroberer auftauchte und im Namen einer neuen Religion, die sich nunmehr Fortschritt nannte, neues Unheil anrichtete.

Heimkehr

Während Portugal, das ursprünglich nur den Seeweg nach Indien gesucht, dann aber durch Zufall Brasilien entdeckt und sich folglich auf den Sklavenhandel in großem Stil verlegt hatte, seine Aktivitäten in Afrika auf Gegenden südlich des Äquators konzentrierte, richteten andere ihr Augenmerk auf Gebiete weiter nördlich. Nicht dass sie nicht auch an dem lukrativen Geschäft mit Sklaven, die aus dem Kongo und Angola verschleppt wurden, teilhatten: auch bei ihnen regte sich kein Gewissen. Von einer nennenswerten Ausnahme abgesehen: ein Franzose, Jean Bodin, erhob bereits im 16. Jahrhundert seine Stimme gegen den Sklavenhandel; aber sein Ruf, der sich auf moralische Prinzipien gründete, verhallte ungehört. Sklavenhandel beziehungsweise Sklaverei war in Europa längst ausgemerzt und folglich kein Thema, für das man Verständnis aufbrachte. Noch hielt sich der Sklavenhandel in Grenzen, und da er außerhalb Europas betrieben wurde, war er praktisch unsichtbar. Zudem hatte der Heilige Stuhl bereits 1452 in einer päpstlichen Bulle verfügt, dass Portugal, das im Kampf gegen die »Sarazenen« (und andere Heiden) an vorderster Front stand, autorisiert sei, fremde Länder zu erobern und ihre Völker zu versklaven. Freilich mit der Auflage, im Gegenzug für die Verbreitung des Christentums zu sorgen und somit dem Anspruch des Papstes auf eine Weltregierung, wenngleich auch im religiösen Sinne, Geltung zu verschaffen. Die Portugiesen nahmen sich den hehren Spruch des Papstes, dem eine Reihe weiterer folgte, die ihre vermeintlich heilige Mission bekräftigten, zu Herzen und brauchten sich somit nicht mit einem schlechten Gewissen zu plagen. Welch Gleiches ihnen andere, auch wenn der Papst sie nicht ausdrücklich dazu aufgefordert hatte, nachtaten. So überrascht es nicht, dass der Sklavenhandel sich immer weiter ausweitete, indem immer mehr Europäer daran teilhatten. Bis im 18. Jahrhundert ein Höhepunkt erreicht war, der schließlich zu einer Reaktion herausforderte. Diesmal waren es die Engländer, die Einspruch erhoben. Und es blieb nunmehr nicht nur bei einer vereinzelten Stimme.

Der Anstoß für eine Bewegung, die als Abolitionismus bekannt wurde, geht freilich auf die Zeit der Aufklärung zurück, die nicht zuletzt auch die Freiheit des Menschen propagierte und – im Sinne eines »edlen Wilden« – für eine Aufwertung farbiger Völker eintrat. Zu diesem philosophischen Gedankengebäude, das den Untergrund bildete, gesellte sich ein neues religiöses Bewusstsein, das dem Protestantismus entstammte. Es war weniger spirituell, als vielmehr – wie es der Tradition des Protestantismus entsprach – praktisch ausgerichtet. Was – im Falle des Abolitionismus – sich in einem philanthropischen, humanitären Anliegen äußerte, das konsequent in die Tat umgesetzt wurde. Dabei kam den Abolitionisten zugute, dass ihr bedeutendster Wortführer, William Wilberforce, im britischen Unterhaus saß und ein enger Bekannter des englischen Premiers William Pitt des Jüngeren war, den er von einer gemeinsamen Studienzeit her kannte. Dieser günstigen Konstellation ist es zu verdanken, dass England – nachdem es lange selbst vom Sklavenhandel profitiert hatte – endlich energische Schritte unternahm, das Übel an der Wurzel anzupacken. Nachdem bereits 1772 ein erstes Gesetz erlassen worden war, das die Sklaverei in *England* aufhob (was insofern Bedeutung hatte, als jeder Sklave, der etwa in Begleitung seines Herrn englischen Boden betrat, automatisch die Freiheit erlangte), folgte 1807 ein zweites Gesetz, das in seiner Wirkung weit bedeutender war: nunmehr war der *Handel* mit Sklaven untersagt. Wer dem zuwiderhandelte, musste seit 1824 mit der Todesstrafe rechnen. Schließlich erließ die Regierung in London 1833 ein weiteres Gesetz, das die Sklaverei auch in den *Kolonien* abschaffte. Damit hatte England konsequent – auch wenn es sechzig Jahre gedauert hatte – Sklaverei und Sklavenhandel in allen Teilen des Reiches, über das die Briten herrschten, abgeschafft.

Doch dabei beließen es die Engländer nicht; der Wiener Kongress, der zur Neuordnung Europas nach dem Sturz Napoleons einberufen worden war, bot eine willkommene Gelegenheit, auch das Thema »Sklavenhandel«, dem ein Teil der übrigen Mächte noch immer frönte, auf die Tagesordnung zu bringen. Die Folge war, dass sowohl Portugal als auch Spanien sich – wenn auch widerwillig – bereit erklärten, den Sklavenhandel einzuschränken. Erst 1823 erließ Portugal ein Gesetz, das den Sklavenhandel gänzlich verbot.

Doch wohlmeinende Absichtserklärungen oder gar gesetzliche Bestimmungen bedeuteten noch keine Garantie, dass der Sklavenhandel auch tatsächlich aufgehoben war; zumal die *Sklavenhaltung* zumeist weiterhin legal war. England, das es tatsächlich ernst meinte – zum Ruhme der Briten sei es gesagt –, richtete deshalb Patrouillen ein; Schiffe, die die Royal Navy dazu bereitstellte, die Küsten Afrikas zu kontrollieren, um jedweden Sklaventransport zu stoppen, die Schmuggler zur Rechenschaft zu ziehen und die Sklaven auf freien Fuß zu setzen. Das betraf auch Schiffe, die nicht unter englischer

Flagge segelten; wozu entsprechende Verträge mit den betreffenden Regierungen ausgehandelt wurden. England stellte für diese Patrouillen eine stattliche Anzahl von Schiffen bereit: ihre Zahl belief sich schließlich auf fast zwei Dutzend, mit insgesamt über tausend Mann, die im Einsatz waren. Dennoch war die Ausbeute gering: in der Zeit zwischen 1825 und 1865 wurden zwar fast 1300 Schiffe aufgebracht und immerhin 130.000 Sklaven befreit, doch angesichts jener 1,8 Millionen Sklaven, die in diesem Zeitraum aus Afrika verschleppt wurden (und damit ist nicht der *arabische* Sklavenhandel gemeint), lässt sich erkennen, wie wenig letztlich tatsächlich erreicht wurde. Das Geschäft boomte, weil es hohe Profite abwarf; vor allem aber deshalb, weil in Amerika die Nachfrage noch nicht versiegt war und in Afrika die einheimischen Herrscher, die an dem Handel beteiligt waren, ja ihn eigentlich überhaupt erst ermöglichten (der Widerstand im Kongo war eher eine Ausnahme), begierig auf Handelsgüter waren, die sie gegen Sklaven eintauschen konnten. Es war ein Kampf an vielen Fronten, und er war erst gewonnen, als sich auch jenseits des Atlantik endlich ein Wandel vollzog.

2

Die Unterbindung des Sklavenhandels und die Befreiung der Sklaven warf ein Problem auf, das nicht minder dringlich einer Lösung harrte: was sollte mit den befreiten Sklaven geschehen? Das betraf zunächst alle jene Sklaven, die in britischem Hoheitsgebiet ihre Freiheit erlangten. Wobei es sich anfangs nur um Großbritannien, das Mutterland, und die englischen Kolonien in Nordamerika handelte, welch letztere – durch den Abfall der nunmehrigen Vereinigten Staaten – auf Kanada reduziert waren; wohin sich jedoch jene Schwarzen flüchteten, die auf der Seite der Engländer gekämpft und sich dadurch ihre Freiheit erworben hatten. Die Abolitionisten in England verfielen auf die Idee, da die klimatischen Bedingungen den Schwarzen in den nördlichen Breiten nicht zuträglich waren, die befreiten Sklaven nach Afrika zurückzuführen. Doch um dies zu bewerkstelligen, war es nötig, ihnen gewissermaßen eine neue Heimat zu geben, da es unmöglich war, ihren jeweiligen Herkunftsort beziehungsweise den ihrer Ahnen genauer zurückzuverfolgen. Folglich schien ein neutraler Ort an der Westküste Afrikas, der bislang noch nicht von europäischen Mächten mit Beschlag belegt war, eine gangbare Lösung zu bieten. Ein solcher Ort war die Küste von Sierra Leone, jenes Gebiet an der nördlichen, in den Atlantik vorspringenden Westküste, das durch einen charakteristischen, als »Löwenberge« bekannten Gebirgszug gekennzeichnet war. Hier bot sich die Gelegenheit, so hofften die Abolitionisten, die befreiten Sklaven anzusiedeln. Die britische Regierung erklärte sich bereit, für den Transport und die nötige Ausrüstung zu sorgen, und so wurde denn eine Expedition zusammengestellt, die aus 450 Schwarzen und – 60 weißen Prostituierten bestand. Letztere werden – anders als ihre schwarzen Begleiter – nicht sonderlich begeistert gewesen sein, die Reise anzutreten; doch es war ein Grundsatz der englischen Regierung, sich unliebsamer Elemente – und dazu zählten, neben Kriminellen, auch Prostituierte – zu entledigen, indem man sie nach Übersee abschob. Bekanntlich wurde auf diese Weise der Grundstein zur Besiedlung Australiens gelegt, sieht man von den Ureinwohnern, die zurückgedrängt wurden, einmal ab. Ähnlich verhielt es sich im Falle Sierra Leones, zumindest soweit es besagte Liebesdienerinnen betraf.

Das Unternehmen stand unter keinem glücklichen Stern: die Ausfahrt verzögerte sich, Krankheiten brachen an Bord aus, und als die Expedition schließlich, im Mai 1787, ihr Ziel erreichte, war die Zahl der Passagiere auf 430 gesunken. Weitere Opfer an Menschenleben waren auch an Land zu beklagen, denn die Jahreszeit, die man gewählt hatte, war ungünstig, und auch der Landeplatz erwies sich als ungeeignet. Zwar gelang es dem Leiter des Unternehmens, einem Marineoffizier namens Thompson, von einem lokalen Stammesfürsten ein Stück Land zu erwerben, doch als er sich schließlich nach vier Monaten auf die Rückreise machte, waren weitere 83 Siedler gestorben. Die Beschwernisse, die sich den Neuankömmlingen in den Weg stellten, waren größer, als man erwartet hatte. Zudem waren die ehemaligen Sklaven nicht daran gewöhnt, ihr Schicksal selbst in die Hand zu nehmen: die Siedlung löste sich schließlich auf, nachdem ein Angriff feindlicher Eingeborener ihren Zusammenhalt endgültig zerschlagen hatte.

Die Philanthropen in England ließen sich jedoch nicht entmutigen, denn das Problem, das gelöst werden musste, bestand weiter. Man unternahm einen neuen Anlauf, gründete eine Handelsgesellschaft, die Sierra Leone Company, um auf diese Weise das nötige Kapital für den Unterhalt einer Siedlung aufzubringen, und sandte eine neue Expedition aus. Ein neuer Siedlungsplatz wurde bestimmt, der unter dem Namen »Freetown« bekannt wurde; die Company stellte einen Gouverneur, es wurde ein Rat gebildet, Händler und Handwerker nahmen ihre Tätigkeit auf. 1200 Schwarze, die man aus Neuschottland, in Kanada, herbeiführte, wurden angesiedelt.

Auch diesmal gab es Schwierigkeiten, die sich am Gegensatz zwischen den Zielen der Company und den Interessen der Siedler entzündeten. Auch machte sich die Rivalität anderer europäischer Mächte bemerkbar: 1794 griffen Franzosen die Siedlung an und brannten sie nieder. Doch die Company konnte ihre Stellung halten, war aber schließlich nicht mehr bereit, die

Kosten für die Verwaltung weiter zu tragen. Da zudem die Regierung in London an einem Stützpunkt in Westafrika interessiert war, um die englische Schifffahrt in den Gewässern dieser Gegenden zu schützen, aber auch um ihrer Politik der Kontrolle und Unterdrückung des Sklavenhandels eine sichere Basis zu verschaffen, von der aus man operieren konnte, war die Regierung schließlich bereit, das Gebiet von Sierra Leone unter ihren Schutz zu nehmen. Das heißt, England erklärte Sierra Leone 1808 zur Kronkolonie. Wobei der Anspruch Englands sich zunächst nur auf eine kleine Küstenenklave erstreckte, die sich erst allmählich erweiterte. Indem Verträge mit den Stammesfürsten im Hinterland geschlossen wurden, die sich dadurch Handelsvorteile versprachen.

Die Zuwanderung befreiter Sklaven belief sich in der Zeit von 1808 bis 1864, als ein letzter Prozess, der einen illegalen Sklaventransport betraf, vor einem Gericht in Freetown verhandelt wurde, auf über 50.000. Sie stellte den Grundstock einer neuen Elite, die sich in Sierra Leone herausbildete. Man nannte sie Kreolen; sie sprachen Englisch, viele konnten lesen und schreiben und waren Christen. Englische Kolonialbeamte waren ihnen zwar übergeordnet, aber da sie sich mehr mit den Kolonialherren als der angestammten, tribalen Bevölkerung identifizierten, kam es gesellschaftlich zu keinem Ausgleich. Ein ethnischer Gegensatz blieb bestehen und trug nicht unwesentlich zur Instabilität des Landes bei, das schließlich 1961 seine Unabhängigkeit erlangte.

3

Ähnlich wie in Sierra Leone verlief auch die Entwicklung im benachbarten Liberia. Hier waren allerdings nicht die Engländer, sondern die Amerikaner involviert. Denn Amerika, das heißt die Vereinigten Staaten, gehörten zu den drei großen Regionen in der Neuen Welt, die vom transatlantischen Sklavenhandel profitierten: neben den USA waren dies Brasilien und die Karibischen Inseln. Die USA, ursprünglich in kolonialer Abhängigkeit von England, hatten 1776 ihre Unabhängigkeit erlangt. Bereits im Jahr darauf begann man in den nördlichen Staaten der Union mit der Abschaffung der Sklaverei, ein Prozess, der bis 1804 abgeschlossen war. 1807 dann, im gleichen Jahr, da auch England den Sklavenhandel untersagte, folgte das Verbot, Sklaven nach Amerika einzuführen. Ein Verbot, das jedoch eine fortdauernde Einfuhr von Sklaven, die nun illegal erfolgte, nicht unterbinden konnte, denn der Import von Sklaven dauerte bis 1862 an.

Das größere Problem, das sich aber nunmehr einstellte, war die soge-

Statue eines Häuptlings der Chokwe;
Angola, 19. Jahrhundert

Audienz beim König des Kongoreiches: Holländische Gesandte, 1642

Sklaventransport auf dem Atlantik

Sayyid Barghash,
Sultan von Sansibar

Sklavenkarawane
in Ostafrika

David Livingstone,
Missionar und
Forschungsreisender

Von Livingstone
entdeckt:
Die Viktoria-Fälle

Gefahren der Wildnis: Von den Eingeborenen als Herr des Waldes gefürchtet (oben); Livingstone mit knapper Not dem Tod entronnen (unten)

Tippu Tib,
König der Sklavenhändler

Das Massaker
von Nyangwe, 1871

Vom Entdecker zum Wegbereiter des Kolonialismus:
Henry Morton Stanley

Stanley im Kampf mit Eingeborenen auf dem Kongo

Tödliche Gefahr: Stromschnellen im Kongo

Auf der Suche nach Emin Pascha: Stanley im Gefecht mit Kannibalen

Kriegskanu auf dem Aruwimi

Eduard Schnitzer alias Emin Pascha

Leopold II.,
König
der Belgier

Die Kongo-Konferenz
in Berlin, 1884/85

Moderne Technik im Einsatz: Stanley am Maschinengewehr

Die Station Vivi am Unterlauf des Kongo

Das traditionelle Afrika, Ende des 19. Jahrhunderts: Auf dem Markt in Léopoldville (oben); Hinrichtung von Sklaven bei den Wakuti am mittleren Kongo (unten)

Auf dem Kongo: Einziges Transportmittel

Verhandlungen in einem Dorf der Wangata am Mittellauf des Kongo

Pierre Savorgnan de Brazza,
Wegbereiter der Franzosen am Kongo

Anmutige Versuchung:
Die beiden Töchter des Häuptlings der Ambuella

nannte »Emanzipation«, die Befreiung der Sklaven. Und an dieser Frage entzündete sich die eigentliche abolitionistische Bewegung in den USA. Sie erreichte einen ersten Höhepunkt mit der Gründung einer einem britischen Vorbild entsprechenden Anti-Slavery Society, die 1833 ins Leben gerufen wurde und die Kampagne zur Abschaffung der Sklaverei auf eine instututionelle Basis stellte. Ein weiterer Meilenstein war die Veröffentlichung eines Werkes, das unter dem Titel »Onkel Toms Hütte« bekannt wurde und dem Feldzug der Abolitionisten weiteren Auftrieb gab. Dieses Buch, eine erzählerische Darstellung des menschenunwürdigen Sklavendaseins aus der Feder der amerikanischen Dichterin Harriet Beecher Stowe, erschien 1852 und erzielte eine nachhaltige Wirkung. Die allerdings auf den Norden beschränkt blieb, denn der Süden der USA, der sich auf den Anbau agrarischer Rohstoffe stützte, sah in der Sklaverei eine wirtschaftliche Notwendigkeit. Auf die der Norden verzichten konnte, denn dort war die Industrielle Revolution auf dem Vormarsch. Der Gegensatz verschärfte sich, als im November 1860 Abraham Lincoln, ein Gegner der Sklaverei, zum 16. Präsidenten der USA gewählt wurde; eine Wahl, gegen die sich der Süden stellte, so dass er aus der Union ausscherte und einen eigenen Staat bildete. Diese sogenannte Sezession gab ihrerseits Anlass zu einem blutigen Krieg, der in den Jahren 1861 bis 1865 zwischen dem Norden und Süden der USA tobte. Dieser, der Amerikanische Bürgerkrieg, bei dem zum ersten Mal Techniken des modernen Krieges wie die Telegraphie und Panzerschiffe eingesetzt wurden, war der verheerendste Krieg des 19. Jahrhunderts. Er forderte 600.000 Menschenleben. Ein großes Opfer, das die Amerikaner brachten, und wenngleich es dabei auch um die Erhaltung der Union ging, die Lincoln unter allen Umständen bewahren wollte, so bezog sich doch der zentrale Streitpunkt auf die Sklavenfrage, derentwegen immerhin 360.000 Amerikaner aus dem Norden ihr Leben ließen. Während der Süden, um seine Privilegien zu verteidigen, eine Viertelmillion seiner Soldaten in den Tod schickte.

Bereits 1862 hatte Lincoln in einer ersten Verfügung, der »Emancipation Proclamation«, die Befreiung aller Sklaven auf dem Gebiet der Südstaaten, das der Norden bislang besetzt hatte, verfügt. Ein zweites Gesetz, das als 13. Zusatz zur Verfassung der Vereinigten Staaten bekannt wurde, folgte im Dezember 1865: es besiegelte die Freiheit der Sklaven in den USA. Ein Triumph, dessen Lincoln, der ihn ermöglicht hatte, sich jedoch nicht mehr erfreuen konnte, denn er war bereits zuvor, am 14. April 1865, von einem fanatischen Südstaatler ermordet worden.

Der Bürgerkrieg brachte vier Millionen schwarzen Sklaven die Freiheit. Nur ein Bruchteil davon sah seine Heimat beziehungsweise die seiner Ahnen wieder. Die meisten Schwarzen verblieben in den USA, wo sie weiter sozialen

Sprengstoff bildeten, der sich immer wieder, vor allem im Süden, wo der berüchtigte Ku-Klux-Klan sein Unwesen trieb, entzündete. Immerhin versuchte man auch in den USA, Möglichkeiten zu schaffen, befreite Sklaven zurück nach Afrika zu bringen. Man wählte dazu die Gegend südlich Sierra Leones, wo die Engländer bereits entsprechende Anläufe unternommen hatten. Um das Unternehmen voranzutreiben, gründeten Philanthropen in den USA 1816 eine Gesellschaft, American Colonization Society genannt, die es sich zur Aufgabe machte, den Plan einer Rückführung schwarzer Sklaven und ihrer Ansiedlung an der Küste Westafrikas in die Tat umzusetzen. Die amerikanische Regierung unterstützte den Plan, und bereits 1818 wurde eine Mission nach Afrika entsandt, die im Gebiet des besagten Küstenabschnitts einen geeigneten Siedlungsplatz erkunden sollte. Erst Versuche der Ansiedlung scheiterten jedoch, und erst ein Übereinkommen, das Vertreter der Kolonisationsgesellschaft mit lokalen Stammesfürsten aushandelten, machte 1821 den Weg frei für eine lebensfähige Siedlung in der Gegend des heutigen Monrovia. 1822 begann die eigentliche Rückführung amerikanischer Sklaven, wobei die Kolonisationsgesellschaft weiterhin die Leitung des Unternehmens übernahm. Bis im Jahre 1841 die schwarzen Siedler selbst ihr Schicksal in die Hand nahmen, zunächst noch unter dem Schutz der Amerikaner, dann aber – als England auf eine Klärung der Verhältnisse drängte – als selbständige politische Einheit, ein Status, den die nunmehrige Republik Liberia 1847 erlangte. Der neue Staat, der erste seiner Art in Afrika, richtete seine Regierungsform nach dem Vorbild der USA aus, die auch weiterhin eine Art Garantie für die Souveränität Liberias übernahmen.

Die Probleme, denen sich die befreiten Sklaven in Liberia, deren Nachkommen man noch heute als Americo-Liberianer bezeichnet, gegenübersahen, waren jedoch ähnlich wie im benachbarten Sierra Leone: die Siedler konzentrierten sich auf die Küste, im Hinterland saßen die alteingesessenen Stämme, die sich nicht selten schwunghaft am Sklavenhandel beteiligt hatten und keineswegs glücklich darüber waren, dass nun ihre einträgliche Einnahmequelle versiegte und sie sich obendrein auch noch den Neuankömmlingen beugen sollten. Die Spannungen wurden nie gänzlich beigelegt, auch wenn der Hoheitsanspruch des neuen Staates allmählich weiter in das Innere des Landes ausgedehnt wurde. Auch dabei standen die USA Pate, wie sie auch wirtschaftlich dem künstlichen Gebilde, das sie geschaffen hatten, unter die Arme griffen. Nicht ohne dabei auch eigene Interessen zu verfolgen, versteht sich. Die Firestone Tire and Rubber Company erwarb 1926 immerhin eine Konzession in Liberia, mit der sie sich eine Million Acre, das heißt 400.000 Hektar, Plantagenland sicherte, um darauf Kautschuk anzubauen. Ein Engagement, das sich vor allem im Zweiten Weltkrieg auszahlte, als Liberia –

abgesehen von Ceylon – zum einzigen Lieferanten von Rohgummi aufrückte, der den Alliierten zur Seite stand. So trugen die Nachfahren ehemaliger Sklaven, die aus der Neuen Welt nach Afrika zurückgekehrt waren, dazu bei, dass einer neuen Barbarei, die diesmal auf das Konto der Deutschen – unter ihrem braunen Diktator – ging, Einhalt geboten wurde.

Von Helgoland bis Sansibar

»Eine Dau aus dem Norden kam mit Sklaven in den Hafen; als dies dem Sultan mitgeteilt wurde, befahl er, das Schiff zu verbrennen, und wir sahen, wie dies geschah, vom Fenster des Konsulats; aber er hat nur wenig Macht über die Araber im Norden. Er hat in letzter Zeit etwas mehr Tatkraft bewiesen. Er beabsichtigte, die Einkünfte durch eine Steuer von zehn Prozent, die auf alle Güter erhoben werden, welche man in die Stadt bringt, zu erhöhen, doch das verstößt eindeutig gegen vertragliche Vereinbarungen, die vorsehen, dass jedes Monopol untersagt ist und keine Abgaben verlangt werden können, außer einer fünfprozentigen Einfuhrsteuer. Der französische Konsul schüchtert ihn ein: tatsächlich ist die Art, wie die Franzosen mit den Eingeborenen umgehen, passend mit diesem Wort umschrieben. Kein Wunder, dass sie nicht mit den Einheimischen auskommen: ihre größte Macht einfalten sie, indem sie ihre Flagge den Sklavenseglern zur Verfügung stellen, so dass sie diesen schändlichen Handel decken.«

David Livingstone, der diese Beobachtungen am 2. März 1866 in seinem Tagebuch festhielt, war nicht nur einer der großen Forschungsreisenden, die im 19. Jahrhundert den bis dahin noch immer weitgehend »Dunklen Kontinent« erkundeten; er war eigentlich Arzt und Missionar, und obwohl der Reiz der Entdeckung und Forschung sein Leben bestimmte, verlor er doch nie eine Aufgabe aus den Augen, die er sich bereits bei seinen ersten Reisen gestellt hatte: er wollte sich dafür einsetzen, dass die Geißel Afrikas, der Sklavenhandel, abgeschafft wurde. Inzwischen hatte sich der Schwerpunkt dieses Handels auf den Osten des Kontinents verlagert, wo die Araber seit geraumer Zeit das Sagen hatten. Und neben Elfenbein, mit dem sie handelten, waren sie vor allem an Sklaven interessiert. Bis nach Indien führten sie sie aus, und Sansibar, wo Livingstone die Beobachtungen machte, die er seinem Tagebuch anvertraute, war das Zentrum dieses Handels. Die Insel, vor der Küste des heutigen Tansania gelegen, war seit geraumer Zeit der Sitz des Sultans von Oman, der somit eine Schlüsselrolle im Geschäft mit den Sklaven einnahm. Während die Engländer den Sklavenhandel missbilligten, waren die Franzosen – wie Livingstone anmerkt – sogar aktiv an diesem schäbigen Geschäft beteiligt, so dass der Sultan letztlich keine Veranlassung sah, zumal er sein eigener Herr war, wirksame Schritte gegen den Sklavenhandel zu unternehmen. Der Sklavenmarkt auf der Insel florierte wie eh und je. »Als ich den Sklavenmarkt besuchte«, notierte Livingstone, »fand ich etwa 300 Sklaven, die zum Kauf angeboten wurden; der größere Teil von ihnen kam aus der Gegend des Nyassa-Sees und des Shire-Flusses; ich bin so sehr vertraut mit den besonderen Gesichtern und Zeichnungen oder Tätowierungen, dass ich glaube, dass sie mich erkennen. Tatsächlich sagte eine Frau, dass sie von unserer Fahrt den Nyassa-See hinauf in einem Boot gehört hatte, aber sie hatte mich nicht gesehen. Andere kamen aus der Gegend von Chipetá, südwestlich des Sees. Alle, die erwachsen sind, scheinen sich zu schämen, dass man sie wie eine Ware verhökert. Man untersucht die Zähne, hebt den Stoff, um den unteren Teil des Körpers zu inspizieren, und wirft einen Stock, den der Sklave zurückbringen muss, um zu sehen, wie schnell er laufen kann. Einige werden an der Hand aus der Menge herausgezerrt, und unaufhörlich wird ihr Preis ausgerufen: die meisten der Käufer waren Araber aus dem Norden und Perser.«

Während im Westen der Sklavenhandel versiegte, blühte er im Osten unvermindert. Wobei Sansibar nur eines der Zentren des Sklavenhandels war, der auf das Konto der Araber ging. Kilwa, weiter südlich auf dem Festland, war ein weiterer Umschlagplatz, und im Norden reichte die Kette der Sklavenmärkte, die berüchtigt waren, von Khartum über Kairo bis nach Tripolis: die Araber kannten keinen Skrupel; ihre Religion deckte den Sklavenhandel, und da es zudem Ungläubige waren, die versklavt wurden, betrachtete man die Sklaven, die aus dem Innern Afrikas entführt wurden, ohnehin als unwürdig. Sie waren zum Dienen geboren; vor allem aber, um mit ihnen, da man dem weiblichen Geschlecht unter den Sklaven den Vorzug gab, der Lust zu frönen. Dagegen hatte der Koran beziehungsweise die islamische Ethik und Moral nichts einzuwenden.

Livingstone war ein unermüdlicher Streiter für die als Sklaven Entrechteten, aber er war auch eine Art Don Quijote, der nicht nur gegen Windmühlen ankämpfte, sondern dabei auch so unsystematisch zu Werke ging, dass er die eigentliche Aufgabe, die er sich gestellt hatte, immer wieder aus den Augen verlor. Immerhin, er versäumte es nicht, seine Beobachtungen kritisch festzuhalten, und unter seinem Gefolge bei seinen Expeditionen waren nicht zuletzt auch Schwarze, die er aus der Sklaverei befreit hatte. So war Shuma, einer seiner Begleiter, die ihm bis zu seinem Ende treu ergeben blieben, ein Sklave gewesen, den Livingstone während seiner letzten Expedition, die in das Gebiet des Nyassa-Sees und seines Quellflusses, des Shire, geführt hatte, in seine Dienste genommen hatte. Aus der Gegend des Nyassa-Sees wurden jährlich 20.000 Sklaven entführt, die man in Kilwa auf den Sklavenmarkt brachte.

Die neuerliche Expedition, die Livingstone im Januar 1866 zunächst nach Sansibar führte, wo er gezwungen war, anderthalb Monate zu verweilen, bis er eine Gelegenheit der Überfahrt zur Küste fand, verfolgte den Zweck, nach den Quellen des Nil zu forschen. Das Rätsel, das die Wissenschaft noch immer bewegte, galt nach wie vor als nicht endgültig gelöst. Weshalb die Royal Geographical Society in London Livingstone mit einer Forschungsmission betraute, die das Seengebiet im östlichen Afrika, das als der Schlüssel zur Lösung des Rätsels angesehen wurde, erkunden sollte. Immerhin war Livingstone, obwohl er doch eigentlich Missionar war, inzwischen ein anerkannter Forschungsreisender, der für sich den Triumph verbuchen konnte, den afrikanischen Kontinent, vom Atlantik bis zum Indischen Ozean, durchquert zu haben. Dieses Unternehmen hatte Livingstone in den Jahren 1853 bis 1856 bewerkstelligt.

Bei dieser Expedition legte er fast 5000 Meilen, das heißt 8000 Kilometer, zurück. Der Zweck dieser Expedition war, das Innere des südlichen Afrika zu erschließen. Es war ein Traum Livingstones gewesen, mitten in der Wildnis, wohin bislang das Wort Gottes noch nicht vorgedrungen war, ein Zentrum christlicher Mission zu gründen, das zugleich auch als Basis für einen Handel diente, der an die Stelle des allgegenwärtigen Sklavenhandels treten könnte. Es blieb ein Traum, der sich nicht erfüllte. Wenigstens erlebte ihn Livingstone nicht mehr.

Eigentlich sollte der Weg zu einem solchen Zentrum der Abgeschiedenheit und friedlichen Entwicklung aus dem Süden, vom Kap her, in das Innere führen, doch die Buren, die sich im Süden angesiedelt hatten, torpedierten ein solches Vorhaben. Aus diesem Grund verfolgte Livingstone den Plan, einen alternativen Zugang von der Küste im Osten beziehungsweise im Westen zu erkunden. Wobei der Sambesi, dessen Lauf aber noch nicht genauer erforscht worden war, sich als eine praktische Route anbot. Dennoch entschloss sich Livingstone, nachdem er im Mai 1853 Linyanti, den Sitz eines lokalen Stammesfürsten am Ufer eines Zuflusses des Sambesi, erreicht hatte, den Weg nach Westen einzuschlagen. Da ihm dies als ein günstigerer und kürzerer Weg erschien.

Livingstone brach im November zu seiner Reise nach Westen auf und legte auf diesem Abschnitt der Expedition fast 3.000 Kilometer zurück. Dabei ritt er zumeist auf einem Ochsen, der auf den verheißungsvollen Namen »Sindbad« getauft worden war. Dennoch war es ein beschwerliches Unterfangen, denn nicht nur war der Weg nicht erkundet, er führte auch durch ein Gebiet, dessen Bewohner durch die lange Tradition der Sklavenjagden, die die Portugiesen von Angola aus betrieben hatten, korrumpiert worden waren. So dass sie fortwährend die Forderung erhoben: entweder ein Mensch, ein Elefantenzahn oder ein Gewehr. Wäre Livingstone dazu nicht bereit, würde man ihn und seine Expedition auch nicht mit Nahrungsmitteln versorgen. Das heißt, die Zeit, da man die Eingeborenen mit Perlenketten oder Glasspiegeln abspeisen konnte, waren vorbei. Am liebsten hätte man es gesehen, wenn Livingstone auf seine Begleiter, die er in Linyanti angeworben hatte, verzichtet hätte, um sich dadurch die nötige Verpflegung zu verschaffen. Man hätte sie dann als Sklaven verkaufen können; aber natürlich war Livingstone dazu nicht bereit. So dass er einige Mühe hatte, dennoch das Nötige, was sie zu ihrer Verpflegung brauchten, aufzutreiben. Einer der Häuptlinge ließ sich allerdings auch dazu herbei, dem Fremden ein Sklavenmädchen, im zarte Alter von zehn Jahren, anzubieten, damit er sich damit vergnügen könne. Als Livingstone das Angebot abwies, wartete der Häuptling mit einem Ersatz, in etwas fortgeschrittenerem Alter, auf. Aber auch darauf ging Livingstone nicht ein, fordert vielmehr, dass man die Sklavinnen ihren Familien zurückgeben sollte. Womit er sich, bei dem Häuptling, nicht beliebter machte.

Den Sambesi aufwärtsziehend, erreichte Livingstone mit seinen Begleitern schließlich die Wasserscheide, die in das Kongo-Becken hinüberführte. Er überquerte den Kasai, den größten Nebenfluss des Kongo, kämpfte sich durch dichten Wald und erreichte schließlich am Kwango die Grenze, bis zu der die Portugiesen in Angola ihre Herrschaft ausgedehnt hatten. In diesem Gebiet hatte einst Matamba, das Refugium Nzingas, der beherzten Widersacherin der Portugiesen, gelegen. Inzwischen war ihr Reich zerschlagen, und das einzige, was Livingstone versöhnte, als er in das Tal des Kwango gelangte, war die Schönheit einer lieblichen Natur, an der er sich erfreute. Auch war er angenehm überrascht, als er schließlich einen portugiesischen Handelsposten erreichte, über das friedliche Zusammenleben zwischen Weißen und Schwarzen. »Nirgendwo sonst in Afrika«, notierte er, »gibt es ein so freundschaftliches Verhältnis zwischen Europäern und Eingeborenen.« Er bezog sich damit auf den Rassendünkel seiner eigenen Landsleute und mehr noch der Buren, die bekanntlich den Grundstein für die spätere Apartheidspolitik in Südafrika legten. Die Portugiesen bildeten da eher eine Ausnahme; was sie freilich nicht von dem Vorwurf enthebt, sich besonders eifrig im Sklavenhandel engagiert zu haben.

Doch was das betraf, so gab es in Luanda, das Livingstone schließlich im Mai 1854 erreichte, immerhin einen Beauftragten der britischen Regierung, der für die Überwachung der Vereinbarungen zuständig war, die bezüglich der Unterdrückung des Sklavenhandels getroffen worden waren. Bei ihm fand er gastliche Aufnahme, und es dauerte nicht lange, da gelangte die Kunde von Livingstones erfolgreicher Expedition nach England. Es war die Zeit, da derartige Triumphe eine ganze Nation begeisterten, und die Royal Geographical Society zeichnete Livingstone denn auch mit einer Goldmedaille aus.

Doch der unermüdliche Forscher hatte erkannt, dass die westliche Route, die er erkundet hatte, zu beschwerlich war, um eine Verbindung in das Innere Afrikas aufrechtzuerhalten. Er entschloss sich deshalb, die Alternative auszukundschaften. Das aber bedeutete, dass er den ganzen Weg, den er auf seiner Erkundung zurückgelegt hatte, nun noch einmal bezwingen musste. Ein beschwerliches Unterfangen, das denn auch noch einmal ein ganzes Jahr in Anspruch nahm. Doch die Strapazen, die ihn erwarteten, wurden wettgemacht durch so manches Bild einer idyllischen Landschaft, das ihn bezauberte. Selbst Engel, so notierte er, hätten ihre Freude daran. »Grüne, mit üppigem Gras bewachsene Wiesen, das Vieh darauf weidend, grasende Ziegen, Kinder, die herumtollen, Hirtenjungen mit Bogen, Pfeil und Speer in Miniaturausgabe; Frauen auf ihrem Weg zum Fluss, mit Wasserkrügen, die sie munter auf dem Kopf balancieren, Männer, die unter schattenspendenden Banyanbäumen sitzen und nähen; und alte, graubärtige Väter, mit einem Stab in der Hand, die dem morgendlichen Klatsch lauschen, während andere Bäume oder Zweige herbeitragen, um ihre Hecken auszubessern; all dies, im Glanz des hellen, afrikanischen Sonnenlichts, mit Vögeln, die in den Zweigen ihr Lied erklingen lassen, ehe die Hitze des Tages angebrochen ist, lässt Bilder entstehen, die man nie vergisst.«

Im November schließlich begann der zweite Abschnitt der Reise: dem Lauf des Sambesi folgend, diesmal flussabwärts, wurde Livingstone schon bald ein weiteres Wunder zuteil. Die Eingeborenen nannten es *Mosi-oa-tunya,* was soviel wie »Ort des donnernden Rauches« bedeutet. Livingstone, der des majestätischen Schauspiels, das das größte seiner Art auf der Erde ist, ansichtig wurde, taufte es der Königin, die über England herrschte, zu Ehren »Viktoria-Fälle«.

So spektakulär die Wasserfälle am Oberlauf des Sambesi auch waren: unter praktischen Gesichtspunkten bedeuteten sie einen weiteren Rückschlag. Dennoch ließ sich Livingstone nicht entmutigen, und als er im Mai 1856 endlich die Küste des Indischen Ozeans erreichte, nachdem er drei Jahre unterwegs gewesen war, glaubte er, die geeignete Route, die er gesucht hatte, gefunden zu haben. Folglich begab er sich schon bald auf eine neue Expedition, die diesmal das Ziel hatte, die Schiffbarkeit des Sambesi, auf der Route, die ins Innere führte, zu erkunden. Doch dieser Expedition war kein Erfolg beschieden, da auch am Unterlauf Wasserfälle, die Livingstone bei der ersten Erkundung entgangen waren, die Schifffahrt behinderten. So wich er nach Norden aus und entdeckte den Nyassa-See, den südlichsten der ostafrikanischen Seenkette, die eine Barriere zwischen dem Innern des Kontinents und der Küstenregion bildet.

Livingstones Blick richtete sich nun nach Norden: der Streit um die Quellen des Nil war entbrannt, und Livingstone, der eher unfreiwillig in die Rolle des Entdeckers geraten war, ließ sich dazu verleiten, sich in die Kontroverse mithineinziehen zu lassen. Das Ergebnis war jenes Unternehmen, das auf der Insel Sansibar seinen Ausgang nahm. Es stand unter keinem guten Stern. Denn nicht nur sollte Livingstone nicht lebend von dieser Reise zurückkehren, auch seine Vorstellungen bezüglich der Quellen des Nil erwiesen sich als unhaltbar. Was allerdings erst Stanley, mit dem er schließlich zusammentraf, belegen sollte. Darüber hinaus verleidete auch die ständige Konfrontation mit den Greueln des Sklavenhandels Livingstone die Freude an seiner Entdeckungsfahrt. Gleich in Sansibar wurde er mit den abscheulichen Praktiken dieses Handels konfrontiert. Das sollte sich auch auf der weiteren Reise fortsetzen. »Wir kamen an einer Frau vorbei«, notierte er unter dem 19. Juni 1866, »die um ihren Hals an einen Baum gebunden und tot war. Die Leute der Gegend erklärten, dass sie nicht Schritt halten konnte mit den anderen Sklaven in der Karawane, und ihr Herr hatte entschieden, dass sie nicht der Besitz eines anderen werden sollte, wenn sie sich erholte, nachdem sie einige Zeit ausgeruht hatte.« Es war dies kein Einzelfall. »Ich sollte hier erwähnen«, fährt Livingstone fort, »dass wir andere, die in ähnlicher Weise angebunden waren, sahen und eine, die erschossen oder erstochen auf dem Pfad lag, denn sie befand sich in einer Blutlache. Die Erklärung, die man uns immer wieder gab, besagte, dass der Araber, der diese Opfer besaß, erzürnt darüber war, dass er sein Geld durch die Sklaven verlor, die nicht mehr weitermarschieren konnten, und seinem Ärger dadurch Luft machte, dass er sie ermordete.«

Die arabischen Sklavenhändler waren nicht zimperlich, und wenn Livingstone diesbezüglich noch irgendwelche Zweifel hegte, so sollten sie ihm gerade auf dieser, seiner letzten Expedition gründlich ausgetrieben werden. Es vergingen allerdings noch einige Jahre, denn diesmal war es eine wahre Odyssee, der sich Livingstone auf der Suche nach den Nilquellen verschrieb. Vom Nyassa-See ging es zunächst zum Tanganyika-See, dann zurück nach Süden, wo er am Mweru-See der Quelle des Kongo nahe kam, weiter zum Bangweulu-See, wo ihn schließlich sein Schicksal ereilen sollte. Doch nicht ehe er noch weitere fünf Jahre mit seiner vergeblichen Suche zubrachte. Sie führte ihn schließlich, im März 1871, an das Ufer des Lualaba. War dies der Oberlauf des Nil? Livingstone hegte keinen Zweifel, und es galt – aus seiner Sicht –, nur dem Lauf des Flusses bis zu seiner Quelle zu folgen, dann war das Rätsel gelöst. Doch um dies zu bewerkstelligen, in einem Gebiet, das von dichtem Dschungel bedeckt war, hätte es einer Anzahl von Booten bedurft, die die Expedition flussaufwärts gebracht hätten. Die Eingeborenen, die an den Ufern des Lualaba siedelten, waren jedoch nicht bereit, die gewünschten Boote zur Verfügung zu stellen. Aus gutem Grunde, wie sich schon bald zeigen sollte. Denn der Lualaba bildete die Grenze, bis zu der die arabischen Sklavenhändler vorgedrungen waren. Weiter, in den Kongo, wollte man sie unter keinen Umständen vorrücken lassen. Aber auch so richteten sie genügend Schaden an, und Livingstone war der Leidtragende. Man misstraute ihm, auch wenn er nicht Araber, sondern ein Weißer war. Der erste Europäer, der am Ostrand des Kongo aufgetaucht war.

Livingstone gab nicht auf; er ließ sich in Nyangwe, einem Handelszentrum am Lualaba, nieder; wartete auf bessere Zeiten und nutzte die Gelegenheit, das Treiben der Eingeborenen zu beobachten. Sie gehörten zum Volk der Manyema, auch Bango-Nyema genannt, und zu den auffallenden Merkmalen ihrer Kultur gehörte eine ausgeprägt matriarchale Komponente. Was nicht zuletzt auch in dem Umstand zum Ausdruck kam, dass es die Frauen waren, die das Markttreiben in Nyangwe beherrschten. »Die Ufer [des Flusses] sind dichtbevölkert«, vermerkte Livingstone, »aber man muss die Zusammenkünfte auf dem Markt, wo sich etwa 3000 der Eingeborenen, in der Hauptsache Frauen, versammeln, sehen, um sich von der großen Zahl der Bewohner ein Bild zu machen. Sie halten hier einen Tag Markt ab, und dann legen sie eine Unterbrechung von drei Tagen ein, während der sie andere Märkte an anderen Orten aufsuchen. Der Markt ist eine wichtige Institution im Lande der Manyuema: eine große Menge scheint Vertrauen einzuflößen, und sie garantiert, dass alle fair miteinander umgehen. In der Regel ziehen es alle vor, zum Kauf und Verkauf auf den Markt zu gehen, als irgendwo sonst ihren Geschäften nachzugehen. Wenn jemand sagt: ›Komm, verkauf mir jenes Geflügel oder jenen Stoff‹, dann lautet die Antwort: ›Komm zum *Chitoka*‹, wie sie den Marktplatz nennen.«

In der Tat ist der Markt, wo insbesondere die Frauen den Ton angeben, eine typische Erscheinung, die das dörfliche Leben im traditionellen Afrika prägt. Livingstone hatte seine Freude daran, und er versäumte es nicht, dem »Chitoka« von Nyangwe immer wieder von neuem seine Aufmerksamkeit zu schenken. Unter dem 10. April 1871 schreibt er: »Chitoka, Markt, heute. Ich zählte über 700, die an meinem Haus vorbeikamen. Für die Marktfrauen scheint es zu den großen Vergnügungen ihres Lebens zu gehören, zu feilschen und zu scherzen und zu lachen und zu schwindeln. Viele kommen mit eifriger Erwartung, und wenn sie gehen, sind sie müde und erschöpft; viele sind sehr hübsch, andere alt; alle tragen sie sehr schwere Lasten getrockneter Kassawa oder irdener Krüge, die sie sehr billig gegen Palmöl, Fisch, Salz, Pfeffer und Gewürze eintauschen. Die Männer zeigen sich in ihren grellbunten Gewändern und tragen wenig, außer ihren Eisenwaren, Geflügel, Stoff aus geflochtenem Gras und Schweinen«

Die Manyema waren – wie die meisten Bantu-Völker – geschickte Schmiede. Ein Umstand, der nicht unwesentlich dazu beitrug, dass die Männer – in einer traditionell mutterrechtlichen Gesellschaft – an Ansehen gewannen. Auf dem Markt von Nyangwe aber waren es eindeutig die Frauen, die ihm sein besonderes Gepräge verliehen. Um so unverständlicher ist es, dass es gerade hier zu einem Ereignis kam, wie man es zwar auch andernorts immer wieder beobachten konnte, das in diesem Falle aber besonders erschreckende Formen annahm. Aus den Aufzeichnungen Livingstones geht nicht eindeutig hervor, was zu diesem Ereignis führte. Ihm zugrunde aber lag der Antagonismus zwischen den Einheimischen, den eingeborenen Manyema, und arabischen Händlern, die sich in Nyangwe niedergelassen hatten. Auch wenn sie vordergründig mit Elfenbein handelten, so hätten sie viel lieber Jagd auf Sklaven gemacht, die eine lukrativere Beute waren. Doch am Lualaba gab es niemand, der mit ihnen kooperierte; man duldete sie, weil sie mit überlegenen Waffen ausgestattet waren. Im Grunde aber hasste man sie, wie die Araber ihrerseits die schwarzen Eingeborenen verachteten. Es kam zum Streit, vielleicht auch wollten die verhinderten Sklavenhändler nur ihrem Unmut Luft machen: jedenfalls war das, was geschah, einmal mehr ein Beweis dafür, wie barbarisch es auch im Osten jenes Gebietes zuging, das uns im Zusammenhang mit unseren Ausführungen beschäftigt. Livingstone, der Zeuge des Ereignisses wurde, berichtet:

»Es war ein heißer, schwüler Tag, und als ich auf den Markt ging, sah ich [...] drei der Männer, die vor kurzem mit Dugumbé [ein Händler] gekommen waren. Ich war überrascht, diese drei mit ihren Gewehren zu sehen, und war geneigt, sie zu rügen, wie es einer meiner Leute tat, weil sie mit Waffen auf den Markt kamen, aber ich schrieb es ihrer Unerfahrenheit zu, und da es sehr heiß war, kehrte ich um und verließ den Markt, als ich sah, wie einer der Burschen um ein Federvieh feilschte und es an sich riss. Ehe ich mich dreißig Meter entfernt hatte, verrieten mir die Schüsse aus zwei Gewehren inmitten der Menge, dass es ein Gemetzel gab: die Menge stürmte auseinander, stieß in der Verwirrung ihre Waren um und flüchtete. Zur gleichen Zeit, als die drei auf die Menge am oberen Ende des Marktes schossen, wurden von einer

Gruppe unten an der Bucht Salven auf die von panischer Angst erfassten Frauen abgegeben, die zu den Kanus liefen. Diese Frauen, fünfzig oder mehr, drängten sich in der Bucht, weil die Männer in dem Schrecken, der alle ergriffen hatte, die Paddel vergessen hatten. Es gelang nicht, die Kanus auf den Fluss zu bringen, denn die Bucht war zu eng für so viele; Männer und Frauen, von den Kugeln getroffen, stürzten sich in die Boote, sprangen schreiend ins Wasser und versuchten zu entkommen. Eine lange Reihe von Köpfen im Wasser ließ erkennen, dass eine große Anzahl von ihnen eine Insel zu erreichen suchte, die eine ganze Meile entfernt lag [...]«

Es war ein vergebliches Ziel, das die Flüchtenden zu erreichen suchten. Aber der Lualaba war hier so breit, dass es die einzige Rettung schien. »Schuss auf Schuss wurde weiter auf die Hilflosen und Sterbenden abgefeuert. Einige aus der langen Reihe von Köpfen verschwanden lautlos; während andere der armen Kreaturen die Arme hochwarfen, als ob sie den großen Vater hoch droben anrufen wollten, und versanken. Ein Kanu nahm so viele auf, wie hineinpassten, und alle paddelten mit Händen und Armen; drei Kanus konnten in Eile entkommen und nahmen Freunde, die schon zu versinken drohten, auf, bis alle zusammen untergingen und verschwanden. Ein Mann in einem langen Kanu, das vierzig oder fünfzig hätte aufnehmen können, hatte eindeutig den Kopf verloren: er war draußen auf dem Fluss gewesen, bevor das Massaker begann, und paddelte nun blindlings flussaufwärts, ohne sich auch nur einmal nach den Ertrinkenden umzusehen. Allmählich verschwanden alle Köpfe [...]« Retter, die Dugumbé aussandte, um den Schaden, den seine Leute angerichtet hatten, wiedergutzumachen, konnten einige der Unglücklichen vor dem Ertrinken bewahren »Doch eine Frau«, berichtet Livingstone, »weigerte sich, an Bord genommen zu werden, weil sie glaubte, dass man sie zur Sklavin machen würde; sie zog es vor zu versuchen, sich schwimmend zu retten, anstatt sich in das Los einer Sklavin zu ergeben.« Ihre Furcht war nicht unbegründet, auch wenn sich diesmal die Hyänen, die es auf die Schwarzen abgesehen hatten, mit einem Blutbad von »330 bis 400 Seelen«, wie Livingstone vermerkt, zufriedengaben. Es zeigte zumindest, wer Herr in Nyangwe war. Und das brachte auf die Dauer auch seine Vorteile.

2

Livingstone war von dem Vorfall zutiefst geschockt: »[...] ich hatte den Eindruck, in der Hölle zu sein«, schrieb er in seinem Tagebuch. Er gab seinen Plan auf, den Lualaba weiter zu erforschen, kehrte zum Tanganyika-See zurück, wo er in Ujiji schließlich mit Stanley zusammentraf, und wandte sich dann wieder nach Süden, zum Bangweulu-See, der die letzte Station seiner Reise sein sollte: entkräftet und von Fieber geschüttelt starb er mitten in der Wildnis Afrikas am 1. Mai 1873.

Es war Stanley, der das Werk Livingstones vollendete. Soweit es die Erforschung des Lualaba – und damit das Rätsel des Nil – betraf. Doch wenngleich sich Livingstone auch am Ende seines Lebens immer mehr von der fixen Idee, die Quellen des Nil im Osten des Kongo zu lokalisieren, leiten ließ, so vergaß er darüber doch nicht seine eigentliche Aufgabe; woran ihn gerade das Massaker von Nyangwe schlagartig erinnert haben wird. Er legte ein beredtes Zeugnis dieses Vorfalls ab, und es verfehlte seine Wirkung nicht. Die Engländer erkannten auch in Ostafrika ihre zivilisatorische Mission, und obwohl dies nicht der einzige Grund war, weshalb sie hier schließlich politisch eingriffen, so trug die Kampagne, die Livingstone (und mit ihm auch andere) geführt hatten, um den Sklavenhandel zu unterbinden, doch nicht unwesentlich dazu bei, dass England, indem es schließlich die Macht ergriff, dem Unwesen der Sklavenhändler ein Ende setzte.

Dieses war, wie gesagt, das Werk der Araber. Insbesondere jener, die aus Oman stammten, einem der muslimischen Fürstentümer auf der Arabischen Halbinsel, die am lukrativen Handel im Indischen Ozean teilhatten. Bereits zu Beginn des 18. Jahrhunderts hatten sich die Omanis an der Küste Ostafrikas, wo sie Handelsstationen errichteten, festgesetzt. 1840 siedelte der Sultan von Maskat, seiner bisherigen Residenz am Golf von Oman, nach Sansibar über, womit er die Bedeutung des Handels, den die Araber in Ostafrika betrieben, unterstrich. Zugleich war dies das Signal, diesen Handel zu intensivieren und die Handelswege, die in das Innere des Kontinents führten, immer weiter auszudehnen. Arabische Händler drangen schließlich bis in das Kongo-Becken vor, wo sie nicht nur am Lualaba Fuß fassten, sondern auch Katanga erreichten, jenes Hochland im Süden der Kongo-Region, in dem das Flusssystem des Kongo seinen Ursprung hat. Ja, arabische Händler waren es, die – von Ostafrika aus – in westlicher Richtung den Kontinent durchquerten; noch ehe Livingstone seinerseits – in umgekehrter Richtung – diesen Triumph der Entdeckungsgeschichte wiederholte. Aber die arabischen Händler, die nach Westen vorstießen, waren nicht auf Ruhm aus, und noch viel weniger ging es ihnen darum, eine friedliche Oase inmitten von Krieg und Greueln zu gründen, wie es Livingstone vorgeschwebt hatte: die Araber waren auf weißes, mehr aber noch auf »schwarzes« Elfenbein aus. Die Gelegenheit war günstig: zum einen versiegte im Westen der Sklavenhandel, obwohl – in den Südstaaten der USA und in Brasilien – noch immer Bedarf an Sklaven bestand (wie auch auf Mauritius, wo die Franzosen eine Plantagenwirtschaft begründet hatten), so dass sich die Nachfrage an die Ostküste verlagerte (auch wenn dies nicht bedeutete, dass der Sklavenhandel im Osten nicht auch wie eh und je bis nach Indien reichte); zum andern tauchten Mitte des 19. Jahrhunderts im Reich des Sultans jene Feuerwaffen auf, mit denen die arabischen Händler jeden Widerstand brachen. Es handelte sich dabei um Waffen europäischer Produktion, die skrupellos an die Sklavenhändler verhökert wurden. Man schätzt, dass Mitte des 19. Jahrhunderts jährlich 100.000 Gewehre nach Ostafrika exportiert wurden. Nicht wenige davon gelangten auch in die Hände einheimischer Fürsten und Häuptlinge, die sich um den Erwerb dieser Waffen korrumpieren ließen und im Gegenzug bereit waren, Sklaven an die Araber, die ihnen die Waffen überließen, zu liefern. Die Folge waren blutige Raubzüge, kriegerische Auseinandersetzungen, wachsende Instabilität: Kurzum, jenes Chaos entstand, das den Europäern einen willkommenen Vorwand lieferte, in Ostafrika einzugreifen. Wobei hier die Entwicklung ähnlich verlief wie im Westen des Kontinents.

Zunächst waren es die Portugiesen gewesen, die – ähnlich wie an der Westküste Afrikas – auch an der Ostküste Stützpunkte errichteten, die ihren Seeweg nach Indien sichern sollten. Mit der Ausweitung des Handels und Machtanspruchs der Omanis wurden die Portugiesen im Osten immer weiter zurückgedrängt, bis sie hier ihre Aktivitäten schließlich nur noch auf Moçambique beschränkten, dem Pendant zu Angola, das sie – wie dieses – 1752 in den Status einer Kolonie erhoben. Damit waren die Portugiesen, die auch in Ostafrika die Pioniere unter den Europäern waren, aus dem Rennen. Die nächsten Anwärter waren die Franzosen, und kein geringerer als Napoleon hegte den Plan, auch im Indischen Ozean präsent zu sein. Ihm ging es freilich weniger um den Handel in diesem Gebiet als vielmehr um den Besitz Indiens, den er den Engländern, die sich dort festgesetzt hatten, streitig machte.

Die Engländer reagierten, indem sie mit dem Sultan von Oman einen ersten Vertrag schlossen, der die französischen Ambitionen unterlaufen sollte. Sie erkannten, dass es von Vorteil war, mit nur einem Potentaten verhandeln zu müssen; anders als im Westen, wo die politische Zersplitterung unter den einheimischen Herrschern eine Einflussnahme erschwerte. Dies traf vor allem für den Sklavenhandel zu, den die Engländer nun mal auf ihre Fahnen geschrieben hatten und der – zu ihrer Ehre sei es gesagt – sie zunächst sogar mehr als ihre wirtschaftlichen Ambitionen beschäftigte. So schlossen sie bereits 1822 einen Vertrag mit dem Sultan, der den Sklavenhandel auf den westlichen Teil des Indischen Ozeans begrenzte; damit wollten sie verhindern, dass Sklaven weiter nach Indien ausgeführt wurden, wo die Engländer gleichfalls gegen die Sklaverei vorgingen. Erst 1839 folgte ein Handelsabkommen, das man mit den Omanis vereinbarte. Zwei weitere Verträge zur

Unterbindung des Sklavenhandels folgten: 1845 wurde der Handel auf die Besitzungen des Sultans in Afrika begrenzt, und 1873 schließlich wurde der Sklavenhandel im Herrschaftsgebiet des Sultans gänzlich untersagt. Diesmal mussten die Engländer freilich Überzeugungsarbeit besonderer Art leisten: sie drohten damit, Sansibar unter Beschuss zu nehmen, wenn sich die Omanis weigern sollten, den Vertragstext zu unterzeichnen. Eines der wenigen rühmlichen Beispiele, die die Kanonenbootpolitik der Europäer beziehungsweise Weißen zu verzeichnen hat. Der Sklavenmarkt in Sansibar, der mittlerweile zum größten seiner Art in Afrika avanciert war (jährlich wurden hier an die 7000 Sklaven »umgesetzt«), wurde geschlossen. An seiner Stelle wurde – ein christliches Gotteshaus, eine Kathedrale, errichtet. Ein nicht unpassender Schlusspunkt unter jene Kampagne der Abolitionisten, die aus christlicher Nächstenliebe entstanden war.

Der Sklavenhandel – auf dem Festland – war damit noch nicht beendet. Wie in einem letzten Aufbäumen nahm er sogar noch zu. Aber die Weichen waren auch hier gestellt, und das ist unzweifelhaft ein Verdienst des Weißen Mannes. Jedenfalls ist von seiten der Araber nie der Versuch unternommen worden, den Sklavenhandel ihrerseits abzuschaffen. Wie der Islam auch nie dagegen Einspruch erhoben hat; wie übrigens auch nicht gegen andere Missstände wie etwa die weibliche Beschneidung, die zwar eine *afrikanische* Tradition ist, doch durch den *Islam* sanktioniert wurde.

Im Zusammenhang mit dem Vorgehen gegen den Sklavenhandel, das ja ursprünglich ein christliches Anliegen gewesen war, ist das Auftreten von Missionaren zu erwähnen, die auch im Osten Afrikas vorstellig wurden. Doch anders als im Westen, wo die katholische Kirche an der Seite Portugals eine eher zwielichtige Rolle gespielt hatte, handelte es sich in Ostafrika in erster Linie um *protestantische* Missionare, die – bei aller Bigotterie, die man im Zeitalter Viktorias, der englischen Königin, an den Tag legte – gerade auch gegen die Sklaverei eine entschiedene Stellung bezogen. Livingstone, der ja eigentlich Missionar war, ist nur einer unter vielen, die den Kampf gegen die Sklaverei auf ihre Fahnen schrieben.

Aber nicht nur für die Unterbindung des Sklavenhandels setzten sich die christlichen Missionare ein, sie zeichneten sich auch dadurch aus, dass sie Wesentliches zur Erforschung der Länder beitrugen, in denen sie tätig waren. Neben Livingstone sind hier vor allem zwei Deutsche zu erwähnen: Johann Ludwig Krapf und Johann Rebmann. Krapf, der Ältere der beiden, kam – im Auftrag der Londoner Church Missionary Society – 1837 nach Ostafrika, wo er sich zunächst in Äthiopien – das damalige Abessinien – niederließ, ehe er 1844 nach Mombasa, im heutigen Kenia, ging, wohin ihm zwei Jahre später – gleichfalls auf Initiative der englischen Missionsgesellschaft – Rebmann folgte. Ihm war es vergönnt, während einer Erkundungsreise in das Landesinnere, am 11. Mai 1848 einer geographischen Sensation teihaftig zu werden: er entdeckte mitten im tropischen Afrika einen schneebedeckten Berg, den Kilimandscharo, zugleich Afrikas höchster Berg. Im Jahr darauf zog Krapf nach: er stieß, mitten unter dem Äquator, auf den Mount Kenia, gleichfalls von Schnee und Eis gekrönt. Die Entdeckung der beiden Deutschen löste eine hitzige Debatte aus: niemand, auch nicht die gelehrtesten Geister, hatte vermutet, dass es in den tropischen Breiten Afrikas schneebedeckte Berge geben könne. Man erkannte, dass man erst am Anfang der Erforschung des Innern Afrikas stand.

Das nächste Ereignis, das den Blick der Engländer auf Ostafrika lenkte, war die Eröffnung des Suez-Kanals, der den Seeweg nach Indien verkürzte. Nun waren es strategische Erwägungen, die es angezeigt sein ließen, in Ostafrika – wie auch auf der Arabischen Halbinsel – präsent zu werden: folglich setzten sich die Engländer sowohl in Somalia als auch im Jemen fest. Die nächsten Stationen waren Uganda und Kenia. Während Sansibar bereits 1890 seine Souveränität verlor: es wurde britischem »Schutz« unterstellt. »Beschützt« werden sollte es – vor den Deutschen. Diese tauchten 1884 in Ostafrika auf. Zunächst eher zögerlich, denn Bismarck, der gerade das Deutsche Reich aus der Taufe gehoben hatte, war mit anderen Dingen befasst, die er für wichtiger erachtete. Jedenfalls war er nicht begeistert, als sich – auf Initiative eines gewissen Carl Peters, der sich durch das Beispiel Englands inspirieren ließ – am 28. März 1884 in Berlin eine Gesellschaft konstituierte, die dem Zweck dienen sollte, koloniale Erwerbungen zu betreiben. Dabei richtete sich das Augenmerk auf Ostafrika, wo die Europäer bislang weniger aktiv gewesen waren und es folglich vielversprechende Möglichkeiten gab, die Ziele der Gesellschaft in die Tat umzusetzen.

Man rüstete eine Expedition aus, deren Leitung Peters übernahm, und noch im gleichen Jahr machte diese sich auf den Weg. Sansibar war die erste Station; von dort ging es hinüber zum Festland, und hier gelang es Peters, indem er sich als Gesandter eines mächtigen Reiches ausgab und zum Zeichen dessen mit der adlerbewehrten Flagge wedelte, die biederen Häuptlinge, die eher an Sklavenjäger gewöhnt waren, so sehr einzuschüchtern, dass er ihnen ihr Land abluchste. Das heißt, die Stammesfürsten erklärten sich bereit, die Oberhoheit der besagten Gesellschaft anzuerkennen und dafür fortan ihren Schutz zu genießen. Auf diese Weise klaubte der listige Peters ein Gebiet auf dem Festland zusammen, das immerhin die Kleinigkeit von 140.000 Quadratkilometern umfasste; was der Größe Süddeutschlands entsprach.

Angesichts des unerwarteten Erfolges, den Peters verbuchen konnte, besann man sich in Berlin eines Besseren: eingedenk einer altehrwürdigen Praxis, wie sie die Engländer in Indien angewandt hatten, erteilte man der umtriebigen Gesellschaft, die Peters ins Leben gerufen hatte, einen kaiserlichen Schutzbrief, der sich auf ihre Erwerbungen in Ostafrika bezog und sie somit staatsrechtlich anerkannte. Der Sultan, in Sansibar, der darüber nicht beglückt war, wurde durch entsprechendes Säbelrassen, das aus der Entsendung eines Kriegsschiffes bestand, dem schließlich ein Geschwader folgte, zur Einsicht gebracht. Forsch verlangte man ihm schließlich auch noch einen zehn Kilometer breiten Streifen an der Küste ab; wodurch der Sultan effektiv seiner Hoheit über das Festland enthoben worden war.

Doch der Sultan war – aus der Sicht der Deutschen – nicht das eigentliche Problem. Auch nicht die Araber auf dem Festland; obwohl die, als sie durch das forsche Auftreten der Deutschen ihre Felle davonschwimmen sahen, erst einmal einen Aufstand inszenierten. Den aber die Deutschen niederschlugen; freilich nicht ohne Einsatz des Staates, der denn auch kurzen Prozess machte und das inzwischen beträchtlich erweiterte »Schutzgebiet« in eigener Regie übernahm. Das heißt, das Gebiet des späteren Tansania wurde deutsche Kolonie.

Als dies geschah, 1891, hatte man sich auch mit dem eigentlichen Rivalen, England, geeinigt. Bereits 1886 war es zu einem Übereinkommen mit Großbritannien gekommen, das die Grenzen der jeweiligen Einflusssphäre in Ostafrika festlegte: man einigte sich auf eine Linie, die südlich Mombasas ansetzte, nördlich des Kilimandscharo verlief (der somit den Deutschen »zugesprochen« wurde) und bis zum Ufer des Viktoria-Sees führte. Auf diese Weise wurde Ostafrika in zwei unterschiedliche Kolonialgebiete – das spätere Kenia im Norden, Tanganyika beziehungsweise Tansania im Süden – geteilt. Wozu noch Moçambique, das sich daran anschloss und die Portugiesen bereits seit längerem mit Beschlag belegt hatten, kam.

Bismarck gab sich damit zufrieden, zumal Deutschland auch in anderen Gegenden Afrikas – und darüber hinaus auch in der Südsee – kolonial aktiv geworden war. Nicht so der rührige Peters, der von weiteren Eroberungen im Innern Afrikas träumte. Er fand einen willkommenen Anlass, als die Kunde nach Europa gelangte, dass ein gewisser Emin Pascha, hinter dem sich ein Deutscher namens Eduard Schnitzer verbarg, am Oberlauf des Nil, in einer Gegend, die man Äquator-Provinz nannte, in arge Bedrängnis geraten war. Im Sudan, zu dem diese Provinz gehörte, war es zu einer nationalistischen Erhebung gekommen, die unter dem Begriff »Mahdi-Aufstand« bekannt werden sollte. Ägypten hatte nämlich den Sudan erobert, und Emin Pascha stand in den Diensten des Khediven, des Herrschers in Ägypten. Die Mahdisten, die die Ägypter – und ihre Mentoren, die Engländer – vertrieben, wandten sich auch gegen den ägyptischen Statthalter im Süden, jenen Emin Pascha alias Eduard Schnitzer, und es stand zu befürchten, dass ihm das gleiche Schicksal zuteil werden würde wie General Gordon, dem englischen Bevollmächtigten in Khartum, der von den Mahdisten niedergemacht wurde. Der gewaltsame Tod Gordons, der in der Rolle eines Märtyrers gesehen wurde, hatte in Europa großes Aufsehen erregt, und es erklärt sich so, dass man in Deutschland entsprechenden Anteil am Schicksal Emin Paschas nahm. Wenigstens fiel es Peters nicht schwer, die nötigen Mittel aufzutreiben, um sein neuerliches Unternehmen, das zwar vordergründig der »Rettung« Emin Paschas galt, darüber hinaus aber auch expansionistische Ziele verfolgte, auf den Weg zu bringen. Allerdings waren die Engländer schneller. Sie versuchten, sich der Hilfe ihres abspenstigen Landsmannes Stanley zu versichern, der inzwischen einige Erfahrung im Auffinden verschollener Europäer im Innern Afrikas hatte und zudem die nötige Skrupellosigkeit aufwies, nebenbei auch noch andere Dinge ins rechte Lot zu bringen. Weshalb auch Leopold, der König der Belgier, auf ihn aufmerksam geworden war und ihn für seine Ziele einzuspannen versuchte. Die sahen – soweit es Emin Pascha beziehungsweise die Äquator-Provinz betraf – eine Ausweitung seines Interessengebietes im Kongo bis zum Oberlauf des Nil vor; während die Engländer in ähnlichen Kategorien dachten: auch sie wollten ihren Einfluss auf das Gebiet des oberen Nil ausdehnen, das sie immerhin erforscht hatten. Kurzum, Emin Pascha war auf einmal in aller Munde. Obwohl er im Grunde nur ein Vorwand war, um handfestere Ambitionen zu verwirklichen.

Stanley brach im März 1887 von der Mündung des Kongo auf. Inzwischen kannte er sich auf dem Fluss, den er zum ersten Mal zehn Jahre zuvor befahren hatte, aus. Allerdings schlug er diesmal, nachdem er die Hälfte des Laufes des Kongo zurückgelegt hatte, einen anderen Weg ein, indem er dem Aruwimi, einem Nebenfluss, in östlicher Richtung folgte und dabei jenes Waldgebiet durchquerte, das unter dem Namen »Ituri« auch heutzutage wieder in die Schlagzeilen geraten ist, allerdings unter makabereren Umständen. Stanley erreichte den Albert-See und traf schließlich – im April 1888 – mit Emin Pascha zusammen. Dieser hatte sich wacker gehalten und ließ sich eher unfreiwillig an die Küste, im Osten, geleiten, wo die beiden, der Engländer und der Deutsche, im Dezember 1889 eintrafen.

Mittlerweile war Peters nicht müßig geblieben; doch als er sich auf den Weg machte, befanden sich Stanley und Emin Pascha bereits auf dem Rückmarsch. Als Peters davon erfuhr, war er nicht allzu enttäuscht: denn seinen kolonialen Ambitionen tat dies keinen Abbruch. Kurzerhand funktionierte er das Unternehmen, als er das Gebiet des heutigen Uganda erreicht hatte, in ein Projekt des Gebietserwerbs nach bewährtem Muster um. Er schloss einen Vertrag mit einem der lokalen Potentaten, der sich somit unter den Schutz des Kaisers, Wilhelm II., begab und dafür versprach, sein Land für den Handel zu öffnen. Mit dieser Zusicherung nahm Peters Abschied und trat seine Rückreise an. Doch sein Triumph währte nicht lange: noch bevor er Deutschland wieder erreicht hatte – seinen kostbaren Vertrag im Gepäck –, war es auf höherer Ebene zu einer Übereinkunft gekommen, die die Verhältnisse in Ostafrika endgültig regelten: im sogenannten Helgoland-Sansibar-Vertrag, vom 1. Juli 1890, einigten sich England und Deutschland auf eine Grenzregelung, die auch Uganda miteinschloss, das fortan zur englischen Einflusssphäre gehörte, während man den Deutschen freie Hand südlich des Viktoria-Sees ließ. Sansibar wurde unter britischen Schutz gestellt, während Helgoland, das die Briten – im Zuge der Napoleonischen Kriege – 1807 besetzt hatten, an Deutschland zurückgegeben wurde. Helgoland war den Verantwortlichen in Berlin, die nach wie vor kolonialer Expansion eher skeptisch gegenüberstanden, allemal wichtiger als Sansibar.

Dennoch richtete man sich auch in Berlin auf den neuen Status einer Kolonialmacht ein, zumal Wilhelm II. – wie schon Karl V. – unverdrossen von einem Reich träumte, in dem die Sonne nicht unterging. Dass sie es schließlich doch tat, war nicht unwesentlich dem Großmachtstreben des Kaisers zuzuschreiben, der nicht minder forsch als Peters – wenn auch in größeren Dimensionen – nach Weltherrschaft strebte. In Ostafrika führte das zu einer stetigen Expansion nach Westen, wo man 1899 schließlich das sogenannte Zwischenseengebiet erreichte, wo lokale Zwistigkeiten eine willkommene Möglichkeit boten, auch hier Fuß zu fassen und damit die Besitzungen in Ostafrika abzurunden. Es handelte sich um die beiden Königreiche Ruanda und Burundi, die zu einer ganzen Reihe ähnlicher Herrschaftsgebilde gehörten, die im Seengebiet Ostafrikas entstanden waren. Diese Königreiche wiesen, da sie ihren Ursprung ähnlicher Entwicklung verdankten, einige bedeutsame Gemeinsamkeiten auf, die Auswirkungen bis in die Gegenwart haben. Sie bestehen in einem ausgeprägten gesellschaftlichen Dualismus, der sich in einem Gegensatz zwischen eingesessenen, feldbautreibenden Bantuvölkern und zugewanderten, aristokratischen Hirtenvölkern, die man als »Hima« bezeichnet, äußert. Die Hima, die jeweils unter unterschiedlichen Namen bekannt sind – wie etwa Watussi beziehungsweise Tutsi in Ruanda und Burundi –, bildeten traditionell das staatstragende Element: das heißt, aus ihren Reihen rekrutierte sich das Königtum wie auch der königliche Rat und das Beamtentum. Die Mehrheit des Volkes – in Ruanda und Burundi »Hutu« genannt – garantierte zwar die wirtschaftliche Basis, hatte aber keinerlei Anteil am politischen Entscheidungsprozeß. Denn die herrschende Elite schloss sich kastenmäßig ab, entwickelte ein starres rituelles Königtum und Hofzeremoniell und hielt die Masse des Volkes in feudaler Abhängigkeit. Theokratisch verbrämt genoss diese Herrschaftsstruktur quasi religiösen Charakter und wurde folglich nicht in Frage gestellt. Bis es schließlich – unter der Einwirkung westlichen Gedankengutes – zu einem Aufbegehren des diskriminierten Volkes kam. Die Deutschen hatten daran allerdings keinen Anteil; denn sie beschränkten sich auf das bewährte Prinzip, das die Engländer schon seit längerem in Indien anwandten und auch nach Afrika übertrugen – die sogenannte »indirekte Herrschaft«. Darunter verstand man die Nutzung bestehender Strukturen zum Nutzen einer effektiveren Kontrolle. Man beließ den Herrschern ihren Status, wenngleich auch nicht ihre unumschränkte Macht: die mussten sie fortan mit den Kolonialherren teilen, deren Oberhoheit man *nolens volens* anerkannte. Nicht selten sahen die geknebelten Herrscher in diesem Arrangement auch einen Vorteil, da ihnen durch die Kolonialmacht der Rücken gestärkt wurde. Rivalen brauchten sie fortan nicht mehr fürchten. Eine Hand wusch die andere. Das Volk ging einstweilen leer aus. Wenigstens trifft dies für Ruanda und Burundi zu, die beiden Länder, die uns im Rahmen unserer Untersuchung – soweit es Ostafrika betrifft – besonders interessieren. Die Deutschen etablierten sich hier erst 1899, und selbst wenn sie sich hier mehr engagiert hätten, als sie es tatsächlich taten – Ruanda und Burundi waren im Kontext der deutschen Kolonialpolitik eher eine Randerscheinung –, hätten sie schwerlich viel bewirken können: denn mit dem Ausbruch des Ersten Weltkrieges war die Herrlichkeit, von der Peters, der Initiator, und Wilhelm, der Vollstrecker, geträumt hatten, vorbei. Das koloniale Abenteuer der Deutschen währte gerade mal dreißig Jahre.

Rohe Leidenschaften

Man nannte ihn *Bula-Matari,* »Felsenbrecher«; sogar in einem Lied besang man ihn. Aber es war keine Lobeshymne:

Wir waren glücklich.
Es kamen die Weißen!

Mein Dorf war groß; seine Hütten
waren angefüllt mit Hab und Gut.
Ein glückliches Volk wohnte darin:
Männer, Frauen und Kinder.
Es kamen die Weißen!

Sie sagten mir: Dieses Land gehört uns,
dieser Wald ist unser, dieser Fluss ist unser.
Bula-Matari ist es, der über alles gebietet.
Arbeitet für uns!
Es kamen die Weißen!

Wir begannen, für sie zu arbeiten.
Im Wald sammelten wir für sie Kautschuk.
Unsere Söhne bauten für sie Hütten.
Unsere Töchter legten für sie Bananenhaine an.
Es kamen die Weißen!

Die Besten unseres Stammes, die Tapfersten und Stärksten
wurden ihre Soldaten.
Früher jagten sie auf Büffel und Antilopen,
jetzt jagen sie auf ihre Brüder, auf Neger.
Es kamen die Weißen!

»Bula Matari« kam 1879, und er blieb fünf Jahre. In dieser Zeit brach er nicht nur eine Straße durch das Felsmassiv am Unterlauf des Kongo, um damit die Katarakte, die den Schiffsverkehr behinderten, zu umgehen, er legte auch den Grundstein für ein Gebilde, das als »Kongo-Freistaat« berühmt – und berüchtigt – werden sollte. Dabei handelte es sich weder um einen Staat, im herkömmlichen Sinne, noch war er frei, und das schon gar nicht.

Wer aber war Bula Matari? Der Felsenbrecher war kein anderer als Henry Morton Stanley, und wenn es auch nicht verwundern mag, dass die Eingeborenen am Kongo ihm einen eigenen Namen gaben, mit dem sie ihn vermeintlich rühmten, denn Stanley war immerhin ein Mann, der bereits den Kongo bezwungen hatte und nun auch quasi Berge versetzte, so fragt man sich doch, was einen Forscher veranlasst haben könnte, nachdem er seinen Triumph errungen hatte, noch einmal an den Ort des Geschehens zurückzukehren, um – eine Straße zu bauen. Um das zu verstehen, reicht es nicht, darauf hinzuweisen, dass Stanley mit jenem Pioniergeist und Draufgängertum ausgestattet war, wie er sie den Amerikanern abgeschaut hatte. Auch in Europa herrschte ein Klima, das von Abenteuerlust und Machtstreben erfüllt war. Cecil Rhodes in England, Carl Peters in Deutschland und – Morton Stanley in Belgien: sie legten den Grundstein zu kolonialen Imperien, die Schwarzafrika endgültig unter das Zepter des Weißen Mannes brachten.

Der Kongo war dabei der nicht geringste Brocken, und es bedurfte schon eines Mannes wie Stanley, um ein koloniales Unternehmen hier in Gang zu bringen. Immerhin hatten sich bereits die Portugiesen daran die Zähne ausgebissen, und auch Stanley wäre nicht in der Lage gewesen, die Portugiesen zu übertrumpfen, wenn ihm nicht ein Mann zur Seite gestanden hätte, der recht eigentlich der Motor der »Erschließung« des Kongo gewesen ist. Er wartete mit dem nötigen Kapital auf; denn das musste zunächst einmal investiert werden. Vor allem aber besaß er das richtige Image, um bei denen, die an den Schaltstellen der Macht saßen, Eindruck zu schinden. Denn immerhin war er König, König zwar eines kleinen Landes, Belgien, aber eine Majestät war er dessen ungeachtet dennoch: das war wie im Märchen – Könige waren nicht wie andere Menschen, Könige sonnten sich in einer Aura, die sie mit blendendem Glanz umgab. Und niemand verstand es, diese Aura so geschickt – und skrupellos – zu nutzen wie Leopold, der König der Belgier. Er war der zweite seines Namens; seit 1865 saß er auf dem Thron in Brüssel, und das sollte so über vierzig Jahre lang bleiben. Während dieser Zeit galt sein Hauptinteresse dem Kongo, obwohl er zunächst gar nicht einmal wusste, ob es da wirklich etwas zu holen gab. Außer Elfenbein; nachdem der Sklavenhandel (an der Atlantik-Küste) abgeschafft worden war.

Warum dann aber überhaupt der Kongo? Als sich Leopold dieser Schimäre, die es zunächst nur war, zuwandte, hatte Stanley seine bahnbrechende Forschungsreise, quer durch Afrika und den Kongo hinab, noch gar nicht beendet. Es war vielmehr die allgemeine Aufmerksamkeit, die sich – nach den spektakulären Entdeckungen in Ostafrika – auf das dortige Seengebiet richtete, was Leopolds Interesse erweckte. Man glaubte, im ostafrikanischen Seengebiet eine geeignete Gegend für koloniale Unternehmungen entdeckt zu haben; nicht nur war es noch nicht »besetzt«, wie jene Gebiete weiter südlich, die bereits von Europäern mit Beschlag belegt worden waren, es war auch klimatisch günstiger als der entsprechende Part in Westafrika, so dass man – wie im Süden Afrikas – auch an Siedlungskolonien denken konnte. Das Problem: einen Verbindungsweg zu finden, der leicht zu bewältigen war. Nord, Ost und West boten sich an, und der Kongo verhieß die bequemste Route. Nur: führte der Kongo auch tatsächlich in diese Gegend? Verney Lovett Cameron, ein britischer Marineoffizier, der damit beauftragt worden war, Versorgungsgüter zu Livingstone zu bringen, nutzte seine vergebliche Mission (er traf nur noch auf den toten Livingstone, dessen Leichnam zur Küste transportiert wurde), die Gegend der Seen zu erforschen und dabei bis zum Lualaba vorzustoßen, den er – anders als Livingstone – nicht für den Oberlauf des Nil, sondern des Kongo hielt. Es war ihm jedoch nicht möglich, den Beweis für seine Vermutung anzutreten (das blieb Stanley vorbehalten). Doch war er es, der Leopold in seinen Plänen bestärkte, so dass dieser für den Herbst 1876 eine internationale Konferenz einberief, die sowohl wissenschaftliche als auch praktische Ziele verfolgte, um die Erforschung und Nutzung Schwarzafrikas weiter voranzubringen. Das eine war vom andern kaum noch zu trennen; aber das war ja auch schon zu Beginn der »Entdeckung« Afrikas, als die Portugiesen die treibende Kraft waren, nicht anders gewesen.

Das Ergebnis der Konferenz war die Gründung einer sogenannten Internationalen Afrikanischen Gesellschaft, die einen institutionellen Rahmen abgeben sollte für die systematische Kolonisationsarbeit in Schwarzafrika. Zu dem Zweck sollten nationale Komitees gebildet werden, die jeweils die Initiative der Gesellschaft aufgriffen und sie durch eigene Anstrengungen förderten. Auf besonders fruchtbaren Boden fielen die Anregungen Leopolds in Frankreich, ein Umstand, der dem belgischen König noch einiges Kopfzerbrechen bereiten sollte. Denn just in dem Augenblick, da Leopold sich für den Kongo zu interessieren begann, war ein Franzose italienischer Abstammung, Pierre Savorgnan de Brazza, den Ogowe-Fluss, im heutigen Gabun, aufwärtsgezogen, um einen westlichen Verbindungsweg zu den ostafrikanischen Seen zu erkunden. Dabei war er auf den Alima gestoßen, einen Nebenfluss des Kongo: womit sich unerwartete Möglichkeiten ergaben. Nach Paris zurückgekehrt, wurde er sogleich – von dem neugegründeten nationalen Komitee – mit einer neuen Mission betraut, die nunmehr darauf abzielte, am Kongo Stützpunkte zu errichten, von denen aus die »Kolonisationsarbeit« in Angriff genommen werden konnte. Brazza kehrte in das besagte Gebiet zurück, schloss mit einem einheimische Herrscher, der als »Makoko« bekannt wurde (er herrschte über das Volk der Teke, die einst eines jener Königtümer geschaffen hatten, die im Gebiet des Kongo entstanden waren), einen Vertrag, der die Teke unter den »Schutz« der Franzosen stellte, und gründete am Ufer des Kongo, in der Gegend des heutigen Brazzaville, eine »Station«, wie man es nannte, mit der die Präsenz einer europäischen Macht bekundet wurde. Diese trat zwar zunächst noch nicht offiziell in Erscheinung, aber nachdem Brazza auf seiner zweiten Reise an den Ufern des Kongo mit Stanley zusammengetroffen war, der im Auftrag Leopolds mit seinem »Erschließungswerk« begonnen hatte, ließ es sich die französische Regierung ihrerseits angelegen sein, nunmehr auch ihre staatliche Autorität ins Spiel zu bringen, indem sie den Vertrag, den Brazza mit den Teke geschlossen hatte, anerkannte. Dies war der Ausgangspunkt für die Entstehung einer französischen Kolonie, »Französisch-Kongo« genannt, die schließlich – 1910 – zusammen mit angrenzenden Gebieten, die gleichfalls unter französische Hoheit gelangt waren, zu einer größeren kolonialen Verwaltungseinheit, unter dem Namen »Französisch-Äquatorialafrika«, zusammengefasst wurde. Zentrum dieser Kolonie, die einem Generalgouverneur unterstand, war Brazzaville.

Leopold war inzwischen nicht müßig gewesen. Ihm war es gelungen, Stanley, der 1877 seine Erkundung des Kongo vollbracht hatte, für seine Ziele zu gewinnen; nachdem Großbritannien sich für die hochfliegenden Pläne, die Stanley seinerseits hegte, nicht hatte erwärmen können. England hatte an anderen Fronten, namentlich in Afghanistan, wo man eine Bedrohung durch die Russen befürchtete, alle Hände voll zu tun; der Kongo rangierte nicht auf der Liste prioritärer Ziele. Was dem König der Belgier zunutze kam. Er heuerte Stanley an und beauftragte ihn, am Unterlauf des Kongo mit dem Ausbau eines praktikablen Verkehrsweges zu beginnen. So geschah es, dass Stanley, als er mit dem Bau jener Straße begann, die die Katarakte am Unterlauf des Kongo umging, den Spitznamen Bula-Matari erhielt, darüber hinaus aber auch den Grundstein für Leopoldville legte, ein Pendant zu Brazzaville, aus dem dann schließlich Kinshasa wurde. Doch das geschah erst, als der Kongo seine Eigenstaatlichkeit erlangte. Was – wie man weiß – einige Zeit dauern sollte.

Wer das Nachsehen hatte, waren – die Portugiesen. Sie waren es schließlich gewesen, die mit dem »Zivilisationswerk« im Kongo ursprünglich begonnen hatten. Das war während der ersten Welle der »Erschließung« Afrikas gewesen, die in die Perversität des Sklavenhandels gemündet war. Weshalb der Kongo für die Portugiesen verloren ging, während allerdings Angola, wohin die Portugiesen ihre Aktivitäten verlagerten, sich als lukrative Alternative erwiesen hatte. Dennoch, als nun neuerlich das Interesse am Kongo erwachte, entsannen sich auch die Portugiesen ihrer einstigen Unternehmungen und versuchten, daraus Kapital zu schlagen. Sie verbündeten sich mit den Engländern, die zwar selbst keine Ambitionen in Zentralafrika hatten, aber andererseits doch den Franzosen und Belgiern keine Monopolstellung in diesem Gebiet zugestehen wollten. Kurzum, sie stellten sich hinter die Portugiesen und verkündeten, dass diese allein einen rechtmäßigen Anspruch auf den Kongo hätten. Das wiederum brachte Bismarck auf den Plan, der den Engländern nicht wohlgesonnen war, weil sie die Ansprüche der Deutschen im südlichen Afrika nicht anerkannten. Hier – wie auch in Kamerun und Togo – wurden die Deutschen 1884 vorstellig, indem sie »Deutsch-Südwest«, das heutige Namibia, unter den »Schutz« des Reiches stellten.

Bismarck lud zu einer Konferenz nach Berlin ein, an der immerhin Vertreter von 14 Staaten, darunter auch die USA und die Türkei, teilnahmen. Diese sogenannte »Kongo-Konferenz«, die sich über einige Monate um die Jahreswende 1884/85 hinzog, wurde zum Markstein in der Geschichte Afrikas wie auch der kolonialen Unternehmungen Europas. Denn obwohl es vordergründig um das Gebiet des Kongo ging, für dessen Nutzung und Beherrschung man schließlich zu einer einvernehmlichen Regelung gelangte, so bedeutete die Kongo-Konferenz zugleich doch auch, indem sie das Augenmerk aller auf Afrika lenkte, eine Art Startschuss für den Wettlauf um die koloniale Beute, die in Afrika winkte. Hatten sich am Vorabend der Konferenz die Besitzungen der Europäer im Afrika südlich der Sahara praktisch nur auf Küstenstriche beschränkt, so war bereits 1891, nur sechs Jahre nach der Konferenz, dieser Teil Afrikas fast gänzlich in europäischer Hand. »The scramble for Africa«, wie es die Briten nannten, die eine Kette kolonialer Besitzungen vom Kap bis Kairo im Visier hatten, vollendete einen Prozess, der mit den frühen Entdeckungsfahrten der Portugiesen begonnen hatte.

Was den Kongo anbelangte, das Herzstück Afrikas, das im Mittelpunkt der Verhandlungen gestanden hatte, so einigte man sich – in einer sogenannten Kongo-Akte – auf das Prinzip des Freihandels. Es sah vor, dass Schifffahrt und Handel im Gebiet des Kongo für jedermann offenstand; der Sklavenhandel wurde ausdrücklich untersagt. Darüber hinaus wurde aber auch eine *politische* Lösung für den Kongo anerkannt: sie sah vor, dass das Kongo-Becken zu einem »Freistaat« erklärt wurde, der der Aufsicht beziehungsweise Hoheit einer Gesellschaft unterstellt wurde, die aus der Internationalen Afrikanischen Gesellschaft hervorgegangen war, inzwischen aber –

wobei der wirtschaftliche Aspekt weiter in den Vordergrund trat – in »Internationale Kongo- Gesellschaft« – umbenannt worden war. Alleiniger Anteilseigner war Leopold, der sich somit in den Besitz eines Gebietes brachte, das die Kleinigkeit von zweieinhalb Millionen Quadratkilometern umfasste. Das entsprach der achtzigfachen Größe Belgiens.

2

»Siedlungen, die ich von früher her kannte und die ursprünglich große und blühende Gemeinschaften waren, sind heute völlig verschwunden oder bestehen jetzt nur noch in so kleinem Maße, dass sie nicht wiederzuerkennen sind. Am südlichen Ufer des Stanley Pool lebte früher eine Bevölkerung von gut 5000 Bateke, verteilt auf die drei Ortschaften Ngaliema (Léopoldville), Kinchasa und Ndolo, die dicht beieinanderliegen. Diese Völkerschaften beschlossen vor etwa zwölf Jahren, ihre Dörfer aufzugeben, und in einer einzigen Nacht wechselte die große Mehrheit von ihnen hinüber in das französische Gebiet auf dem nördlichen Ufer des Stanley Pool. Wo sich früher diese volkreichen Dörfer erstreckten, sah ich jetzt nur ein paar vereinzelte europäische Häuser, die entweder Regierungsbeamten oder örtlichen Händlern gehören. In Léopoldville leben heute, schätze ich, nicht hundert der ursprünglichen Bewohner oder ihrer Nachkommen. In Kinchasa mag es ein paar mehr geben, die in der Nähe eines der europäischen Handelsdepots wohnen, während in Ndolo niemand mehr lebt und es dort nichts mehr gibt außer einer Station der Kongo-Eisenbahn-Gesellschaft und einem Regierungsposten.«

Roger Casement, seines Zeichens britischer Konsul, unternahm im Sommer 1903 eine Reise, die ihn von Matadi, einem Hafen an der Mündung des Kongo, flussaufwärts bis in den nördlichen Teil des »Freistaates« führte. Die erste Station war die Gegend des heutigen Kinshasa, an jener seeartigen Ausbuchtung des Kongo gelegen, die – nach dem englischen Forschungsreisenden – »Stanley Pool« genannt wurde. Hier lag das Siedlungsgebiet der Bateke beziehungsweise Teke (die Vorsilbe »Ba-« verweist auf einen Plural), mit denen Brazza jenen Vertrag geschlossen hatte, der zur Errichtung der französischen Herrschaft am nördlichen Ufer des Kongo führte. Die Teke, die ursprünglich am Nordufer siedelten, weiteten – als sie durch die Erschließung des südlichen Ufers Handelsmöglichkeiten sahen – ihr Siedlungsgebiet auf die andere Seite des Flusses aus. Doch ihre Erwartungen erfüllten sich nicht: das »Erschließungswerk«, das im Namen König Leopolds betrieben wurde, hatte sie verjagt. Es war dies kein Einzelfall. Über einen anderen Ort berichtet Casement: »Bolobo war eine der größten Siedlungen der Eingeborenen am südlichen Ufer des oberen Kongo, und die Bevölkerung zu Beginn zivilisierter Herrschaft belief sich auf volle 40.000 Seelen, hauptsächlich des Bobangi-Stammes. Heute geht man davon aus, dass es nicht mehr als 7.000 bis 8.000 sind. Die Männer von Bolobo waren früher berühmt für ihre Reisen zum Stanley Pool und ihre geschäftige Handelstätigkeit. All ihre großen Kanus sind heute verschwunden, und während einige von ihnen immer noch Flusspferde jagen – die in der Gegend noch zahlreich sind –, konnte ich nichts bei ihnen bemerken, was man als Handwerker bezeichnen könnte.«

Die Auswirkungen »zivilisierter Herrschaft« waren offensichtlich nicht dergestalt, wie es ihre anspruchsvolle Bezeichnung erwarten ließ. Nicht nur, dass weite Teile des Kongo entvölkert wurden, auch die angestammten Traditionen erfuhren einen radikalen Wandel, der zumeist in kultureller Verarmung gipfelte. Oder, um es genauer zu benennen, in einer Proletarisierung. Womit zugleich etwas über die gesellschaftliche Stellung der Afrikaner in dem neuen System, das sich »Kongo-Freistaat« nannte, gesagt ist.

Casement, der seinen Bericht in einer englischen Zeitung veröffentlichte und damit einigen Aufruhr auslöste, verschwieg auch nicht die Gründe, die zu der beklagenswerten Entwicklung im Kongo führten: »Am 25. Juli erreichte ich Lukolela, wo ich zwei Tage verbrachte. Dieser Distrikt zählte, als ich ihn 1887 besuchte, volle 5.000 Seelen; heute wird die Bevölkerung, nach sorgfältiger Zählung, auf weniger als 600 beziffert. Die Gründe, die man mir für diesen Bevölkerungsrückgang nannte, waren ähnlich wie jene, die man andernorts angeführt hatte, nämlich Schlafkrankheit, allgemeiner schlechter Gesundheitszustand, Mangel an Nahrung und die Methoden, die von lokalen Verwaltungsbeamten angewandt werden, um Arbeitsleistungen von den Eingeborenen zu erhalten, sowie die Abgaben, die ihnen auferlegt werden. Der Lukolela-Distrikt liefert eine kleine Menge Gummi, die von den örtlichen Regierungsstellen gefordert wird und zu bestimmten Zeiten als allgemeine Abgabe zu entrichten ist. Auch Nahrung – ›Kwanga‹ und Fisch – wird von den Bewohnern am Fluss verlangt. Die Dörfer, die ich besuchte, waren in sehr schlechtem Zustand und machten einen verwahrlosten Eindruck und hielten keinen Vergleich aus, sowohl im Stil der Häuser, den man jetzt verwendet, als auch in der Ausdehnung der Fläche, die man um sie herum bebaut, mit der Weise, wie dieses Volk früher lebte.«

Der Bericht, den der englische Konsul auf Grund seiner Beobachtungen verfasste, ließ eines deutlich werden: die Situation der Eingeborenen am Kongo hatte sich seit Übernahme der Landeshoheit durch den belgischen König drastisch verschlechtert. Casement war immerhin in der Lage, einen Vergleich zwischen der ursprünglichen Situation und den Veränderungen, die sich durch das neuerliche Auftauchen der Europäer im Kongo ergeben hatten, anzustellen. 1903, als Casement seinen Bericht veröffentlichte, waren die Weichen gestellt: Leopold beziehungsweise die Belgier saßen im Kongo fest im Sattel, und – anders als die Portugiesen, die nicht wirklich eine Erschließung des Landes in Gang gebracht hatten – gelang es den Belgiern, den Kongo nachhaltig zu verändern. Das betraf sowohl die wirtschaftliche Entwicklung als auch das, was man »Nation-Building« nennt, also den Prozess der Staatenwerdung, im Sinne eines modernen Nationalstaates. Dieser Prozess ist im Kongo, wie gerade die neuerlichen Unruhen im Nordosten des Landes zeigen, noch nicht abgeschlossen; ein Defizit, das gerade in Afrika auch andernorts zu beobachten ist. Der Grund dafür ist sowohl auf Versäumnisse der Kolonialmächte zurückzuführen als auch auf die ethnische Vielfalt und Zersplitterung, welch letzteres besonders in Schwarzafrika, also in dem Teil des »Schwarzen Kontinents«, der sich südlich der Sahara erstreckt, zu beobachten ist. Der Kongo ist ein typisches Beispiel für das unselige Zusammenwirken dieser beiden Faktoren: die Grenzen wurden auf dem Reißbrett geschaffen, nach Bedürfnissen und Erwägungen, die sich aus den Vorstellungen und Erwartungen der Europäer ergaben, und die Völker, die in einem derart künstlich entworfenen Gebilde zusammengeschlossen wurden, hatten nur wenig gemein. Einen einheitlichen Staat, der das gesamte Gebiet des Kongo umfasste, hatte es ja zuvor nie gegeben.

Wie groß die Zersplitterung im Kongo war, beweist allein die Tatsache, dass es nicht weniger als 450 Verträge waren, die die Kongo-Gesellschaft zwischen 1879 und 1884 mit einheimischen Autoritätsträgern schloss. Diese Verträge, die sich auf einen Großteil des Kongo erstreckten, bildeten ein Faustpfand, mit dem Leopold in Berlin auftrumpfen konnte. Widerstand, von seiten der Afrikaner, gab es nur in jenem Gebiet, das unter dem Einfluss der Araber stand. Sie hatten sich im östlichen Randgebiet des Kongo etabliert, wo es einem von ihnen, dem berüchtigten »Tippu Tib«, gelungen war, eine Art Handelsimperium aufzubauen, dessen sich zunächst auch Leopold bediente. Indem Tippu Tib, der ja eigentlich Hamed bin Mohammed hieß und aus Oman stammte, wiewohl er Halbblut war, kooptiert wurde und im Namen des Königs die Funktion eines *wali*, das heißt »Statthalters«, ausübte. Doch die einvernehmliche Koexistenz war nicht von Dauer: es kam zu Zwistigkeiten, und Tippu Tib zog sich nach Sansibar zurück, während sein Sohn, Sefu, der gewaltsamen Widerstand geleistet hatte, im Kampf mit den Belgiern fiel. Ein gleiches Schicksal ereilte Misri, einen Häuptling aus dem Bantuvolk der Nyamwezi, dem es gelang, in Katanga, im südlichen Grenzgebiet des Kongo, ein Reich zu errichten. Auch gegen ihn zogen die Belgier zu Felde, und auch er zahlte seinen Widerstand mit dem Leben. Sowohl Misri als auch Tippu Tib beziehungsweise Sefu waren nicht gerade leuchtende Beispiele für den Freiheitswillen der Afrikaner: sie waren Sklavenjäger und nicht eben wählerisch bei den Mitteln, die sie anwandten, um ihre Ziele zu erreichen. Es war der korrumpierende Einfluss der Araber, der sich in dem Grenzgebiet des Kongo durchgesetzt hatte, und wenn die Belgier schließlich den Sieg davontrugen, so hatte dies zumindest ein Gutes: es wurde dem arabischen Sklavenhandel ein Ende gesetzt. Doch der Preis – für die Afrikaner – war hoch. Da waren sich alle Beobachter einig. Selbst die Belgier äußerten sich kritisch. »In den Gummi-Gebieten«, heißt es in dem Bericht eines belgischen Geographen, der aus dem Jahre 1911 datiert »wurde die Steuer statt in Arbeitsleistung in einer bestimmten Menge von Gummi erhoben. Wenn die geforderte Menge nicht der Zahlstelle abgeliefert wurde, dann wandte man verschiedene Methoden des Zwanges an. So wurden Häuptlinge verhaftet und festgehalten, bis der Stamm die Quote an Gummi ablieferte. Es wurden Geiseln gestellt, Frauen und Kinder eingesperrt, und diejenigen, die weniger als die festgesetzte Menge auf den Posten ablieferten, wurden mit der *chicotte* [Peitsche] misshandelt. Es wurden Posten aufgestellt, um in den Orten die Eingeborenen bei der Arbeit zu überwachen. In rebellierende Dörfer wurden Armeepatrouillen entsandt. Von Zeit zu Zeit führte man Strafexpeditionen durch, um ein Beispiel zu statuieren. Dörfer wurden niedergebrannt«, und, so resümiert der Beobachter, »die rohesten Leidenschaften kamen zum Vorschein«.

Wie »roh« diese Leidenschaften waren, werden wir noch sehen. Zunächst gilt es nachzutragen, wie sich das System, das Leopold im Kongo einführte, etablierte. Es handelte sich beim sogenannten »Kongo-Freistaat« nicht um eine Kolonie im herkömmlichen Sinne: der Kongo unterstand *nicht* einer staatlichen Kontrolle. Ähnlich wie einst die britische Ostindienkompanie Indien mit Beschlag belegt hatte, so war auch die Internationale Kongo-Gesellschaft, ein Handelsunternehmen, das sich einen philanthropischen Anstrich gab, Nutznießer und Autoritätsträger im Kongo. Das heißt, es wurden in erster Linie bis ausschließlich wirtschaftliche Ziele verfolgt. Strategische Erwägungen – wie auch eine »zivilisatorische« Aufbauarbeit – spielte keine Rolle. Es wurde vielmehr aus dem Kongo herausgepresst, was an Gewinnen zu erwirtschaften war. Mit dem geringsten Aufwand und den brutalsten Methoden.

Verantwortlich war letztlich Leopold, der Initiator des Unternehmens und Meistbegünstigte. Er hielt alle Fäden in der Hand, war an allen Unternehmungen beteiligt und erwarb schließlich – nachdem er anfangs tief in die Tasche greifen musste – ein gewaltiges Vermögen. Der Kongo rentierte sich: seit 1895 warf er Gewinne ab.

Die »Aufbauarbeit«, soweit sie denn geleistet wurde, beschränkte sich auf ein Minimum: Ausbau rudimentärer Verkehrswege, Eintreibung von Steuern, Aufrechterhaltung der »öffentlich Ordnung«. Die in Wahrheit eine beispiellose *Unordnung* war, um es vorsichtig auszudrücken. Die Ordnungskräfte, so wie sie sich 1905 konstituierten, nannten sich hochtrabend »Force Publique«; dabei handelte es sich um eine Söldnertruppe, die aus 360 europäischen Offizieren und 16.000 Afrikanern bestand. Sie garantierten, dass die Geschäfte reibungslos liefen. Diese basierten inzwischen nicht mehr nur auf der Gewinnung von Rohgummi (und Elfenbein), sondern zunehmend auch auf dem Bergbau, der sich auf Katanga, das südliche Grenzgebiet, konzentrierte. Hier gab – und gibt – es reiche Bodenschätze; vor allem Kupfer, aber auch Eisenerze sowie Kobalt und Uran. Eine Förderung in größerem Stil setzte in Katanga 1910 ein; doch reichen die Anfänge des Bergbaus in Katanga, soweit er unter der Ägide der Belgier erfolgte, bereits in die neunziger Jahre des 19. Jahrhunderts zurück. Sie mündeten schließlich 1906 in die Gründung der Union Minière du Haute-Katanga, einer Minengesellschaft, an der mehrheitlich der »Staat« beteiligt war. Anzumerken ist, dass Leopold zwar der Hauptnutznießer des Unternehmens »Kongo« war, dass es daneben aber auch eine Reihe anderer gab, die in den »Freistaat« investierten und daran verdienten. Es gab eine Reihe von Konzessionsgesellschaften, die auch über eine Steuer- und Verwaltungshoheit verfügten. Missbrauch von Macht und Ausbeutung, die damit einhergingen, waren nicht zuletzt auch durch diese Konzessionsgesellschaften Tür und Tor geöffnet. Die Missstände erreichten schließlich skandalöse Ausmaße. »Der Gedanke«, berichtet ein amerikanischer Missionar, der Zeuge der Ereignisse im Kongo wurde, »scheint unglaublich und grässlich, dass diese wilden, bewaffneten Menschen [die Söldner] losgelassen werden, Menschen zu jagen und zu töten, weil sie kein Gummi beschaffen, um ihn dem Staate für ein bloßes Nichts zu verkaufen. Das Blut gerinnt vor Grauen, wenn man sieht, wie die Soldaten von ihren Jagden mit den Händen der Erschlagenen zurückkehren, unter denen sich als Beweis ihrer ›Tapferkeit‹ auch die Hände junger Kinder neben denen der Erwachsenen befinden.« Die Zustände müssen in der Tat unbeschreiblich gewesen sein, wenn der Gottesmann sich schließlich zu der Feststellung hinreißen lässt: »Dieser Gummihandel ist in Blut getaucht, und wenn die Eingeborenen sich erhöben und jeden Weißen am oberen Kongo in die Ewigkeit beförderten, so wäre noch ein ungeheuerlich großes Guthaben zu ihren Gunsten vorhanden.«

Die »Kongo-Greuel«, als die die Missstände am Kongo unter der Herrschaft Leopolds in die Geschichte eingingen, waren in der Tat ohne Beispiel. (Wiewohl, das sei am Rande erwähnt, auf der anderen Seite des Atlantik, am

Amazonas, wo es gleichfalls einen »Kautschuk-Boom« gab, die Verhältnisse ähnlich waren.) Die Grausamkeit, die man anwandte, um die Eingeborenen zu ihren Abgaben oder Dienstleitungen zu zwingen, überschritten jedes Maß einer zivilisierten Gesellschaft, als deren Mitglieder sich die Agenten der Firmen und Söldner des Königs ausgaben. Dabei ist vor allem auf jene Barbarei hinzuweisen, die seitdem in großen Teilen Schwarzafrikas Furore macht: das Abhacken von Gliedmaßen, Händen und Armen, als Strafe für ein Unrecht, das nie begangen wurde. Der Weiße muss es sich gefallen lassen, wenn der Schwarze Anklage gegen ihn erhebt: nicht nur die Sklaverei hat er in maßlose Höhen getrieben, auch die Verstümmelung, selbst von Kindern, führte er ein, allein – das eine wie das andere – um des schnöden Mammons willen. Mit Ruhm hat sich der Weiße Mann in Afrika weiß Gott nicht bekleckert!

Wenn es ein Indiz für die verheerenden Folgen der Misswirtschaft gibt, die Leopold und seine Gesinnungsgenossen im Kongo betrieben, dann ist es dies: die Bevölkerung im »Freistaat Kongo« erlitt einen drastischen Rückgang – von 25 auf acht Millionen! Das ist die Bilanz eines kolonialen Experiments, das wie kein zweites scheiterte und – man erinnert sich – auch in Berlin ausgeheckt wurde. Selbst Bismarck ließ sich blenden.

3

Es waren mal wieder die Engländer, die Alarm schlugen. Sie drängten ihren Konsul in Boma, dem Sitz der Kolonialverwaltung im Kongo, einen Bericht über die Situation im Lande zu verfassen, und als dieser dann in der Presse erschien, verabschiedete die britische Regierung eine Resolution, die auf die Abstellung der Missstände im Kongo abzielte. Es wurde eine internationale Untersuchungskommission eingesetzt, die nicht nur den Bericht Casements bestätigte, sondern darüber hinaus auch die internationalen Verflechtungen, die die wirtschaftlichen Interessen im Kongo kennzeichneten, aufdeckte. Heißt es doch in dem Untersuchungsbericht der Kommission, »dass in den verschiedenen Stationen der ABIR, die wir besucht haben, die Inhaftierung von Frauen, die als Geiseln dienen, die Forderung an die Häuptlinge, niedere Arbeiten zu verrichten, die Erniedrigungen, denen sie ausgesetzt worden sind, die Peitsche, die man gegen Aufsässige anwendet, die Grausamkeit der Schwarzen, die mit der Bewachung von Häftlingen betraut sind, Praktiken darstellen, die routinemäßig angewandt werden«. Dies nur ein Beispiel, wobei die Abkürzung »ABIR« für »Anglo-Belgian Indian Rubber Company« steht, eine jener Konzessionsgesellschaften, die sich dem Kautschukgeschäft widmeten und dabei nicht schlecht verdienten: für 1906 verzeichnete die ABIR einen Gewinn, der sich auf das Fünfundzwanzigfache dessen belief, was das investierte Kapital ausmachte.

Angesichts des wachsenden Drucks, den die internationale Kritik auslöste, sah sich die belgische Regierung gezwungen, ihre Zurückhaltung aufzugeben: war man doch bislang nicht willens gewesen, die Aktivitäten des Königs im Kongo, die privatrechtlicher Natur waren, durch den Staat zu sanktionieren oder gar zu subventionieren. Nun aber war, um der nationalen Ehre willen, der Zeitpunkt gekommen einzugreifen, und so entschied sich denn das belgische Parlament, mit einem Votum von 90 gegen 48 Stimmen für die Übernahme des Kongo als Kolonie, die staatlicher Autorität unterstellt wurde. Damit war der Traum Leopolds, der immerhin fast vierzig Jahre gewährt hatte, ausgeträumt. Am 15. November 1908 wurde der Kongo durch Belgien annektiert. Der ehemalige »Freistaat« nannte sich nun – analog zum »Französischen« – »Belgisch-Kongo«. Unter dieser Bezeichnung hatte die Kolonie bis 1960 Bestand.

Erweitert wurde die belgische Kolonie durch Ruanda-Urundi, jenes Gebiet – zwischen Kongo und Tanganyika –, das sich die Deutschen angeeignet hatten. Der Erste Weltkrieg, der dem Weltmachtstreben der Deutschen einen ersten Dämpfer versetzte (auch wenn damit ein zweiter Anlauf ausgelöst wurde), bedeutete auch das Aus für die koloniale Herrlichkeit: die Deutschen büßten ihre Kolonien ein, und soweit es Ostafrika betrifft, teilten sich die Engländer und die Belgier die Beute: als Mandatsgebiete des Völkerbundes übernahm Belgien die Kontrolle über Ruanda-Urundi 1920.

Belgien gelangte in den Besitz des Kongo wie die Jungfrau zum Kind. Es übernahm die Rolle einer Kolonialmacht nicht nur widerwillig, sondern auch völlig unvorbereitet. Dennoch erwies sich Belgien seiner Aufgabe kaum geringer gewachsen als andere, die sich im Klub der Kolonialmächte tummelten. Ja, man attestiert Belgien sogar, sich besser geschlagen zu haben als andere: »Aller Wahrscheinlichkeit nach herrschten im Kongo bessere soziale Bedingungen als in allen anderen afrikanischen Kolonien » So das Fazit, zu dem ein namhafter Kolonialhistoriker gelangt. »Auf vielen Gebieten«, resümiert er, »war Belgien [...] nach 1908 zu einer vorbildlichen Kolonialmacht geworden.«

Belgien hatte freilich einiges gutzumachen, denn letztlich war es der König der Belgier gewesen, der – wenn auch als Privatmann – durch seine dubiosen Geschäfte im Kongo den Namen Belgiens diskreditiert hatte. Die Welt schaute nun auf Belgien, und folglich mussten sich die Belgier besonders anstrengen. So war denn auch eine der ersten Maßnahmen, die sie ergriffen, die Einrichtung eines Ausschusses, der ausdrücklich zum Schutz der Afrikaner

Visionär der Finsternis:
Joseph Conrad

Verstümmelt und in Ketten gelegt:
Kongo-Greuel im Jahre 1907

COMPAGNIE DU CONGO BELGE

SOCIÉTÉ A RESPONSABILITÉ LIMITÉE

Constituée par acte du 26 octobre 1911 devant Mtre J. VERHELST, notaire à Anvers : autorisée par Arrêté Royal du 8 janvier 1912, publié au Bulletin du Congo Belge du 15 janvier 1912, N° 1. Statuts publiés à l'annexe du Moniteur Belge du 26 janvier 1912, actes Nos 544, 545, 546, 547 et 548. Statuts modifiés en Assemblée générale extraordinaire du 14 octobre 1919, approuvés par Arrêté Royal du 20 octobre 1919. Statuts modifiés en Assemblée générale extraordinaire du 6 janvier 1923, approuvés par Arrêté Royal du 9 février 1923. Statuts modifiés en Assemblée générale extraordinaire du 31 octobre 1923, approuvés par Arrêté Royal du 17 novembre 1923. Statuts modifiés en Assemblée générale extraordinaire du 7 juillet 1924, approuvés par Arrêté Royal du 20 juillet 1924. Statuts modifiés en Assemblée générale extraordinaire du 6 juillet 1925, approuvés par Arrêté Royal du 3 août 1925.

SIÈGE SOCIAL: MOBEKA, CONGO BELGE

Siège Administratif: ANVERS.

AVOIR SOCIAL, REPRÉSENTÉ PAR

424000 PARTS 424000

PART 413228

Un Administrateur. Un Administrateur.

Lith. Jules De Winter Anvers

Florierendes Geschäft:
Anteilschein einer kolonialen Handelsgesellschaft

Leo Frobenius,
Fürsprecher des Afrikaners

Mit Pfeil und Bogen:
Pygmäe am Kongo

In traditionellem Schmuck:
Angehörige des Mangbetu-Volkes

Rituelle Tänze: Im Kongo (oben), in Ruanda (unten)

Charles Mutara Rudahigwa,
König von Ruanda (1955)

Dag Hammarskjöld,
Makler des Friedens

Offizieller Besuch im Kongo:
Albert, Prinz von Belgien
(Dezember 1959)

Opfer des Kalten Krieges:
Patrice Lumumba

Moise Tschombé:
Vom Separatisten zum
Ministerpräsidenten

In zeremonieller Eintracht:
Staatspräsident Kasawubu,
Premier Tschombé und
Armeechef Mobutu (1965)

Champion des Westens:
Jonas Savimbi

Rebellen der MPLA
in Angola

Mobutu in späteren Jahren:
Fünf Milliarden schwer

Kindersoldaten in Sierra Leone: Von der RUF verführt (oben), im Sold der Regierung (unten)

Im Kampf gegen Rebellen: Regierungstruppen in Liberia (1990)

»Killing Fields« im Kongo (1999)

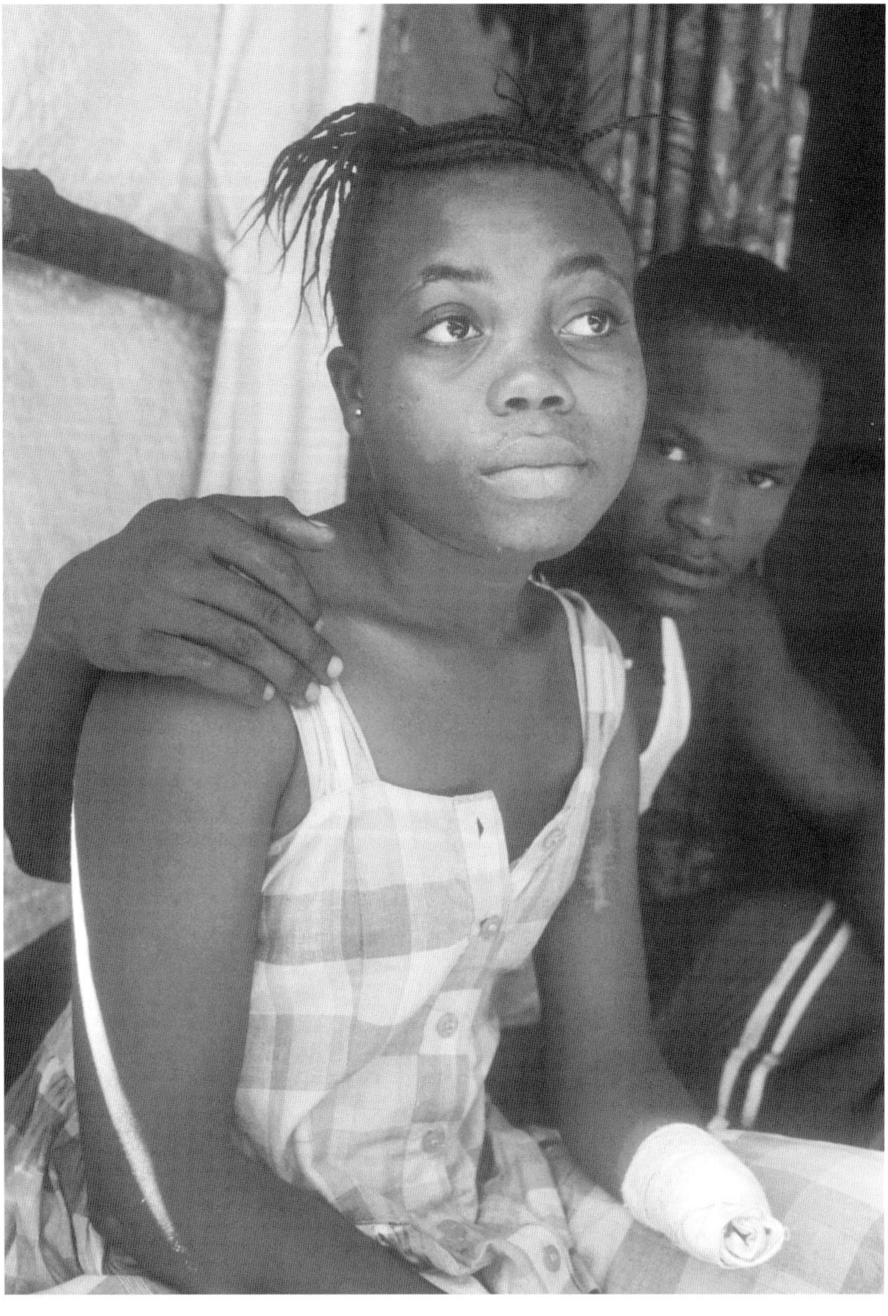

Von Rebellen verstümmelt:
Opfer in Sierra Leone

geschaffen wurde; er hatte jährlich einen Bericht vorzulegen, der veröffentlicht wurde. Die Kontrolle, die der Staat ausübte, erstreckte sich sowohl auf die Beamten, die zur Verwaltung der Kolonie eingesetzt wurden, als auch auf die Geschäftspraktiken der Wirtschaftsunternehmen, die im Kongo tätig waren, um Missbrauch von Macht und wirtschaftliche Ausbeutung zu verhindern. Das Erziehungswesen wurde in die Hände christlicher Missionen gelegt und den Eingeborenen das Recht zugestanden, ihre Angelegenheiten weitgehend selbst zu regeln. 1959, am Vorabend der Unabhängigkeit, besuchten immerhin über die Hälfte, 56 Prozent, der Schulpflichtigen im Kongo eine Schule, auch wenn dies in der Regel nur eine Grundschule war. Die über 6000 Häuptlingstümer wurden zu sogenannten *chefferies,* 432 an der Zahl, zusammengefasst; in diesen Verwaltungseinheiten übten die angestammten Autoritäten, denen Kolonialbeamte beigeordnet waren, eine weitgehende Selbstverwaltung aus. Das Prinzip das man von den Engländern übernahm, lautete auch hier »indirekte Herrschaft«. Man war bemüht, so wenig wie möglich in die überkommene Kultur und Gesellschaft einzugreifen.

Grundlegende Veränderungen waren dennoch unübersehbar. In erster Linie betraf dies die Anerkennung, *nolens volens,* einer zentralen Autorität, die zudem von Fremden gestellt wurde, die von außerhalb agierten. Eine solche zentrale Macht hatte es zuvor ja nie gegeben; sie legte den Grundstein für eine nationale Einheit. Auch wenn dies von den Belgiern nicht bewusst gefördert wurde; sie regierten nach dem Motto: der Kongo ist eine lukrative Kapitalanlage, andere europäische Mächte besitzen auch Kolonien, daran ist also nichts auszusetzen, und wenn wir auch am Geschäft interessiert sind, so vergessen wir darüber doch nicht unsere zivilisatorische Mission. Damit nehmen wir es ernst, zumindest ernster als Leopold und die meisten andern, die sich auf dem Gebiet kolonialer Entwicklung engagieren. Natürlich konnte man es sich leisten: der Staat war, mit einer Mehrheit der Aktien, maßgeblich an allen Geschäften beteiligt, und diese wurden in der Tat immer lukrativer, denn Katanga, die südliche Provinz, entpuppte sich allmählich zu einer wahren Goldgrube. Auch wenn es hier eher um Kupfer, Diamanten und Uran ging. Im übrigen wurden die *indigènes,* die Eingeborenen, zwar nicht mehr zur Zwangsarbeit rekrutiert (es sei denn, es handelte sich um öffentliche Arbeiten), aber eine Kopfsteuer, die mussten sie immerhin entrichten. Und um diese entrichten zu können, war die Förderung der Lohnarbeit ein probates Mittel. So wuchs die Zahl der afrikanischen Lohnarbeiter allein in der Zeit zwischen 1917 und 1939 von 47.000 auf über eine halbe Million. Die Kehrseite war freilich die Wanderarbeit, die zu einer Zerrüttung der überkommenen Strukturen führte. Außerdem bildeten sich Elendsviertel am Rande städtischer Siedlungen und im Umkreis industrieller Komplexe. Städte im eigentlichen Sinne gab es kaum, wie auch der Prozentsatz der Weißen im Kongo gering war: 1941 lebten nicht einmal 30.000 Europäer im Kongo, das waren kaum mehr als ein Viertelprozent, gemessen an der Gesamtzahl der Bevölkerung. Anders als beispielsweise Kenia oder Südafrika war der belgische Kongo keine Siedlungskolonie; die klimatischen Verhältnisse – wie auch die tropische Vegetation – verhinderten dies.

Die Herrschaft, die die Belgier im Kongo ausübten, war nicht altruistisch. Sie war paternalistisch, gewinnorientiert und missionarisch in dem Sinne, dass man die Verpflichtung einer zivilisatorischen Aufgabe durchaus anerkannte. Und das erstreckte sich auch auf so bizarr-barbarische Praktiken wie die folgende:

»An der Spitze der Stämme steht ein Sultan, der aus einer der vornehmsten und reichsten Adelsfamilien stammt. Die Thronfolge ist erblich und der Thronprinz ist der Sohn der ältesten Gattin. In früherer Zeit mussten beim Tode eines Sultans auch alle seine Frauen, oft zwei- bis dreihundert an der Zahl, getötet und in seinem Grabe mitbestattet werden. Dieser entsetzliche Brauch war von der belgischen Regierung untersagt worden, doch weiß man nicht, wie weit dieses Verbot noch wirksam ist. Es ist nämlich sicher, dass noch vor ganz kurzer Zeit diese Massaker trotz aller Verbote stattgefunden haben.«

Die Rede ist von den Mangbetu, einem Volk im Nordosten des Kongo, das die Tradition des sakralen Königtums aufwies, mit all seinen Exzessen. Die Belgier versuchten, derartigen Bräuchen Einhalt zu gebieten. Die Barbareien, die gerade in unseren Tagen wieder im Kongo begangen werden, beweisen, dass sie damit keinen durchschlagenden Erfolg hatten.

Herz der Dunkelheit

»Ich, Jean-Pierre Hallet, der ich in den Dienst des Ministeriums für Kolonien am 8. März 1948 eintrete, in der Funktion eines Agronomen und Soziologen, verpflichte mich, jede Art von Klima, Einsatzort oder Tätigkeit, die mein Dienst mit sich bringen mag, zu akzeptieren und mich unter keinen Umständen zu beschweren oder um eine Versetzung zu bitten, ohne dass dafür ein ausdrücklicher und dringender Grund vorliegt.«

Er war ein *bleu,* wie man in Belgien sagt, ein Greenhorn, gerade mal einundzwanzig Jahre alt, aber alt genug, um sich dem Dienst in den Kolonien zu verschreiben. Allerdings war Hallet, obwohl in Belgien geboren, in Afrika, am Rande des Ituri-Waldes, im Osten des Kongo, aufgewachsen, hatte hier seine Kindheit verbracht, ehe man ihn zurück nach Belgien schickte, wo er zur Schule ging, als Halbwüchsiger im Zweiten Weltkrieg kämpfte und schließlich ein Studium aufnahm. Nachdem er seine Ausbildung abgeschlossen hatte, meldete er sich für den Kolonialdienst: er wollte zurück nach Afrika, aber es war ein Grundsatz der Kolonialverwaltung, ihre Leute in Gegenden einzusetzen, wo es *keine* Verwandten gab. Das brachte nur Komplikationen mit sich. Hallet würde also auch jetzt nicht in der Nähe seiner Eltern sein, die inzwischen im Mandatsgebiet Ruanda-Urundi lebten. Sein Einsatzort lag in Katanga, im Süden des Kongo. Die Reise dorthin erfolgte zunächst mit dem Schiff und dann mit der Bahn. Wobei Lobito, in Angola, der Anlaufhafen war. Von dort aus führte eine Bahnlinie, die Benguela-Bahn, nach Katanga: sie war 1931 in Betrieb genommen worden.

Die Reise mit dem Schiff dauerte zwei Wochen. Hallet verbrachte sie mit dem Studium eingeborener Sprachen und der Lektüre von Büchern über Afrika, mit denen er sich eingedeckt hatte. Er war also gut vorbereitet; dennoch waren die Eindrücke, die er in Angola sammelte, ungewohnt. Denn es gab hier offensichtlich keine Rassenschranken »Überall, wohin ich schaute«, schreibt er über seine Eindrücke in Lobito, dem Hafen von Benguela, »sah ich *café au lait*-farbene Mulatten, offensichtlich das Ergebnis der unbekümmerten Einstellung der Portugiesen zur Mischehe. Ich hatte über diese Frage mit einem alten Pflanzer, der in Lissabon geboren war, während der Reise nach Angola diskutiert, und er hatte mit augenscheinlichem Stolz erklärt: ›Gott hat den Weißen und den Schwarzen erschaffen – aber die Portugiesen haben den Mulatten geschaffen.‹ Seinen übrigen Bemerkungen und dem, was ich über Brasilien gehört hatte, nach zu urteilen, gab es keinen Rassendünkel in den portugiesischen Überseebesitzungen; stattdessen förderte die Regierung die Integration und sogar die Mischehe, in völligem Gegensatz zur strengen Apartheid in Südafrika.«

In der Tat war man in den portugiesischen Kolonien der Rassenfrage gegenüber anders eingestellt, als es allgemein der Fall war. Es herrschte eine größere Toleranz, die wohl auch dadurch begründet ist, dass Portugal nur ein kleines Land war und immerhin ein Kolonialreich begründete, das von Macao, in China, bis Brasilien reichte. Wobei die afrikanischen Kolonien, Angola und Moçambique, am Ende das Herzstück des portugiesischen Kolonialreiches bildeten. Denn Brasilien erlangte bereits 1822 seine Unabhängigkeit, während Angola erst 1885 und Moçambique gar erst 1891 offiziell als Kolonien anerkannt wurden. Dennoch, auch in den portugiesischen Kolonien hielt sich die Rassenmischung in Grenzen: 1940 registrierte man in Angola 44.000 Weiße, aber nur 23.000 sogenannte *mestiços,* worunter – anders als im üblichen Sinne – *Mulatten* zu verstehen sind, also nicht Mischlinge, die aus einer Verbindung mit Indianern, sondern *Afrikanern* hervorgegangen sind. Die Zahl der Schwarzen belief sich auf 3,5 Millionen. Es gab zwar keinen ostentativen Rassendünkel, doch eine gesellschaftliche Diskriminierung war auch in den portugiesischen Kolonien an der Tagesordnung.

»Vor mir lagen 800 Meilen Eisenbahnlinie, die die angolanische Savanne durchschnitt. Der Zug passierte Novo Lisboa, Chinguar, Silva Porto, General Machado, Vila Luso und Texeira de Sousa – einsame portugiesische Außenposten in endlos sich dahinziehendem Grasland, übersät mit Eingeborenendörfern in der Ferne oder gelegentlichen umherziehenden Antilopen. Achthundert Meilen ... und dann endlich Dilolo und der Anfang ›meines‹ Kongo. Hier erhielt ich meine offizielle Zuweisung, und wie ich in Brüssel vermutet hatte, befand sich mein Einsatzort auch nicht im entferntesten in der Nähe des Heimes meiner Eltern am Ufer des Kiwu-Sees oder im Pygmäenwald im Norden. Stattdessen hatte ich mich beim Leiter des Distrikts Haut-Lomami in Kamina, das in Katanga, im südlichen Teil des Kongo, liegt, zu melden.«

Kamina war ein Verwaltungszentrum im Quellgebiet des Lomami, eines der größeren Nebenflüsse des Kongo. Hier gab es immerhin ein Hotel, »Hôtel de la Gare«, am Bahnhof gelegen, und zur Begrüßung »mehrere Gläser

›Simba‹, ein vorzügliches und starkes kongolesisches Bier«. Doch zur Erholung von der langen Reise blieb nicht lange Zeit, auch wenn die erste Aufgabe lediglich dazu diente, sich mit der Tätigkeit eines Kolonialbeamten im Felde vertraut zu machen. »›Ihr erster Auftrag‹«, bedeutete man Hallet, »‚wird darin bestehen, dass Sie sich einen Überblick über die landwirtschaftlichen Verhältnisse bei den Baluba-Stämmen in der Gegend von Malemba Nkulu verschaffen. Das liegt im Mwanza-Territorium, etwa 200 Meilen in nordöstlicher Richtung. Wie finden Sie das?‹«

Hallet, voller Enthusiasmus, war begeistert. Und so begab er sich denn auf seine erste Safari, mit Dienern, Koch und Eskorte und allem drum und dran. »Ich hatte zwei *moniteurs,* zuständig für die Landwirtschaft, die mich begleiteten; zwei *polici,* eingeborene Polizisten; ein Dutzend Träger; einen betagten *pishi,* Koch; und einen arroganten *karani,* einen eingeborenen Gehilfen, als meinen Dolmetscher.«

Der *karani,* der auf den Namen Sylvestre hörte, bereitete einigen Ärger. Denn er war ein Produkt jenes Prozesses, den man Akkulturation nennt, das heißt, der kulturellen Annäherung an eine höher gestellte Zivilisation. Zumindest wird sie als solche gesehen, und es ergeben sich dabei kuriose Erscheinungen. Sylvestre lieferte dafür ein typisches Beispiel: »Sylvestres dunkle Hosen hatten immer eine messerscharfe Bügelfalte, seine Schuhe glänzten wie Spiegel, und sein langärmeliges weißes Hemd war im allgemeinen fleckenlos. Diese Art von Kleiderpracht ist nicht leicht bei einer Safari aufrechtzuerhalten, und jeden Abend hörte ich den *évolué* in seinem Zelt laut schreien, wenn er seinen ›Boy‹ beim Ritual des Bügelns und Schuhputzens überwachte. Aber am nächsten Morgen pflegte er aufzutauchen – wie eine makellose Erscheinung, mit einer Brusttasche voller Füllfederhalter und Drehbleistiften, einer Armbanduhr mit einem rosafarbenen Plastikarmband und einer Hornbrille. Er nahm die Brille ständig ab und putzte sie mit seinem Taschentuch: einmal, als er sie verlegte, bekam er beinahe einen hysterischen Anfall, bis er sie wiederfand.«

Die *évolués,* wie man sie im Kongo nannte, waren ein Produkt des Westens, den man damals noch mit »Weißer Mann« umschrieb, den die Afrikaner – so sie die Möglichkeit dazu hatten – bis zur Karikatur nachahmten. Sie zeichneten sich dadurch vor ihrem eigenen Volk aus, das sie nicht selten verachteten. Eine nicht nur kuriose Erscheinung, die überall in den Kolonien zu beobachten war.

Der Wandel, der sich im Gefolge der kolonialen Überfremdung vollzog, zeigte sich auch in anderer Weise: »Am letzten Tag unserer Safari kamen wir zu dem Dorf Kitereke, etwa zwanzig Meilen von Mwanza entfernt. Mein Blick wurde sogleich vom Anblick eines eingeborenen Schneiders gefangengenommen, der eine altertümliche Singer-Nähmaschine bearbeitete. Neben ihm stand eine alte Frau und sah schweigend zu, die Augen vor Verwunderung weitaufgerissen angesichts des Wunders, mit dem zwei Stücke Kattuntuch zu einem wurden. ›Er ist fast so mächtig wie der Medizinmann‹, erklärte Ngoi [einer der Diener] mit ernstem Gesicht. In der Nähe befand sich das *magazini,* eine Art zentralafrikanischer Gemischtwarenladen, in dem es Nägel, Seife, Hacken, Äxte, Kerosin, Baumwollstoff und Kleider in den grellsten Farben und Mustern, Wecker, billigen Schmuck, Krawatten gab – all die notwendigen Dinge für die neue Lebensart, die sich über Afrika zu verbreiten schien.«

Die moderne Welt hielt Einzug; ein radikaler Bruch vollzog sich. Auch wenn es oft nur Äußerlichkeiten waren, die das Leben der Menschen veränderten. Doch der Zivilisationssprung war gewaltig: die Pygmäen gar hatten noch in der Steinzeit gelebt. Auch sie wollten Anteil an der Moderne haben. Was nicht bedeutet, dass es nicht auch heute noch in den entlegeneren Gebieten des Kongo Reste jener Urvölker gibt, die ihre angestammte Lebensweise bewahrt haben.

2

»Wald, Wald, Wald! Bäume von 50, 60, 70 Meter Höhe, dunkelgrün – lianendurchflochten, über braunrotem Sumpf – ein blütenloses Blätterdach und dumpfstickige, lichtlose Luft – dann und wann ein Dorf viereckiger Mattenhütten, sehr wilde Eingeborene mit kannibalischen Neigungen, dazwischen ein Garten mit Bananen: dieses in wechselloser Ebenmäßigkeit, bis ein märchenhaft breiter Strom mit vielen Flusspferden, Sandbänken, Elefanten, Reihern den Waldpanzer durchbricht. Das gehört in den gleichen Kreis verallgemeinerter Ansichten jener Zeit über die weiten Waldgebiete des Westens und des großen Kongobeckens. Wurden bei den Eingeborenen dieser Westländer Schnitzereien, Figuren, Tiere, Masken gefunden, so tat man das ab mit dem Worte ›Fetisch‹ oder ›barbarische Kunst des Teufels‹.«

Es war überall das gleiche in Afrika, im Norden, im Osten oder im Westen: es war ein Kontinent der Mythen, Mythen, die sich die Fremden, die Europäer geschaffen hatten. Mit der Wahrheit, der Realität hatte das wenig zu tun: »Wir wollen es nicht vergessen, dass noch vor einem Menschenalter Afrika in der Vorstellung allgemein-gebildeter Europäer ein trostloses Land, ein Erdteil der Fieber und nur geeignet für Abenteurer und Missionare war. Und seine Eingeborenen halbtierische Barbaren, eine Sklavenrasse, ein Volk, dessen rohe Verkommenheit nur eben diesen Fetischismus produziert hatte und sonst nichts. Wies man in dieser Zeit in der Unterhaltung etwa auf die großen Städte des Sudan mit ihren einhunderttausenden wohlgekleideten und handwerksmäßig geschulten Einwohnern hin, so erfolgte ein Achselzucken: ›Das haben die Araber den Kerlen zugetragen!‹«

Afrika, zumal Schwarzafrika, an der Wende vom 19. zum 20. Jahrhundert war – in den Augen der Europäer – noch immer ein dunkler, unbekannter Kontinent, wo das Barbarentum regierte. Allenfalls im Norden, wo der Einfluss der Araber und des Islam zum Tragen gekommen war, gab es Ansätze zu einer zivilisierteren Lebensweise. Doch auch dort war es mit der Kultur nicht weit her: Piratentum, Sklavenhandel, Haremswesen – im Grunde war Afrika ein wilder, verwahrloster, ungezähmter Kontinent, und es bedurfte erst der Berührung mit der christlichen Zivilisation, dass ihm Erleuchtung widerfuhr. So die Sicht Europas noch zu Beginn des 20. Jahrhunderts und weit darüber hinaus.

Doch es vollzog sich allmählich ein Wandel in der Sicht, der Wahrnehmung des Schwarzen Erdteils. Jene »Abenteurer und Missionare«, »eine heldenhafte Schar trotziger Recken«, die »trotz Missachtung, Fieber und Kannibalismus die das Innland des Erdteils verkapselnde Schale durchbrach und in bewunderungswürdiger Männlichkeit sein äußeres Bild freilegte«, wandelten den Blick, richteten ihn auf »erstaunliche Herrlichkeiten«, eine »ungeahnte Pracht«, und allmählich setzte sich die Erkenntnis durch, dass Afrika mehr war als nur eine Wildnis aus Wüste und Wäldern und ein Konglomerat von Völkern, die der Natur noch mehr verbunden waren als der Zivilisation.

»Nicht als ob die ersten europäischen Seefahrer des späteren Mittelalters nicht schon höchst bemerkenswerte Beobachtungen ähnlicher Art gemacht hätten. Als sie in die Bai von Guinea kamen und bei Weida das Land betraten, waren die Kapitäne sehr erstaunt. Sorgfältig angelegte Straßen, auf viele Meilen ohne Unterbrechung eingefasst von angepflanzten Bäumen; Tagereisen weit nichts als mit prächtigen Feldern bedecktes Land, Menschen in prunkenden Gewändern aus selbstgewebten Stoffen! Weiter im Süden dann, im Königreiche Kongo, eine Überfülle von Menschen, die in ›Seide und Samt‹ gekleidet waren, eine bis ins Kleinste durchgeführte Ordnung großer, wohlgegliederter Staaten, machtvolle Herrscher, üppige Industrien – Kultur bis in die Knochen!«

Er brach eine Lanze für das alte, autochthone Afrika, war ein unermüdlicher Streiter für eine Rehabilitierung des Schwarzen Mannes, eine Aufwertung seiner Kultur, seiner Tradition, seiner Lebensweise. Der Afrikaner verdankt ihm eine geistige Wiedergutmachung, die selbst herausragende Persönlichkeiten des Schwarzen Kontinents wie Léopold Senghor oder Aimé Césaire dazu veranlassten, seinen Namen zu rühmen. Hierzulande ist Leo

Frobenius weitgehend vergessen, obwohl noch ein Institut, das seinen Namen trägt, an ihn erinnert. Er war Völkerkundler, der Vertreter einer Zunft, die zwar bereits im 19. Jahrhundert entstand, doch erst im 20. ihre eigentliche Ausprägung erfuhr. Afrika spielte dabei eine nicht geringe Rolle. Denn es war – sieht man von Nordafrika einmal ab – ein Kontinent, der in besonderem Maße durch sogenannte Stammeskulturen geprägt war, die der eigentliche Forschungsgegenstand der Völkerkunde sind. Frobenius, der als der Bedeutendste seines Faches in Deutschland gilt, nahm noch eine Mittlerrolle ein zwischen dem traditionellen Reisenden, wie ihn Livingstone und Stanley verkörpert hatten, und dem Wissenschaftler, der einer speziellen Disziplin verpflichtet ist und sich um die Ordnung und Deutung seiner Beobachtungen bemüht. Insgesamt unternahm Frobenius elf Reisen nach Afrika; gleich die erste führte ihn in den Kongo, in das Gebiet des Kasai, jenes Nebenflusses des Kongo, der mit seinem Quellgebiet bis nach Angola reicht. Diese Expedition führte Frobenius in den Jahren 1904 bis 1906 durch; sie stand also noch am Anfang jener Fremdbeeinflussung, die auch am Kongo zu einer Veränderung der angestammtem Kultur führte. »Ja«, erinnerte sich Frobenius in späteren Jahren, »noch anno 1906 kam ich im Kassai-Sankurrugebiet in Dörfer, deren Hauptstraßen auf Meilenentfernung beiderseitig mit vielfachen Reihen von Palmenalleen eingefasst waren, deren Hütten eine wie die andere Kunstwerke entzückendster Flechterei und Schnitzerei waren. Kein Mann ohne prunkende Eisen- und Kupferwaffen mit touchierter Klinge und schlangenhautüberzogenem Griff. Allenthalben die Samte und Seidenstoffe. Jeder Becher, jede Pfeife, jeder Löffel ein Kunstwerk, durchaus würdig, den Vergleich mit den Schöpfungen des romanischen Stiles in Europa auszuhalten.«

Frobenius schwingt sich zu einer wahren Hymne auf, mit der er die traditionelle Kultur der Völker am Mittellauf des Kasai besingt: »Und doch das alles nur wie besonders zart und farbig schimmernder Flaum, der eine herrliche reife Frucht schmückt: den Gestus, das Gebaren, den Gesinnungskanon des gesamten Volkes vom kleinsten Kinde bis zum ältesten Manne in selbstverständlicher Abgegrenztheit, Würde, Grazie; bei den Familien der Fürstlichen und Wohlhabenden genau wie bei denen der Hörigen und Sklaven.

Ich kenne kein Volk des Nordens, das diesen Primitiven in solcher Ebenmäßigkeit der Bildung vergleichbar wäre.

Ach! auch diese letzte ›Insel der Seligen‹ wurde mittlerweile von den Sturzwellen europäischer Zivilisation überflutet. Und die friedliche Schönheit wurde fortgespült.«

Inzwischen waren fast dreißig Jahre vergangen, seit Frobenius jener Idylle, von der er noch im Alter schwärmte, ansichtig geworden war. Und jener Prozess der Überfremdung war auch im Kongo bereits weit fortgeschritten. Um so bedeutsamer sind die Aufzeichnungen der Völkerkundler, die noch das Glück hatten, die traditionelle Lebensweise der Eingeborenen, denen sie ihre Arbeit widmeten, vorzufinden. Soweit es den Kongo betrifft, waren gerade Deutsche maßgeblich an der Erforschung seiner Völker beteiligt. So ist neben Frobenius auch Georg Schweinfurth zu erwähnen, der bereits im 19. Jahrhundert ausgedehnte Reisen unternahm, in deren Verlauf er sich unter anderem auch der Erforschung der Mangbetu und Pygmäen widmete.

Es bleibt ein Verdienst des Weißen Mannes, nicht nur die Kultur des traditionellen Afrika dokumentiert und ihren Wert erkannt zu haben, sondern darüber hinaus auch die Geschichte des Afrikaners bis zu ihren Anfängen zurückzuverfolgen. Die Forschungen von Völkerkundlern, Sprachwissenschaftlern, Anthropologen und Archäologen gehen dabei Hand in Hand. Vielleicht die sensationellste Entdeckung: »Lucy«, die Urahnin des Menschen, von der alle Nachfolgenden abstammen, war Afrikanerin!

3

»Lucy« war keine Kongolesin; sie stammt aus Ostafrika. Der Kongo brachte keine spektakulären Funde zutage; wiewohl immer wieder die Nachricht von angeblich vorsintflutlichen Ungeheuern, die sich in irgendeiner unzugänglichen Ecke der Kongo-Wildnis bis in die Gegenwart hinübergerettet haben, durch die Medien geistert. Wissenschaftliche Erkenntnisse, die gewöhnlich weniger aufsehenerregender Natur sind, bleiben zumeist auf den engen Kreis der Fachleute beschränkt. Allein Museen, in denen die Wissenschaft ihre materiellen Funde einem größerem Publikum zugänglich macht, vermitteln der Öffentlichkeit einen Einblick in fremde Kulturen. Ein Umstand, den sich auch schon Leopold, der König der Belgier, zunutze machte, um dadurch seinen mehr handfesten Interessen am Kongo einen anspruchsvolleren Anstrich zu geben: bereits 1897 war es zu der Gründung eines sogenannten »Musée Royal de l'Afrique Centrale« gekommen, das den Zeugnissen der traditionellen Kultur am Kongo gewidmet war. Auch in Portugal gab es eine ähnliche Einrichtung, das »Museu Etnográfico do Ultramar«, das gar schon 1875 eingerichtet wurde. Freilich bezog sich dieses Museum nicht nur auf Afrika; hatten die Portugiesen doch im wahrsten Sinne des Wortes ein Weltreich begründet.

Mehr noch aber als Museen war es ein anderes Medium, das die Aufmerksamkeit der Öffentlichkeit erweckte. Es waren dies die Berichte jener kühnen »Recken«, die in ihrer draufgängerischen »Männlichkeit« fremde

Kontinente durchstreiften und mit unbekannten Völkern in Berührung kamen. Die Schilderung ihrer Abenteuer, die oft zu Bestsellern wurden, regten die Phantasie der Daheimgebliebenen an, und es entstand jenes Bild des barbarischen Wilden und einer ungezähmten Natur, das dem geneigten Leser einen wohligen Schauer über den Rücken jagte. Soweit es Afrika – und hier nicht zuletzt auch den Kongo – betrifft, so verstand es keiner besser als Stanley, das Publikum zu fesseln. Sein Bericht über die Durchquerung des Kontinents, von Sansibar bis zur Kongo-Mündung, legte den Grundstein für eine Afrikaliteratur, die nicht so sehr um sachliche Information bemüht ist, als vielmehr ein Klischee bedient, dessen sich schließlich auch Hollywood annahm. Hier war es vor allem der Amerikaner Edgar Rice Burroughs, der die Richtung wies: inspiriert durch Stanley, der 1890 seinen Bericht über seine zweite Expedition in den Kongo vorlegte, schuf Burroughs eine literarische Gestalt, die zum Inbegriff des Afrikaromans geworden ist. 1914 erschien »Tarzan of the Apes«; bis 1936 folgten 25 weitere Tarzan-Romane. Doch es waren weniger die Bücher, so erfolgreich sie auch waren – sie erreichten eine Auflage von 25 Millionen und wurden in 56 Sprachen übersetzt –, als vielmehr die Filme, zu denen sie den Anstoß gaben, was die Figur des Tarzan in aller Welt bekannt gemacht hat. Dabei ist Afrika beziehungsweise der Afrikaner eigentlich nur Kulisse: die Geschichte handelt von dem Sohn eines englischen Adligen, der – im Dschungel verschollen – von einer Horde Affen, die ihn adoptiert, aufgezogen wird und allerhand Abenteuer in der Wildnis – und mit Wilden – erlebt, ehe er die Bekanntschaft von Jane, der Tochter eines amerikanischen Wissenschaftlers, macht, die ihn becirct, so dass er sich aufmacht, sein aristokratisches Erbe anzutreten. Der eigentliche Schauplatz der Handlung ist jener Teil Afrikas, den Stanley bereits vor dem gebannten Auge des Lesers ausgebreitet hatte. Geheimbünde und versunkene Städte vervollständigen das Kolorit. Sie verwischen aber zugleich eine genauere geographische Zuordnung. Was bleibt, ist ein diffuses Bild, das den Mythos vom edlen Wilden auf die Tierwelt verlagert und damit einen Trend vorwegnimmt, der erst sehr viel später – mit dem Aufkommen der Umweltbewegung – Furore machen sollte.

Parallel zu dieser Abenteuerliteratur und ihrem filmischen Ableger, der das Gesicht Afrikas eher verzerrt, als ihm wirklich gerecht zu werden, ist ein anderes Genre zu nennen, das gleichfalls in der Literatur angesiedelt ist, doch in eine andere Richtung weist. Es geht weniger um Abenteuer als vielmehr um eine Reflexion, die um die Frage kreist: was ist das Wesen des Abenteuers, das man mit dem Kontinent Afrika verbindet? Am Anfang stand auch hier eine schwärmerische Begeisterung:

»Nun, als ich ein kleiner Junge war, begeisterte ich mich für Landkarten. Ich konnte stundenlang Südamerika oder Afrika oder Australien betrachten und mich in all den Ruhm der Entdecker und Forscher verlieren. Zu der Zeit gab es viele weiße Flecken auf der Landkarte, und wenn ich eine Stelle fand, die besonders verlockend aussah (aber sie sehen alle so aus), dann pflegte ich meinen Finger darauf zu legen und zu sagen: ›Wenn ich groß bin, dann werde ich mich dahin aufmachen.‹ Der Nordpol war einer dieser Orte, entsinne ich mich. Nun, ich bin noch nicht dort gewesen und werde es jetzt auch nicht versuchen. Der Ruhm ist verblasst. Andere Stellen waren über die Gegend des Äquator verteilt und fanden sich in allen möglichen Breitengraden über die beiden Hemisphären verstreut. Aber es gab noch einen – der größte, der, der am weißesten war, sozusagen –, der mich am meisten faszinierte.«

Es war die übliche Geschichte, in der Ära der Forschungsreisen, die eine Neuauflage jenes Vorläufers war, den man als das eigentliche Zeitalter der Entdeckungen bezeichnet. Damals, zur Zeit der Renaissance, waren es die Portugiesen und Spanier gewesen, die den Weg in neue Welten gewiesen hatten. Diesmal, am Vorabend der zweiten Welle kolonialer Expansion, die – wie schon beim ersten Mal – den Forschungsreisen folgte, waren es vor allem die Engländer, die die letzten weißen Flecken auf dem Globus – und die befanden sich vor allem im Herzen Afrikas – ausfüllten. So verwundert es nicht, dass sich von diesem Forscherdrang, der die Britischen Inseln erfasst hatte, auch ein Pole mitreißen ließ, den es nach England verschlagen hatte, wo er sich der Seefahrt verschrieb. Ehe er zu seinem eigentlichen Metier fand.

»Der Müßiggang eines Passagiers, meine Isolierung unter all diesen Menschen, mit denen ich keine Berührung hatte, das ölige und träge Meer, die eintönige Düsternis der Küste schienen mich von der Wahrheit der Dinge fernzuhalten, wie in einer traurigen und sinnlosen Täuschung. Der Lärm der Brandung, die man dann und wann hören konnte, war ein erlösendes Vergnügen, wie die Stimme eines Bruders. Es war etwas Natürliches, das einen Sinn machte, eine Bedeutung hatte. Dann und wann gab einem ein Boot, das sich von der Küste her näherte, das Gefühl einer vorübergehenden Verbindung mit der Wirklichkeit. Es wurde von schwarzen Burschen bewegt. Man konnte aus der Ferne das Weiß ihrer Augäpfel glänzen sehen. Sie stießen Rufe aus und sangen; ihre Körper waren schweißgebadet; sie hatten Gesichter wie groteske Masken – diese Burschen; aber sie waren aus Knochen, Muskeln und voller wilder Lebenskraft, einer lebhaften Energie, die sich in der Bewegung spiegelte, so natürlich und wahr wie die Brandung entlang der Küste.

Es bedurfte keiner Erklärung für ihr Erscheinen. Sie zu sehen war ein großer Trost. Eine Zeit lang fühlte ich dann, dass ich noch immer zu einer Welt einfacher Wahrheiten gehörte; aber das Gefühl hielt nie lange an. Etwas tauchte stets von neuem auf, um es zu verscheuchen. Einmal, erinnere ich mich, stießen wir auf ein Kriegsschiff, das vor der Küste ankerte. Es gab da nicht einmal eine Hütte, und man war dabei, den Busch zu beschießen. Es scheint, dass die Franzosen einen ihrer Kriege in der Gegend führten. Die Flagge hing schlaff wie ein Lappen; die Mündungen der langen 150-Millimeter-Kanonen ragten weit über den niedrigen Rumpf des Schiffes hinaus; die schmierige, schleimige Dünung ließ es träge auf- und niedertanzen, und die dünnen Masten schwankten. In der leeren Unendlichkeit von Erde, Himmel und Wasser schwamm es dort, unbegreiflich, und schoss in einen Kontinent hinein.«

Joseph Conrad hatte einen Blick für das Surreale einer solchen Szene. Sie ernüchterte ihn, und die Reise in den Kongo, die er unternahm, um sich einen Traum, den er seit seiner Jugend hegte, zu erfüllen, entpuppte sich als eine Reise in die Hölle. »Herz der Finsternis« nannte er die Geschichte, die er auf Grund seiner Erlebnisse schrieb. Sie geriet zur Parabel, die das Wesen des Menschen, dessen, der die Zivilisation im Gepäck hat, spiegelt. Eine Reise in die Abgründe der Seele, das ist es, wohin Conrad den Leser entführt. Der Kongo, die dunkle, wuchernde Natur und das Regime des Terrors, das der Mensch, der Zivilisierte, der sich dadurch entlarvt, über diese Natur und die Menschen, die in ihrem Schatten leben, errichtet – dies ist der Spiegel, den er uns vorhält:

»Wir drangen immer tiefer und tiefer in das Herz der Finsternis ein. Es war sehr still dort. Nachts war manchmal, hinter dem Vorhang der Bäume, das Dröhnen der Trommeln zu hören, das den Fluss entlangrollte und noch lange nachklang, so als schwebe es hoch über unseren Köpfen, bis der Morgen graute. Ob es Krieg bedeutete, Frieden oder ein Gebet, das konnte niemand sagen.«

Er hatte ihn gefunden, jenen weißen Flecken auf der Landkarte, aber es war nicht die Vision eines Traumes, was ihn erwartete. Francis Ford Coppola nannte es »Apocalypse Now«, und was er damit meinte, der amerikanische Regisseur, ließ die Erkenntnis aufkommen, dass sich die Geschichte wiederholt: was sich zu Zeiten, da Conrad den Kongo besuchte, zutrug, das inszenierten fast ein Jahrhundert später die Amerikaner in Vietnam. Im Namen der Freiheit, wie einst Leopold im Namen des Fortschritts:

»Jetzt hatte ich plötzlich eine klarere Sicht, und meine erste Reaktion war, dass ich mit dem Kopf zurückfuhr, als hätte mich ein Schlag getroffen. Dann ließ ich langsam das Fernglas von Pfahl zu Pfahl wandern und erkannte meine Täuschung. Diese runden Buckel waren keine Verzierungen, sondern Sinnbilder; sie waren ausdrucksvoll und verwirrend, erschreckend und verstörend – Nahrung für die Gedanken und Nahrung für die Geier, falls es welche gegeben hätte, die vom Himmel herabschauten; doch in jedem Fall für jene Ameisen, die begierig genug waren, die Pfähle emporzukrabbeln. Sie wären sogar noch eindrucksvoller gewesen, diese Köpfe auf den Pfählen, wenn ihre Gesichter nicht dem Haus zugekehrt gewesen wären. Nur einer, der erste, den ich entdeckt hatte, blickte in meine Richtung.«

Kurtz nannte sich der Bewohner des Hauses. Ihm galt die Reise von Marlow, dem Alter ego des Erzählers, Joseph Conrads, der – wie auch sein Protagonist – nicht eigentlich zum Vergnügen in das Herz Afrikas gereist war, sondern im Auftrag eines jener Unternehmen, die die Wildnis am Kongo mit den vermeintlichen Segnungen der Zivilisation beglückten. Und sich dazu Männern wie Kurtz bedienten, den man auch mit Hitler verglichen hat. Von dem Conrad freilich noch nichts ahnte. Der aber immerhin hinlänglich erklärt, was es mit jenen diabolischen Trophäen auf sich hatte, die das Anwesen von Kurtz schmückten. Es sollte nicht die letzte Barbarei bleiben, die sich die vermeintlichen Wegbereiter der Zivilisation, Weiße wie Schwarze, am Kongo leisteten. Nur hat sich dazu bislang noch kein Chronist gefunden. Vielleicht, weil die neuerlichen Barbareien sogar die alten übersteigen und selbst Conrad in seiner dichterischen Kunst überfordert hätten. So müssen wir uns mit nüchterner Prosa begnügen.

DRITTER TEIL

In tödlicher Mission

Das 20. Jahrhundert war überschattet von zwei Kriegen, die sich jeweils zu einem Weltenbrand ausweiteten, sowie einem Konflikt ideologischer Art, der als »Kalter Krieg« bezeichnet wurde. Man könnte auch sagen, Krieg war das Wesen dieses Jahrhunderts; auch wenn der Kalte Krieg, der die zweite Hälfte des 20. Jahrhunderts überschattete, in Gegenden ausgetragen wurde, die die beiden Weltkriege weitgehend verschont hatten. Das trifft nicht zuletzt für Afrika zu, obwohl es auch hier – sowohl im Ersten als auch im Zweiten Weltkrieg – zu Kampfhandlungen kam, die jedoch auf den Osten beziehungsweise Norden des Kontinents beschränkt blieben. Westafrika war eher ein Tummelplatz für Geheimdienste, denn die Vielzahl der Kolonien, die unterschiedlichen Mächten unterstanden, barg ebenso viele Chancen für die Achsenmächte wie Gefahren für die Alliierten. Davon konnte auch Graham Greene ein Lied singen, der es freilich auf seine Weise tat, indem er seine Erlebnisse und Beobachtungen zu einem Roman verklärte. Unter dem Titel *The Heart of the Matter,* »Das Herz aller Dinge«, gehört die Geschichte eines Polizeioffiziers, der sich in eine ehebrecherische Affäre verwickelt, was damals noch – zumal in England – als eine schwerwiegende Verletzung gesellschaftlicher Normen galt, zu den bekannteren Werken Greenes. Ihm, der er beständig mit dem Glauben rang, ging es freilich in erster Linie um ein religiöses Dilemma: kann man gleichzeitig zwei Frauen lieben und dennoch ein Christ sein, die Hoffnung hegen, dass einem dereinst das ewige Leben zuteil wird? Scobie, der Protagonist, entzieht sich der Frage, indem er Selbstmord begeht.

Eine periphere Episode, die mit dem Krieg, der an anderen Fronten tobt, nur den Umstand gemein hat, dass die Geliebte, eine Schiffbrüchige, das Opfer eines deutschen Torpedoangriffs wurde und sich Scobie ihrer ursprünglich eher aus Mitleid denn aus Leidenschaft angenommen hat. Es geht, trotz allem, eben eher britisch in Freetown, der einstigen Sklavenmetropole in Sierra Leone, zu. Greene war hier in den Jahren 1942/43 für den britischen Geheimdienst tätig, ein Posten, den er eher unfreiwillig bekleidete. Jedenfalls behagte er ihm nicht:

»Es gab da ein anderes Ereignis, dass ich nicht... [im] Notizbuch festhalten konnte und das mich anwiderte – das Verhör eines jungen skandinavischen Seemanns aus Buenos Aires, der im Verdacht stand, ein deutscher Agent zu sein. Ich wusste aus einem Bericht von einem Mädchen, das seine Geliebte in Buenos Aires gewesen war – wahrscheinlich eine Prostituierte, aber er war wirklich verliebt in seiner romantischen Weise. Wenn es sich herausstellte, dass er sauber war, könnte er zu ihr zurückkehren, erklärte ich ihm; wenn er nicht sprechen würde, würde er für die Dauer des Krieges interniert werden. ›Und wie lange, glauben Sie, wird sie Ihnen treu bleiben?‹ Es war ein Polizeijob, abermals ein Job für den MI 5 [Inlandsgeheimdienst]. Ich war ärgerlich, dass ich mich mit dieser Sache herumschlagen musste. Es war eine Art der schmutzigen Arbeit, für die ich nicht engagiert worden war. Ich gab das Verhör vorzeitig auf, ohne Ergebnis, voller Hass auf mich selbst. Er mag sogar unschuldig gewesen sein. Zur Hölle, dachte ich damals, mit dem MI 5.«

Es mochte ein schmutziges Geschäft sein, der Alltag geheimdienstlicher Tätigkeit, für den sich Greene hergeben musste, aber es stand das Schicksal nicht nur Englands auf dem Spiel: das Damoklesschwert des Totalitarismus schwebte über der Welt, nicht nur in Europa, auch in Asien und am Ende wohl auch in Lateinamerika. Da war ein Verhör, selbst wenn es sich um einen Unschuldigen handelte, dem eine Hure den Kopf verdreht hatte, eher ein harmloses Geschick, das einem Geheimdienstler widerfahren konnte. Sofern er nicht Romancier war; denn da achtet man auf die kleinen Dinge.

Anders als im Zweiten Weltkrieg, bei dem es in Westafrika um die Sicherung der Schifffahrtsrouten ging, was für das eigentliche Afrika nicht von Bedeutung war, hatte der Kalte Krieg, der dem Weltkrieg folgte, auch in Afrika selbst Auswirkungen, die besonders in Zentralafrika spürbar waren. Denn hier, insbesondere im Kongo, gab es reiche Bodenschätze, die auf einmal zur Disposition standen. Denn der Zweite Weltkrieg, in dem die Kolonialmächte arg gebeutelt wurden, hatte jenen Kräften Auftrieb gegeben, die nach nationaler Eigenständigkeit strebten. So dass sich die Kolonialmächte schließlich gezwungen sahen, dem Verlangen der Nationalisten nachzukommen. In rascher Folge wurden die einstigen Kolonien, die sich vor allem auf Afrika konzentriert hatten, in die Unabhängigkeit entlassen. Und da die Welt inzwischen in zwei neue Blöcke, Ost und West, gespalten war, setzte ein neuerliches Wettrennen um Afrika ein, bei dem es zwar nicht mehr um kolonialen Erwerb alten Stils ging, doch dafür um so mehr um die Sicherung von Rohstoffquellen, wozu man sich eines neuen Instrumentes bediente: neo-kolonialer Einflussnahme. Man unterstützte Kräfte in den noch jungen Staaten, die um ihre Konsolidierung rangen, mal links, mal rechts, der Westen gegen den

Osten, unter Zuhilfenahme von Marionetten, die man sich verpflichtete und zu Stellvertreterkriegen verleitete, die ein permanentes Chaos schufen.

Die Beute, um die man sich raufte, war beträchtlich – allen voran im Kongo: hier wurden 60 Prozent der gesamten Produktion von Uran, über die der Westen verfügte, gefördert, 75 Prozent der weltweiten Gewinnung von Kobalt und 70 Prozent der Industriediamanten. Außerdem gab es Gold und Edelsteine: doch was zählte, waren die strategischen Rohstoffe. Über sie zu verfügen, entschied über Sieg oder Niederlage. Wobei man sich letzteres nicht leisten konnte, denn Niederlage bedeutete Bedrohung durch die Atombombe. Um diese Gefahr zu bannen, war jedes Mittel recht.

2

Die Entwicklung des Kongo, die von der Kolonie in die Eigenstaatlichkeit führte, war also vorgezeichnet. Sie stand unter keinem guten Stern. Das wurde besonders deutlich am Schicksal eines Mannes, der zum Märtyrer verklärt worden ist. Ähnlich wie Che, dem er in der Tat ähnelte.

Geboren wurde Tasumbu Tawosa, denn das war sein eigentlicher Name, am 2. Juli 1925 in einem kleinen Dorf in der Provinz Kasai. Die Provinz Kasai lag ziemlich im Herzen des Kongo, doch es war nur ein kleiner Stamm, Tetela mit Namen, dem Tasumbu Tawosa entstammte. Es war dies ein Umstand, der nicht ohne Einfluss auf das Wirken Tawosas blieb, dem man schon in jugendlichem Alter den Spitznamen »Lumumba« gab, was soviel wie »Aufwiegler« bedeutet. Jedenfalls entwickelte Tawosa alias Lumumba schon früh ein Talent, das sich in einem unruhigen Geist und ungezügeltem Verhalten äußerte.

Nach dem Besuch einer Missionsschule nahm Lumumba zunächst in Kindu, einem Ort in der Nachbarprovinz Kiwu, eine Arbeit auf, die ihn jedoch nicht befriedigte. Weshalb er sich nebenbei dem Journalismus widmete, bis er – über den Umweg von Léopoldville, der Hauptstadt der Kolonie am Unterlauf des Kongo – nach Stanleyville überwechselte, womit er wieder in den östlichen Teil der Kolonie zurückkehrte. Hier begann er, sich politisch zu betätigen, indem er die örtliche Leitung einer kongolesischen, das heißt afrikanischen Gewerkschaft übernahm, die unabhängig von belgischen Dachorganisationen war. Zugleich wurde er Mitglied der Liberalen Partei Belgiens und hatte zudem die Möglichkeit, Belgien im Rahmen einer von der belgischen Regierung organisierten Reise, zu der einige Vertreter aus dem Kongo eingeladen wurden, zu besuchen. Die politischen Aktivitäten der Kongolesen bewegten sich zu diesem Zeitpunkt noch in gemäßigten Bahnen. So heißt es in einem Manifest, das im Juli 1956 von Wortführern der Afrikaner in Léopoldville veröffentlicht wurde:

Wir glauben an die Berufung des Kongo, in der Mitte des Erdteils Afrika zu einer großen Nation zu werden. Unsere nationale Berufung: daran arbeiten, im Herzen Afrikas eine neue, blühende und glückliche Gesellschaft aufzubauen, auf den Grundfesten einer alten, der Clan-Gesellschaft, die durch eine allzu rasche Entwicklung schwer erschüttert wurde und ein neues Gleichgewicht sucht. Dieses neue Gleichgewicht können wir nur in der Synthese unseres afrikanischen Charakters und Temperaments mit den tiefen Reichtümern der westlichen Zivilisation finden. Niemand kann diese Synthese anstelle der Kongolesen und für sie verwirklichen – mit der brüderlichen Hilfe der Westler, die im Kongo leben.

Weder forderte man einen radikalen Wandel noch einen Bruch mit der belgischen Regierung. Doch die ersten nationalen, afrikanischen Parteien entstanden. Zunächst die »Alliance des Bakongo«, die ein Vertreter des einst ruhmvollen Kongo-Stammes, Joseph Kasawubu, gründete. Die Kongo beziehungsweise Bakongo gehörten noch immer zu den bedeutenderen Stämmen des Kongo, obwohl ihr Reich im 17. Jahrhundert zerfallen war und der klägliche Rest des ehemaligen Kongo-Reiches auf der Berliner Konferenz, die über das Schicksal des Kongo entschied, der portugiesischen Kolonie Angola zugeschlagen wurde. Die »Allianz der Bakongo« war die Bewegung *eines* Volkes, nicht der Gesamtheit der Völker des Kongo. Deren Interesse zu vertreten – und somit die Einheit des Kongo zu erhalten – war das Ziel, das sich Lumumba setzte, als er 1958 mit dem »Mouvement National Congolais«, kurz »MNC« genannt, eine politische Partei gründete, die den Anspruch erhob, eine Bewegung *aller* Kongolesen zu sein. Lumumba, der sich nicht auf die Basis eines größeren Stammes stützen konnte, wählte somit eine Alternative, die die Völker des Kongo in einer Sammelbewegung einte. Er wurde in dieser Strategie, die sein weiteres politisches Handeln bestimmte, nicht zuletzt auch durch eine Konferenz bestärkt, die Kwame Nkrumah, der Wegbereiter einer panafrikanischen Bewegung, nach Accra in Ghana einberief, wo Nkrumah der Ministerpräsident eines unabhängigen afrikanischen Staates war. Ghana, die frühere Goldküste, hatte 1957 seine Eigenstaatlichkeit erlangt. Nkrumah gehörte zu den Gründungsvätern des neuen Afrika: sie waren nur wenige – neben Nkrumah ist noch Nasser zu erwähnen, Julius Nyerere, der Tanganyika, die einstige deutsche Kolonie, in die Freiheit führte, und schließlich Mandela –, und ihr Einfluss blieb begrenzt. Die Vision eines geeinten, sich in geordneten Bahnen entwickelnden Afrika, das sich an überkommenen Traditionen orientierte, erfüllte sich nicht. Ein Traum, der vor allem auch deshalb scheiterte, weil Kräfte, die von außen auf Afrika einwirkten, eine autarke und authentische Entwicklung, wie sie den Visionären vorschwebte, nicht zuließen. Lumumba, den man gleichfalls zu diesen bedeutenden Afrikanern zählen kann, bietet dafür ein krasses Beispiel. Wie auch die Wirkung dessen, der schließlich an seine Stelle trat, jene Korrumpierung und Verrottetheit der Politik in Afrika offenbart, wie sie heute das Gesicht Afrikas prägen. Der Westen, er vor allem, muss sich den Vorwurf gefallen lassen, dass er hoffnungsvolle, von Idealen getragene Ansätze der politischen Kultur in Afrika im Keim erstickte und Handlanger heranzüchtete, die zum Abschaum der Menschheit gehören. Wenn Afrika sich heute seiner Politiker schämen muss, dann hat der Westen allen Grund, selbst Einkehr zu halten. Wie auch immer die Bilanz des Kolonialismus, der direkten Herrschaft des Weißen Mannes zu werten ist: das, was danach kam – und von den Weißen *mit*zuverantworten ist, wo sie nicht gar die eigentlichen Strippenzieher waren –, stellt gewiss keine geringere Schmach dar. Das gilt es immer, sich vor Augen zu halten.

Nach der Rückkehr Lumumbas aus Accra brechen in Léopoldville Unruhen aus, für die Lumumba verantwortlich gemacht wird. Doch es handelte sich im wesentlichen um den Protest einer größeren Zahl von Arbeitern, die keine Beschäftigung hatten und die die Erklärungen Lumumbas über seine Erfahrungen bei der Konferenz in Ghana nutzten, um auf die Straße zu gehen. Die Force Publique, die Kolonialarmee, griff ein, es gab einige Tote, und damit wäre der Fall erfahrungsgemäß erledigt gewesen. Denn obwohl es nie eine wirkliche Aufstandsbewegung unter der Herrschaft der Belgier im Kongo gegeben hatte, war es doch verschiedentlich zu Aufruhr und Protestaktionen gekommen. Bemerkenswert in diesem Zusammenhang sind nativistische Bewegungen, die zwar einen christlichen Anstrich hatten, doch in der afrikanischen Tradition wurzelten; die bekannteste dieser Bewegungen, der »Kimbanguismus«, war 1921 entstanden, und nachdem vier Jahre später eine zweite, der »Kitwalla-Kult«, folgte, untersagte die Kolonialregierung derartige Vereinigungen. Bis zuletzt ließ sich Belgien von der Maxime leiten, dass die paternalistische Politik, die man verfolgte, dem Afrikaner nur nützen konnte. Man behandelte ihn wie ein Kind, mit einem gewissen Wohlwollen, aber auch der Strenge, wie man sie von den Eltern eines Kindes erwartete. Die Kongolesen waren unmündig, und sie sollten es bleiben. Doch die Zeiten hatten sich geändert: über Afrika wehte der Wind des Aufruhrs und der Revolution; Freiheit, das Recht auf Selbstbestimmung schien in greifbarer Nähe, und so beugte sich schließlich auch Belgien dem Unvermeidlichen. Wollte man nicht riskieren, wie Frankreich in Algerien und Vietnam, in blutige Konflikte verwickelt zu werden. Bereits am 13. Januar 1959, keine zehn

Tage nach den Unruhen in Léopoldville, verkündete der König, Baudouin: »In Fortsetzung unserer edlen Absicht sind wir heute entschlossen, die kongolesische Bevölkerung ohne schädlichen Aufschub, aber auch ohne unüberlegte Überstürzung zur Unabhängigkeit in Wohlstand und Frieden zu führen.« Ja, er bekannte: »In einer zivilisierten Welt bedeutet Unabhängigkeit einen Zustand, der Freiheit, Ordnung und Fortschritt vereinigt und garantiert.«

Ein bemerkenswertes Eingeständnis und eine radikale Kehrtwendung, auch wenn nicht beabsichtigt war, die Dinge zu überstürzen. Mahnte der König doch: »Sie [die Freiheit] ist nur vorstellbar mittels solider, gut ausgewogener Institutionen: erfahrener Verwaltungskader; einer gut eingeführten Sozial-, Wirtschafts- und Finanzorganisation in den Händen erprobter Techniker; einer intellektuellen und sittlichen Bildung der Bevölkerung, ohne die ein demokratisches Regime nur Verfall, Schwindel und Tyrannei bedeutet.«

Prophetische Worte, die eigentlich ein Eingeständnis der Versäumnisse bedeuteten, die den Belgiern anzulasten sind. Denn sie hatten genau das nicht getan, was Baudouin als Voraussetzung für das Gedeihen eines Staates forderte: es gab keine Techniker, keine Verwaltungsbeamten, keine erfahrenen Politiker, die das Zepter hätten in die Hand nehmen können. Ganze 290 Studenten besuchten, am Vorabend der Unabhängigkeit des Kongo, eine Universität. Auf das Ereignis, das Wortführer der Kongolesen (wenn auch nicht das Volk, das vielleicht klüger war, indem es sich an dem Gerangel, das schließlich in einem Chaos endete, nicht beteiligte) herbeisehnten, war niemand vorbereitet. Dennoch entschloss sich die belgische Regierung, unter dem Eindruck neuerlicher Unruhen, zu übereiltem Handeln: bereits im Januar 1960 wurde auf einer Konferenz in Brüssel die Entscheidung getroffen, den Kongo am 30. Juni des gleichen Jahres in die Unabhängigkeit zu entlassen.

In aller Eile wurden die notwendigen Maßnahmen zur Übergabe der Macht getroffen; Wahlen im Mai ergaben, dass der MNC, die von Lumumba gegründete Partei, die keine partikularistischen Interessen vertrat, bei den Wählern den größten Anklang fand. So dass Lumumba mit der Regierungsbildung betraut wurde und das Amt des Premierministers übernahm.

Der Staatsakt, bei dem die Entlassung des Kongo in die Unabhängigkeit vollzogen wurde und zu dem – neben dem belgischen Monarchen – illustre Gäste als aller Welt angereist waren, geriet zum Eklat, als Lumumba – in Erwiderung einer Rede des Monarchen, in der er die Verdienste Belgiens um das Wohl der Kolonie rühmte – ans Mikrophon trat, obwohl er als Redner gar nicht vorgesehen war, und die Gelegenheit ergriff, vor aller Welt das wahre Gesicht des Kolonialismus an den Pranger zu stellen. »Wir haben Hohn«, verkündete er, »Beleidigungen und Schläge ertragen müssen, morgens, mittags und abends, nur weil wir Neger waren. Wer wird vergessen, dass ein Schwarzer mit ›Du‹ angeredet wurde? Sicherlich nicht als Zeichen der Freundschaft, sondern weil das ehrenwerte ›Sie‹ den Weißen vorbehalten war! Wer wird die Erschießungen vergessen, denen so viele unserer Brüder zum Opfer fielen, die Verliese, in die jene geworfen wurden, die sich dem Regime von Ungerechtigkeit, Unterdrückung und Ausbeutung nicht mehr unterwerfen wollten?«

Lumumba schoss zwar mit seiner Anklage über das Ziel hinaus, denn der Kongo unter Leopold, der es allein auf Profit abgesehen hatte, war nicht der belgische Kongo, für den die Regierung in Brüssel die Verantwortung übernahm. Aber indem Lumumba unbequeme Wahrheiten, auch wenn sie sich auf die Zeit des ungeschminkten Kolonialismus bezogen, aussprach, hielt er dem Weißen Mann einen Spiegel vor, der ihn in den Augen der Farbigen in aller Welt bloßstellte. Dem Osten, unter der Hegemonie der Sowjets, die ihrerseits nicht schüchtern waren, wenn es um die Durchsetzung ihrer Ziele ging, konnte dies nur nützen. Zum Schaden oft derer, die sie unter ihre Fittiche nahmen. Das sollte auch Lumumba erfahren.

2

Man kann nicht sagen, dass Lumumba ein Kommunist war. Er wandte sich erst an die Sowjets, als alle anderen ihm Hilfe versagten. Allein das beweist schon, dass der Vorwurf, den man gegen ihn erhob, ungerechtfertigt war. Aber es ging nicht um Wahrheit und schon gar nicht um Moral, in der Politik. Was gefragt war, waren dubiose Manöver, die von *real*politischen Erwägungen bestimmt waren. Man traute Lumumba nicht, obwohl er das Vertrauen der Kongolesen genoss und sein Trachten allein darauf gerichtet war, seinem Lande zu nützen. Es war ein Fehler des Westens, dies nicht zu sehen und anzuerkennen. Dem Kongo – und so manchem anderen der »jungen Staaten« in Afrika und Asien – wäre das Chaos, das sie erwartete, erspart geblieben.

Im Kongo begann die Krise mit einer Meuterei der Armee, die aus der Force Publique hervorgegangen war. Das heißt, zunächst war die Kolonialarmee nur umbenannt worden: sie hieß nun *Armée Nationale Congolaise,* wurde aber weiter von belgischen Offizieren befehligt. Wie auch in der Verwaltung und der Wirtschaft Belgier weiterhin den Ton angaben. Die Rebellion richtete sich gegen die fortgesetzte Bevormundung durch die Weißen in der Armee, und obwohl sie schon bald beigelegt war, führte sie zu einer folgenschweren Entwicklung: die reiche Provinz Katanga im Südosten sagte sich vom übrigen Kongo los, und diesem Beispiel folgte auch die Nachbarprovinz Kasai, die wegen ihrer Diamantenvorkommen gleichfalls von erheblicher wirtschaftlicher Bedeutung war. Auslöser der Sezession war das Eingreifen belgischer Truppen, die der Gouverneur von Katanga, Moise Tschombé, zu Hilfe rief, um die meuternden Truppen zur Ruhe zu bringen. Im Verein mit der Union Minière, der einflussreichen belgischen Bergwerksgesellschaft, die die eigentliche Macht in Katanga darstellt, üben die belgischen Militärs Druck auf Tschombé aus, so dass dieser, zumal er auch seinerseits einer Abspaltung der von ihm geführten Provinz nicht abgeneigt ist, am 11. Juli, kaum zwei Wochen, nachdem der Kongo seine Unabhängigkeit erlangt hat, die Lösung vom Rest des Landes vollzieht.

Dies ist ein fatales Signal, wie die Provinz Kasai, die dem Beispiel Katangas folgt, beweist, und Lumumba versucht in verzweifelter Anstrengung, einen Zerfall des Kongo aufzuhalten. Er wendet sich zunächst an die USA um Hilfe; doch in Washington stößt er auf taube Ohren, man verweist ihn an die UNO. Diese entsendet in der Tat auch Truppen, doch sie unternehmen nichts, um die Rebellion im Osten des Landes zu unterdrücken. Was einer stillschweigenden Duldung der Sezession auch seitens der UNO gleichkommt. In seiner Not nimmt Lumumba das Angebot Chruschtschows, des sowjetischen Premiers, an, der Militärmaschinen bereitstellt, damit Lumumba loyale Truppen gegen die Aufständischen ins Feld führen kann. Die Provinz Kasai wird zurückerobert. Doch bevor es zu einem Showdown in Katanga kommt, wird Lumumba von Kasawubu, dem das Amt des Staatspräsidenten zugefallen ist und der eine Konfrontation mit dem Westen vermeiden möchte, seines Postens enthoben und unter Hausarrest gestellt.

Lumumba versucht, zu fliehen und sich nach Stanleyville im Osten des Landes, wo sich seine Anhängerschaft konzentriert, durchzuschlagen. Doch die Flucht misslingt: er wird von Verfolgern, die der neue Armeechef, Joseph Désiré Mobutu, der an die Stelle des belgischen Oberkommandierenden getreten ist, auf ihn hetzt, gestellt, im Triumph nach Léopoldville zurückgebracht und nach Katanga abgeschoben. Mobutu, ein ehemaliger Weggefährte Lumumbas, der sich auf die Seite seiner Gegner geschlagen hat, will sich – ebenso wie Kasawubu – nicht die Hände schmutzig machen. Denn die Würfel sind gefallen; da sind sich die Amerikaner, die UNO und die Belgier, die hinter den Kulissen agieren, einig. »Im Interesse der freien Welt«, teilt die Zentrale der CIA, des amerikanischen Geheimdienstes, in Washington ihrem Vertreter in Léopoldville mit, »haben wir beschlossen, dass die Beseitigung Lumumbas unser vorrangiges Ziel ist.« Man dachte an Unverfängliches, etwa an Zahnpasta, die mit Krankheitserregern versetzt war. Ähnliches führte man ja auch gegen Fidel Castro, den aufmüpfigen Revolutionär vor den Toren der USA, im Schilde: ihm sollten vergiftete Zigarren den Garaus machen. Hier wie dort funktionierten die einfallsreichen Tricks der CIA nicht. Und so überließ man es denn den Belgiern, die ohnehin mit dem Terrain im Kongo vertraut waren, die nötigen Schritte zu unternehmen. Die Belgier erklärten das Unternehmen, das unter der Bezeichnung »Operation Barrakuda« figurierte, gewissermaßen zur Chefsache, denn kein Geringerer als der Minister für afrikanische Angelegenheiten in Brüssel schaltete sich ein und erteilte Anweisungen. Nicht nur drängte er Léopoldville, Lumumba nach Katanga zu schaffen, wo die Belgier das Sagen hatten, er hatte auch Oberst Marlière, das belgische Pendant zum Agenten der CIA, die Anweisung erteilt, für eine »definitive Eliminierung Lumumbas« zu sorgen. Was denn auch, ohne dass Tschombé, der nur eine Marionette der Belgier war, es wagte, sich dem entgegenzustellen, unverzüglich in die Tat umgesetzt wurde. Wie sich einer der Zeugen des Geschehens, der Finanzminister Kibwe im Kabinett Tschombé, erinnert:

»Das musste sehr diskret passieren, damit niemand aufmerksam wurde. Die Leute wurden abgeholt und dann zum Präsidentenpalast gebracht. Es war abends, gegen 20.00 oder 20.30 Uhr. Vom Präsidentenpalast sind sie zu dem Ort der Hinrichtung gefahren. Auf der Strecke nach Jadotville, heute Likasi, 50 Kilometer weit, haben sie eine Abzweigung genommen, die zur Elektrizitätszentrale geht. Und dort haben sie die Leute mit Maschinenpistolen hingerichtet. Verscheure mit den drei belgischen Polizisten führte das Kommando. Man hatte ein Loch gegraben und hat sie vor das Loch gestellt. Man hat geschossen, und sie sind in das Loch gefallen.«

Die »Leute«, das waren Lumumba und zwei seiner Minister, die sein Schicksal teilten. Verscheure gehörte zu den belgischen Schergen vor Ort: die Belgier führten das Kommando! Belgier waren es auch, die für das Verschwinden der Leichen sorgten; man wollte keine Spuren hinterlassen. »Wir haben die Körper in Stücke geschnitten«, berichtet der Belgier Soete, der damals Polizeikommissar in Katanga war. »Der größte Teil wurde aufgelöst, und den Rest haben wir verbrannt. Wir mussten das tun, ohne dass die Schwarzen das sahen. Mitten im Wald. Das ist auch ein Problem, wir waren zu zweit und mussten alles alleine machen: Die Leichen ausgraben, sie in Stücke schneiden, sie vernichten – niemand durfte etwas wissen. Und tatsächlich hat niemand etwas erfahren.«

Mit Äxten und Sägen ausgerüstet, dazu noch Schwefelsäure, »with the compliment«, wie der Engländer sagt, der Union Minière, die die Säure zur Verfügung stellte, konnte nichts schief gehen: selbst der Tod Lumumbas wurde erst Wochen später bekannt, am 13. Februar 1961. Der Mord hatte sich bereits am 17. Januar ereignet. Was die Belgier in die Hand nahmen, funktionierte. Das hatte schon ihr König seligen Angedenkens, der umtriebige Leopold, bewiesen.

3

Mit dem Tode Lumumbas schien die Gefahr gebannt, dass die Sowjets im Herzen Afrikas Fuß fassten. Der Westen feierte einen Sieg. Doch es tauchte ein neuer Gegner auf – von unerwarteter Seite. Sein Name: Dag Hammarskjöld. Nationalität: Schwede. Mission: Frieden in der Welt. Sein Amt: UNO-Generalsekretär. Die UNO, als Nachfolgeorganisation des Völkerbundes, war eine unmittelbare Folge des Grauens und des Chaos, das der Zweite Weltkrieg angerichtet hatte und das der Völkerbund nicht hatte verhindern können. Die große Konfrontation, zwischen Ost und West, die die neue Ordnung überschattete, die nach dem Kriege entstanden war, konnte die UNO zwar abwenden, und das war kein geringes Verdienst. Doch die Stellvertreterkriege, die anstelle der direkten Konfrontation ausgetragen wurden, konnte die UNO nicht verhindern; sie hielten sie ständig in Atem, so dass sie zu anderem, wie dem Einsatz für Aufbauarbeiten, dem Schutz von Menschenrechten, der Förderung der Stellung der Frau, nicht kam: diesen Aufgaben wurde sie nicht gerecht, sie hinkt ihnen ständig hinterher.

Die lokalen Konflikte, die sich in der sogenannten farbigen Welt entzündeten, überforderten nicht selten die Kräfte der UNO. Vor allem deshalb, weil die Hintermänner, die Strippenzieher im Sicherheitsrat, dem eigentlichen Entscheidungsorgan der UNO, entweder kein Interesse daran hatten, die schwelenden oder auch lodernden Konflikte zu beenden, oder sich nicht auf eine Lösung einigen konnten. Es drängte auch niemanden allzu sehr, denn der Sicherheitsrat, das waren die Weißen, und die Brandherde befanden sich durchweg in Afrika, Asien und Lateinamerika. Da drückte der Schuh, im erlauchten Gremium, nicht wirklich. Und so zogen sich die Kriege hin, und es kamen immer neue dazu. Die Waffenlobby war's zufrieden, und auch die Medien kamen, indem sie die Öffentlichkeit in Atem hielten, auf ihre Kosten. Es eilte wirklich nicht, sich einmal ehrlich und aufrichtig ins Zeug zu legen.

Einer, der das – und dies auch nur ansatzweise – versuchte, musste am eigenen Leibe erfahren, was es heißt, aus der Reihe zu tanzen. Hammarskjöld bezahlte seinen Anlauf mit dem Leben.

Der Tod des ehemaligen Generalsekretärs ist von Geheimnissen umgeben.

Nicht von ungefähr: nicht einmal die Schweden haben ein Interesse daran, die ominösen Umstände seines Todes aufzuklären.

Als Hammarskjöld 1953 sein Amt als Generalsekretär der UNO antrat, beging er den ersten Fauxpas: er säuberte die Organisation von Spitzeln, mit denen die USA sie durchsetzt hatten. Sodann widersetzte er sich einem Manöver der USA, ein unbequemes Regime in Mittelamerika – es handelte sich um die Regierung Arbenz in Guatemala, die es gewagt hatte, erdrückende amerikanische Wirtschaftsinteressen zu beeinträchtigen – aus dem Sattel zu heben. Trotzdem wurde Hammarskjöld 1957 durch Wiederwahl in seinem Amt bestätigt. Doch diesmal hatte er weniger Glück, als sich im Herzen Afrikas eine Entwicklung anbahnte, die alsbald als »Kongokrise« im Blätterwald der Medien gefeiert wurde. Lumumba, mit seinem revolutionären Elan, entsprach nicht dem Bild eines Führers in den Ländern der farbigen Welt, das Hammarskjöld schätzte. Er war ein Vertreter des konservativen Bürgertums, zudem als Schwede auf friedlichen Konsens gepolt. So zögerte er, dem Hilfeersuchen Lumumbas zu entsprechen; abgesehen davon, dass es letztlich der Sicherheitsrat war, der über etwaige Einsätze, als Friedensmission, entschied. Hammarskjöld sympathisierte jedoch mit dem zentralistischen Konzept, das Lumumba zur Sicherung der Einheit des Kongo vertrat, und er missbilligte entschieden, dass Lumumba schließlich ermordet wurde.

Als die Krise im Kongo sich weiter zuspitzte, denn der Gegensatz zwischen der Zentralregierung und der abtrünnigen Provinz Katanga blieb bestehen, entschloss sich Hammarskjöld zu einer persönlichen Vermittlung. Er flog nach Léopoldville, um dort mit der Zentralregierung unter Kasawubu beziehungsweise Cyrille Adoula, der auf den Posten Lumumbas nachrückte, Verhandlungen zu führen und sich dann zu einem Treffen mit Tschombé, dem Machthaber in Katanga, zu begeben. Für die Zusammenkunft mit Tschombé hatte man einen neutralen Ort, Ndola, im damaligen Nordrhodesien und heutigen Sambia, ausgewählt. In Begleitung seines Mitarbeiterstabs begab sich Hammarskjöld am 17. September 1961 auf seine Reise nach Rhodesien. Er kam nie an.

Was genau geschah, ist erst sehr viel später bekannt geworden. Ein ehemaliger UNO-Beamter, der zu der fraglichen Zeit im Kongo tätig war, berichtet: »Das Hammarskjöld-Flugzeug war schon am Vortag, am 16. 9., unter Feuer geraten, beim Landeanflug auf Léopoldville. Der Anschlag misslang. Am 17. 9., beim Landeanflug auf die Rollbahn in Ndola, zerschellte das Flugzeug.« Und er fährt fort: »Waffen? Logistik? Bevor die UNO sie hatte, besaßen die Söldner längst die nötigen Mittel: ihre NATO-Gewehre waren belgischer Herkunft und von der neuesten Bauart – die Gewehre der UNO kamen aus Indien, aus dem Jahre 1918. Die gepanzerten Wagen der

Killer um Tschombé hatten deutsches Format, Marke Mercedes [...]« Deutscher Herkunft war auch ein Gerät besonderer Art: »Die UNO war hilflos, auch in der Luft – keine Aufklärungsarbeit, kein einziger Jäger. Dafür kurvten die Söldner mit Jets durch die Wolken, ein Modell namens ›Fouga‹, in München gefertigt. Sie griffen uns an, beharkten die UNO in Tiefflugattacken oder schmissen mit Bomben. Wir zählten die Leichen, sie zählten Geld – der Lohn kam aus Brüssel, aus Paris und aus London, von dort, wo die Börse das Kupfer notierte und militärische Kreise Uran-Nachschub brauchten.«

Mit anderen Worten: man wollte auf Nummer Sicher gehen und verhindern, dass es zu einer Einigung kam, Tschombé einlenkte und die Einheit des Kongo gewahrt wurde. Die sichere Karte war Katanga als selbständiger Staat, den man aus der Taufe gehoben hatte und den man folglich auch weiterhin, zu eigenem Nutzen, lenken konnte. Hammarskjöld drohte, dieses Szenario zu durchkreuzen. »Von den beiden ›Fouga‹ gelang es nur einer, Hammarskjölds Maschine zu finden. Der Name des Piloten war Beukels [...]« So die Aussage eines weiteren Zeugen, der sich auf das Geständnis der Beteiligten stützt. »Er [der Pilot] befand sich oberhalb Dags Maschine, vertikal hinter ihr, als er seine Suchscheinwerfer einschaltete und den Piloten aufforderte, die Landung abzubrechen.« Die Maschine befand sich auf dem Landeanflug auf Ndola. Angeblich wollte man verhindern, dass die Maschine landete, und sie stattdessen nach Katanga umleiten. Wie auch immer, das Manöver misslang: »[...] mehrere Schüsse trafen das Seitenruder. Die DC 6 schien vom Kurs abzukommen, und der Pilot kämpfte gegen das Schlingern. Darauf stürzte... [die Maschine] ab und zerschellte im Wald.«

Der Absturz ist ein Faktum, über die Ursache wird gerätselt. Obwohl es nicht schwer ist, das Rätsel zu lösen. Hammarskjöld, ein Schwede und noch dazu Generalsekretär der UNO, war zwar nicht Lumumba, Afrikaner und abgesetzter Premier, aber das hinderte niemanden, nicht nur seine Friedensbemühungen zu torpedieren, sondern offensichtlich auch zum letzten Mittel zu greifen: ihn, als unbequemen Makler, aus dem Wege zu räumen. Die UNO hat schon 1961 ihre Unschuld verloren.

4

Im Sommer 1964 war in Zeitungen, die in Paris und London, in Johannesburg und Kapstadt erschienen, eine Anzeige folgenden Wortlautes zu finden:

Jeder sportliche junge Mann, der eine Beschäftigung der besonderen Art mit einem Gehalt weit über dem Üblichen sucht, sollte unter der Nummer 838-

5202 während der Geschäftszeiten anrufen. Die Beschäftigung wird zunächst für sechs Wochen angeboten. Sofortiger Beginn.

So unverfänglich der Wortlaut, so klar war doch die Botschaft: diejenigen, die sich angesprochen fühlten, wussten, worum es ging. Viele hatten nur darauf gewartet und vorsorglich entsprechende Vorkehrungen getroffen: »Einige Söldner waren auf Abruf bereit. Eine größere Gruppe war, nach dem Fall von Katanga, so sicher gewesen, dass sie bald wieder gebraucht werden würde, dass die Leute einfach einen Güterzug mit ungefähr 10.000 Gewehren und einem halben Dutzend Flugzeugen beladen hatten und über die Grenze von Elizabethville nach Dilolo in Angola gezuckelt waren. Dort führten sie Gelegenheitsarbeiten für Salazar gegen die angolanischen Rebellen aus und warteten. Als *le Patron* sie rief, waren sie in wenigen Stunden wieder zur Stelle.«

»Le Patron«, das war Moise Tschombé, der Parteigänger des Westens, der die Abspaltung Katangas betrieben hatte. Inzwischen war die Sezession der abtrünnigen Provinz, nachdem die UNO schließlich militärisch eingegriffen hatte, zwar beendet. Aber das bedeutete nicht, dass der Kongo zur Ruhe gekommen war. Die Anhänger Lumumbas hatten ihrerseits die Schwäche der Zentralregierung genutzt, um neue Fronten der Sezession aufzumachen. Sie erhielten Unterstützung vor allem aus dem kommunistischen China; aber auch Kuba engagierte sich: Kein Geringerer als Che Guevara solidarisierte sich mit den Rebellen und begab sich in den Kongo, um seine Erfahrungen im Guerilla-Kampf einzubringen. Doch das war, als der Stern der Aufständischen bereits zu sinken begann; daran konnte auch der legendäre Revolutionär aus dem fernen Lateinamerika nichts mehr ändern. Immerhin: die Rebellen hatten es geschafft, in Stanleyville eine Gegenregierung zu bilden und einen eigenen Staat, den sie »Volksrepublik Kongo« nannten, auszurufen. Er wurde prompt durch eine Reihe kommunistischer Staaten anerkannt.

Der Westen verfolgte die neuerliche Krise im Kongo mit Sorge, und als sich die Regierung in Léopoldville unfähig erwies, mit den Rebellen, die offene Sympathie für die kommunistischen Mächte zeigten, von deren Hilfe sie profitierten, fertig zu werden, übte man Druck auf Kasawubu, den kongolesischen Staatspräsidenten, der alle Stürme unbeschadet überstanden hatte, aus und bewog ihn, sich mit Tschombé, der nach seiner Niederlage in Katanga ins Exil gegangen war, zu arrangieren. Er erhielt Amnestie, kehrte in den Kongo zurück und trat am 10. Juli 1964 die Nachfolge von Adoula an, dem es zwar gelungen war, die Katanga-Krise zu meistern, der aber mit der neuen Bedrohung nicht fertig wurde.

Tschombé hatte einige wesentliche Trümpfe im Ärmel. Da war zum einen der Westen, allen voran die USA und Belgien, als deren getreuer Verbündeter und Erfüllungsgehilfe er sich während seiner Statthalterschaft in Katanga erwiesen hatte. Sie rüsteten ihn massiv mit militärischem Gerät aus. Und dann waren da die weißen Söldner, die Tschombé in Katanga unter die Arme gegriffen hatten, als die Belgier ihre Truppen abzogen. Die Söldner hatten am Ende sogar gegen die UNO gekämpft, weil diese sich schließlich aufgerafft hatte, für den Erhalt des Kongo, der sich in Chaos aufzulösen drohte, einzutreten. Eine paradoxe Situation, da doch die UNO letztlich ein Instrument des Westens war und die Söldner aus den gleichen Ländern stammten, die die UNO manipulierten.

Aber es war die große Zeit der *Soldiers of Fortune,* »Soldaten des Glücks«, wie man sie nannte. In Afrika, wo es an allen Ecken und Enden brannte, waren sie heißbegehrt. Die fünfte Kolonne des Westens, die zwar angeblich für ein hehres Ziel, Freiheit und Demokratie, kämpfte, tatsächlich aber sich vor jeden Karren spannen ließ, solange sich der Einsatz lohnte. Mit Che, der zwar ein Heißsporn, aber auch ein Idealist war, waren *les affreux,* »die Schrecklichen«, wie man die Söldner auch nannte, nicht zu vergleichen: »Sie meldeten sich mit Begeisterung – in Johannesburg waren es mehr als tausend, die sich bewarben. Ungefähr 250 wurden dort angenommen, dazu kamen noch einmal zweihundert, die von überall her kamen. Ehemalige Freiheitskämpfer aus Ungarn meldeten sich. Der CIA, der den Kommunistenfeind Tschombé verehrte, schätzte sich glücklich, ihm die besten Piloten, die bei der fehlgeschlagenen Invasion in der Schweinebucht [auf Kuba] im Einsatz gewesen waren, zu besorgen. Weiße Rassisten aus Rhodesien, Angola und Frankreich verpflichteten sich. Ehemalige Kämpfer gegen die Mau-Mau kamen von Kenia herüber. Engländer, Polen, Belgier, Deutsche, Amerikaner, Kanadier; ehemalige Wehrmachtsangehörige und Mitglieder der SS, ausgemusterte NATO-Piloten, Fremdenlegionäre, Menschenhändler, ein schwarzer Kunstflieger aus Harlem – sie waren Berufssoldaten, Zuhälter, Perverse, Abenteurer, Sadisten, Alkoholiker, Homosexuelle, schwere Jungs. Sie kämpften um Geld, um Abenteuer, um des Kicks willen, um den Tod herauszufordern, Selbstmord zu begehen, gegen den Kommunismus anzutreten, für die Vorherrschaft der Weißen, weil sie Schwarze hassten, weil es ihnen Spaß machte zu töten. Die meisten befanden sich auf der Flucht, mussten sich vor jemandem in Sicherheit bringen, hatten etwas ausgefressen, irgendwo. Aber alle waren sie erfahrene Kämpfer. Sie hatten ihre Erfahrungen in Kuba gesammelt, in Dien Bien Phu, Korea, Malaya, Budapest, Algerien, im Zweiten Weltkrieg und in vielen Fällen in Katanga. Militärexperten der regulären Armeen gaben vor, sie zu verachten – aber inoffiziell zählten sie sie zu den besten Kämpfern, die es gab.«

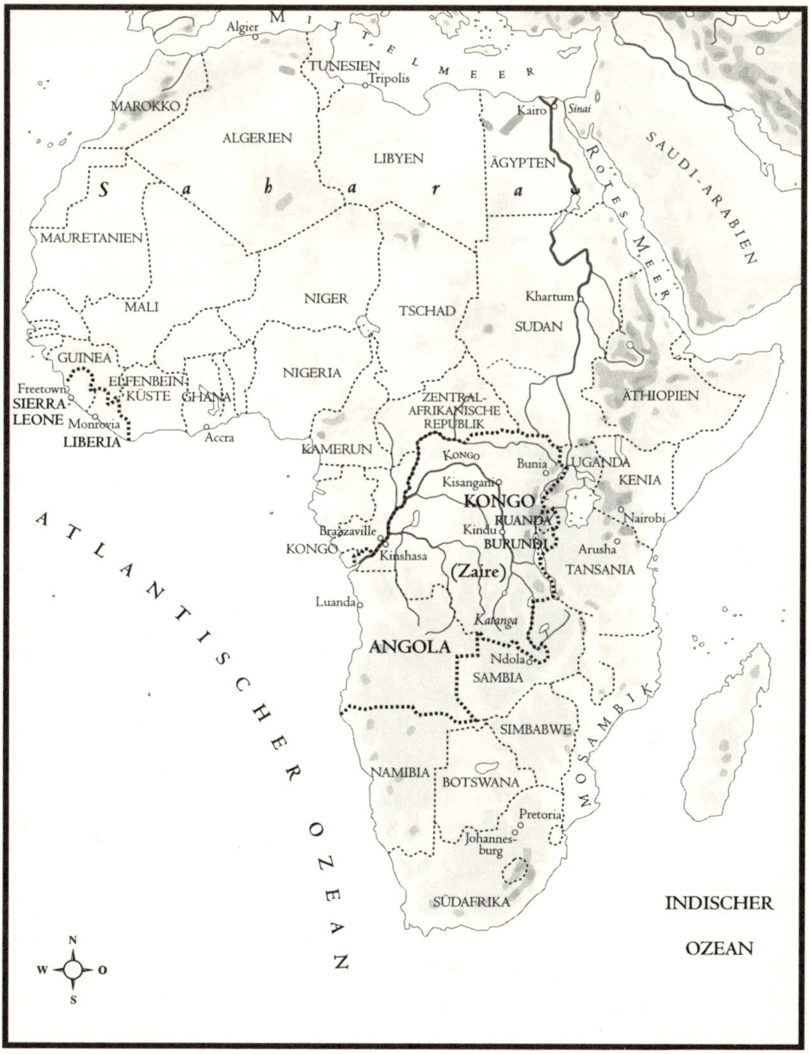

Kartographie: www.kalimedia.de

AFRIKA
Nationalstaaten

Landhöhen in Meter
3000 - 5000
2000 - 3000
1000 - 2000
500 - 1000
200 - 500
0 - 200

.... Grenze des Untersuchungsgebietes

0 500 1000 km

Maßstab: 1: 80 Mio.

Neben der französischen Fremdenlegion waren die weißen Söldner, die sich dem Meistbietenden anboten, die schlagkräftigste Truppe, die sich auf den Schlachtfeldern in Afrika tummelte. Und Afrika war ein lohnendes Pflaster: kaum ein Staat, der in die Unabhängigkeit entlassen worden war, der nicht diese dazu nutzte, in heillosem Chaos zu versinken. Mit bewährter Hilfe, versteht sich.

Im Kongo dauerte der neuerliche Krieg, der diesmal nicht im Süden, sondern im Osten geführt wurde, noch einmal ein Jahr. Wenigstens war das die Zeit der blutigsten Kämpfe; auf kleinerer Flamme zog sich der Krieg auch noch über sein vermeintliches Ende hin.

Nachdem die Rebellen aus Vorposten, die sie besetzt gehalten hatten, zurückgedrängt worden waren, konzentrierte sich der Kampf auf Stanleyville, die Hochburg der »Kommunisten«. Ihr Anführer war Christophe Gbényé, ein ehemaliger Weggefährte Lumumbas, der ihn als Innenminister in sein Kabinett genommen hatte. Nach dem Sturz Lumumbas war Gbényé nach Brazzaville auf der anderen Seite des Flusses übergewechselt, wo sich – nachdem auch hier die Unabhängigkeit errungen worden war – schließlich eine lingsgerichtete Regierung etablierte, die sich zu einem als »wissenschaftlicher Sozialismus« verbrämten Kommunismus bekannte. In Brazzaville gründete Gbényé mit einigen Getreuen, die gleichfalls das Erbe Lumumbas hochhielten, während sie sich gleichzeitig dem Kommunismus zuwandten, dem Lumumbismus also eine radikale Wendung gaben, einen sogenannten *Conseil National* de *Libération,* einen »Nationalen Befreiungsrat«, der ihnen als Plattform für ihre Rebellenbewegung diente. Nach beachtlichen Anfangserfolgen konnte Gbényé schließlich in Stanleyville, das die eigentliche Machtbasis Lumumbas gewesen war, ein eigenes Regime bilden, das Léopoldville die Stirn bot. Die Zeichen standen nicht nur auf Sturm: der Kongo-Konflikt, der sich zu einer Dauerkrise ausgeweitet hatte, drohte auch zu einer Konfrontation zwischen Ost und West zu werden. Freilich in einer neuen Form, die Schule machen sollte: die Großmächte, die die eigentlichen Drahtzieher waren, vermieden es tunlichst, einander direkt gegenüberzutreten. Die Kuba-Krise, die die Welt an den Rand eines Atomkrieges gebracht hatte, steckte noch allen in den Gliedern. Man bediente sich willfähriger Bauern, die man nach Gutdünken manipulierte, um seine eigenen Schäfchen ins Trockene zu bringen. Um das Schicksal der Marionetten, die man benutzte, oder gar der Völker, die sie repräsentierten beziehungsweise ihrerseits manipulierten, kümmerte man sich nicht. Weder der Osten noch der Westen. Es genügte, sich in hochtrabenden Floskeln und Parolen zu ergehen, während die eigentlichen Leidtragenden die Völker waren, die in diesen Stellvertreterkriegen verheizt wurden.

Im Kongo waren es nur 20.000 Todesopfer, die zu beklagen waren. Das bezieht sich auf die Gesamtzeit der Dauerkrise, die die ersten Jahre der Unabhängigkeit des Kongo überschattet, und ist – gemessen an dem, was heute im Kongo geschieht – eher »bescheiden« (zur Erinnerung, wir werden aber darauf auch noch im einzelnen zurückkommen: in den vergangenen fünf Jahren – also einer vergleichbaren Zeit – sind 2,5 *Millionen* Kongolesen ständigen Unruhen zum Opfer gefallen; ein Indiz nicht nur für die anhaltende Instabilität in diesem Land, sondern auch für eine erschreckende, geradezu explosionsartige *Zunahme* der Gewalt).

So vergleichsweise gering die Zahl der Opfer des Bürgerkrieges zu Beginn der Eigenstaatlichkeit des Kongo auch war, so zeichnete sich auch damals schon dieser Krieg durch einen Exzess an Brutalität aus. Und zwar auf beiden Seiten; Pardon wurde nicht gegeben. Hier der Bericht eines Söldners:

»Als wir von einem Hügel aus die Stadt sahen, erschien sie uns als ein schöner Ort mit vielen modernen Villen und Geschäftshäusern der Weißen, die in der Hitze des Abends schimmerten. Wir hatten gehört, dass alle Europäer von den Rebellen über den Fluss geschafft worden waren und dass die meisten der afrikanischen Frauen und Kinder in den Busch geflüchtet waren. Aber offensichtlich befanden sich Leute da unten, also hielten wir wie üblich mit allem, was wir hatten, drauf – Gewehren, MGs, Raketenwerfern, die ganze Chose.

Als wir in die Stadt donnerten, gab es ein wildes Durcheinander, als die Afrikaner auseinanderstoben und versuchten zu entkommen. Aber nur wenige schafften es. Unzählige wurden niedergemäht, als wir uns näherten. Und dann waren wir unter ihnen. Sie leisteten keinerlei Gegenwehr. Wir töteten einfach, bis wir, als es dunkel geworden war, glaubten, dass es niemanden mehr gab, der überlebt hatte.«

Die Rede ist hier von der Rückeroberung Kindus, eines Ortes am Lualaba, dem Oberlauf des Kongo, den die Aufständischen in ihre Gewalt gebracht hatten. Die Söldner, die am 4. November 1964 Kindu besetzten, waren auch am Morgen noch nicht mit ihrer Arbeit zu Ende:

»Am Morgen erkannten wir, dass eine große Anzahl der Rebellen sich in hohem Buschwerk in der Nähe versteckt hielt. Wir bildeten eine lange Reihe und holten sie raus. Die meisten von ihnen waren nur Kinder. Wir wussten, dass im Kongo ein Siebzehnjähriger ein ausgebildeter Killer sein konnte; doch diesmal schossen wir nicht sofort, sondern trieben die Unverletzten zusammen, um sie zu verhören, und töteten nur die Verwundeten, wo wir sie fanden.

Als wir das Verhör beendet hatten, befahlen wir den Überlebenden, uns zu helfen, die Leichen in den Lualaba zu werfen. Wir hofften, dass sie flussabwärts Richtung Stanleyville treiben würden als eine Warnung für die Aufständischen dort. Dann trieben wir die lebenden Afrikaner in Einbäume und befahlen ihnen, sich hinzuhocken, um zu sterben. Sie gaben keinen Ton von sich – sie blickten uns nur mit ihren großen braunen Augen an. Wir mähten eine Bootsladung nach der anderen nieder. Dann schoben wir die Boote auf den Fluss hinaus und schickten auch sie den Fluss hinab in Richtung Stanleyville.«

Die Szene erinnert an das Massaker in Nyangwe, in der gleichen Gegend, dessen Zeuge Livingstone geworden war. Damals waren es Araber gewesen, Sklavenjäger, die die Eingeborenen abgeschlachtet hatten. Diesmal geschah das Hinschlachten zu vermeintlich höherem Ziel. Wobei man den Söldnern, so wenig Sympathie man für sie empfinden kann, konzedieren muss, dass sie nicht auf Gnade hoffen konnten, wenn sie in die Hände der Rebellen fielen. Es wurde nicht nur kein Pardon gegeben, in diesem wahrhaft schmutzigen Krieg (aber welcher Krieg ist das nicht?), die Aufständischen waren auch ihrerseits nicht gerade zimperlich, wenn es darum ging, ihrer Vorstellung von Krieg Geltung zu verschaffen. Was nicht nur die Söldner, die ihnen in die Hände fielen, zu spüren bekamen, sondern – und dies vor allem – weiße Geiseln, die vom Ausbruch der Kämpfe überrascht worden waren und an denen die Rebellen Vergeltung übten. Dazu gehörten nicht zuletzt auch Missionare und Nonnen, die im Kongo auch unter den Belgiern ein weites Betätigungsfeld gefunden hatten. Sie mussten nun dafür herhalten, dass der Weiße Mann noch immer nicht einsichtig genug war, dem Afrikaner seinen eigenen Weg zuzugestehen. »Gefangene Priester und Nonnen«, heißt es in einem zeitgenössischen Bericht, »wurden gezwungen, sich vor aller Augen nackt auszuziehen und sich geschlechtlich zu vereinigen, ehe man sie sexuell verstümmelte. Andere wurden einfach kastriert oder brutal geschlagen und verstümmelt. In einem letzten Wutanfall begannen die Simbas, ihre Gefangenen aufzuessen.« Auf diese Weise starben 45 Weiße, die von den Rebellen verschleppt worden waren, als belgische Fallschirmjäger Stanleyville besetzten, um ein noch größeres Blutbad zu verhindern.

Das war am 24. November 1964. Als die Stadt, die zur Hochburg der Rebellen wurde, am 8. August gefallen war, bedeutete dies, dass fast anderthalbtausend Weiße der Gefahr ausgesetzt waren, als Geiseln zu dienen. Und als sich die Lage schließlich zuspitzte, weil Regierungstruppen und Söldner sich der Stadt näherten, versuchte Gbényé, die Weißen als Schutzschild zu gebrauchen. Und er drohte: »Als Fetische werden wir die Herzen von Belgiern und Amerikanern am Hals tragen, und wir werden uns die Haut von Belgiern und Amerikanern überziehen! » Keine leere Drohung; jedenfalls kannten die Barbareien, die sich die »Simbas« einfallen ließen, keine Grenzen. Der Begriff »Simba« (ein Wort aus dem Suaheli, das »Löwe« bedeutet) war damals in aller Munde, ähnlich wie die Rebellenbewegung der Mau-Mau, die die Unabhängigkeit Kenias überschattete, die weißen Siedler in der britischen Kolonie das Fürchten lehrte. Dabei handelte es sich im einen wie im anderen Fall nicht um bloße Aufstandsbewegungen im Sinne eines Guerilla-Krieges; charakteristisch für diese Art von Erhebungen, die in Afrika eine lange Tradition hatten, war vielmehr, dass ihnen – wie bereits angemerkt – ein nativistisches beziehungsweise messianistisches Element anhing. Im Falle der Simbas, bei denen es sich um Angehörige eingeborener Stämme im östlichen Kongo handelte, äußerte sich das unter anderem darin, dass sie eine besondere, marihuanaähnliche Droge verwendeten, die *mira* genannt wurde, und dass sie rituellen Kannibalismus betrieben. Auch wurde zu einer nicht minder alten Tradition Zuflucht genommen, indem man Aufständische, die in den Kampf zogen, mit geweihtem Wasser besprengte: das würde sie für die Kugeln ihrer Feinde unempfindlich machen.

Zu Drogen und Kannibalismus kommt noch ein dritter Aspekt, der schon damals als besonders ominös empfunden wurde. So berichtet ein Überlebender, der Zeuge der Wiedereroberung Kindus nach dem Abzug der Söldner wurde: »Sie führten uns nach draußen und stellten uns an einer Wand auf. Um sich einen Spaß zu machen, wandten sie sich an Kinder im Alter von sieben oder acht Jahren. ›Was sollen wir mit dem hier machen?‹ fragten sie die Kinder. Die Kinder ersannen für jeden Weißen ein anderes Schicksal. ›Schneidet dem ein Ohr ab‹ oder ›Schlitzt ihm den Bauch auf‹ oder ›Stecht ihm die Augen aus‹. Die Rebellen wetzten mittlerweile ihre Speere. Dann begannen sie mit ihrer Arbeit, so wie es die Kinder gefordert hatten.«

Heute sprechen wir von Kindersoldaten, die gerade auch im Kongo von sich reden machen. Sie waren auch früher schon im Einsatz, auch wenn sie sich noch nicht als eigentliche Kämpfer betätigten.

Die Besetzung Stanleyvilles und damit der Fall der Hochburg der Rebellen bedeutete das Ende der Sezession auch im Osten des Kongo. Wenigstens hatte nun die Zentralregierung, der am Ende auch die Belgier und Amerikaner direkt unter die Arme gegriffen hatten, um die Geiseln in Stanleyville zu retten, auch hier die Oberhand gewonnen. Auch wenn damit die Unruhen noch nicht beendet waren. Der Krieg ging einstweilen weiter, aber er bedeutete keine Gefahr mehr für den Erhalt der Einheit des Kongo. Die Ironie dabei ist, dass es Tschombé war, dem es gelang, diese Einheit wiederherzustellen, obwohl er doch selbst – freilich unter anderem Vorzeichen – für eine Dezentralisierung beziehungsweise Auflösung des Kongo eingetreten war.

Er konnte sich jedoch seines Triumphes nicht lange erfreuen: man warf ihm vor, den Söldnern zu sehr freie Hand gelassen zu haben. Außerdem gab es Spannungen, die das Verhältnis zwischen Tschombé und Kasawubu, dem Staatspräsidenten, überschatteten, so dass dieser seinen Rivalen absetzte. Nur um seinerseits, in einem militärischen Coup, die Macht zu verlieren: am 25. November 1965 putschte General Mobutu, der Oberkommandierende der Streitkräfte, und nahm das Zepter selbst in die Hand. Er war der neue starke Mann im Kongo, und da er sich dem Westen schon einmal angedient hatte, verwundert es nicht, dass man nunmehr auf seine Karte setzte. Und er sollte denn auch in der Tat den Westen nicht enttäuschen.

Für jeden eine

Als der Kongo 1965, mit dem Staatsstreich Mobutus, seine Geburtswehen endlich überstanden hatte – auch wenn dies nicht bedeutete, dass dem Land nun eine Ära des Friedens und Fortschritts beschieden sein sollte –, war im benachbarten Angola ein Ende der Kämpfe, die auch hier um die Erlangung der Unabhängigkeit entbrannt waren, nicht in Sicht. Sie zogen sich länger hin als irgendwo sonst in Afrika – sieht man von Namibia, dem früheren Deutsch-Südwest, das das Apartheid-Regime in Südafrika mit Beschlag belegt hatte, einmal ab –, und gestalteten sich nicht minder blutig als im Kongo. Gleich der Auftakt fuhr Portugal wie ein Schock in die Glieder; eine verspätete Vergeltung für die Vergehen, die es seinerseits begangen hatte. Auch hier wurde kein Pardon gegeben:

»Es war 6 Uhr an jenem Morgen, als mich der Lärm weckte, und als ich an das Fenster meines Zimmers trat, sah ich, wie das Haus des Verwalters der *Fazenda* von Hunderten Schwarzer, wohl an die vierhundert, angegriffen wurde. Die meisten dieser Schwarzen hatte ich noch nie in der Gegend von M'Bridge gesehen. Ungefähr zur gleichen Zeit begannen die Terroristen, die anderen Häuser und Anlagen anzugreifen. Ich ergriff mein Jagdgewehr und fing an, von meinem Fenster aus auf sie zu schießen, aber die Munition ging zur Neige, und mein afrikanischer Hausboy, João, unternahm den Versuch, zum Haus nebenan zu gelangen, um weitere Munition zu holen. Er schaffte es nicht. Einige der Terroristen fingen ihn ab, töteten ihn mit der *catana* [Buschmesser] und schnitten ihm dann den Kopf und die Geschlechtsorgane ab. Dann hoben die entfesselten Wilden ihre Beute, wie Trophäen, in die Höhe und fingen an zu tanzen und stießen gellende Schreie aus, pfiffen und lachten.«

M'Bridge war ein Ort im Norden Angolas; dies war das Gebiet der Bakongo, jenes Teils dieses Volkes, der in Angola unter die Knute der Portugiesen geraten war, die ihm besonders übel mitgespielt hatten. Angehörige dieser Bakongo hatten 1958 in Accra eine Widerstandsbewegung, die *União das Populaçoes de Angola,* gegründet. Dieser »Zusammenschluss der Völker Angolas«, der aber nicht wirklich eine Einheitsbewegung der Afrikaner in Angola darstellte, sondern seine Aktivitäten auf den Norden des Landes beschränkte und partikularistische Interessen vertrat, setzte nichtsdestotrotz ein flammendes Fanal, als er im März 1961 mit einer Serie von Überfällen, die in grausame Massaker ausarteten, zuschlug: »Sie brachten die anderen gefangenen Männer hinaus auf den Platz vor den Anlagen, und sie begannen, sie in entsetzlichster Weise hinzuschlachten. Die schreienden Opfer waren noch am Leben, als die Bestien ihnen die Augen herausschnitten, ihnen die Hände abhackten, sie entmannten und ihnen die Bäuche aufschlitzten und ihre Eingeweide herausrissen.«

Die Angreifer waren in der Tat entfesselte Furien: »[...] mein treuer Freund, José [...]«, berichtet der Zeuge, ein portugiesischer Siedler, dessen *Fazenda* Ziel des Angriffs wurde, »... [die] Terroristen zogen ihm die Haut ab bei lebendigem Leibe!«

Die Aufständischen machten keinen Unterschied, Weiße und Schwarze, Frauen und Kinder – sie metzelten sie alle hin: »Sie warfen die kleineren Kinder hoch in die Luft, dann ließen sie sie auf den Boden fallen, damit sie sich die Knochen brachen, und dann spielten die Bastarde ein grausames Fußballspiel mit den Körpern jener sterbenden Kinder, während die Mütter, die die Bestien festhielten, wie wahnsinnig schrien.«

Am Ende kamen auch sie an die Reihe, die Frauen: »Die Verheirateten und jungen Mädchen, sie machten keinen Unterschied. Man zog ihnen die Kleider vom Leibe und vergewaltigte sie in einer wilden Massenorgie.« Doch damit nicht genug: »[...] die Wilden schnitten ihnen allen die Brüste ab und, während sie starben, rammten sie ihnen Stöcke in die Geschlechtsorgane. Beinahe wie Kannibalen missbrauchten sie den Körper eines hübschen weißen Mädchens von achtzehn Jahren, und dann banden sie sie an einen Baum, kreuzigten sie, schnitten ihr die Brüste ab und legten sie in ihre ausgestreckten Hände.«

Der Pflanzer, der dieses Horrorszenario miterlebte, hatte Glück: wie durch ein Wunder wurde er gerettet – ein Militärflugzeug erschien im letzten Augenblick und nahm die Aufständischen unter Beschuss, so dass sie zurück in den Busch flohen. Doch das Unheil war angerichtet. Der Frieden, auch wenn es eher eine Grabesstille gewesen war, war dahin, und was folgte, entpuppte sich als ein erbitterter Krieg, der dreizehn Jahre dauern sollte.

Die exzessive Grausamkeit, die die Aufständischen an den Tag legten, und die ja auch schon im Kongo zu beobachten war, ist nicht leicht zu erklären. Und sie erschwert es, Sympathie für die zu empfinden, die immer wieder – bis in die Gegenwart – gegen vermeintliche oder tatsächliche Unterdrückung aufbegehrt haben, ohne jemals – so sie denn an die Macht gelangten – ihren gepeinigten Ländern und geschundenen Völkern wirklich den versprochenen Segen gebracht zu haben.

Der Hass auf die Weißen, die Kolonialherren, die – in ihrer ungehemmten Profitgier und Menschenverachtung – ein beschämendes Beispiel setzten, ist nur eine Seite der Medaille. Hinzu kommt jener Mix aus magischem Aberglauben, oft grausamen Riten und endlosen Stammesfehden, der auf das Konto der Eingeborenen, der Afrikaner, geht. Verschärft wurde diese Ausgangssituation, im Falle Angolas (und der anderen portugiesischen Kolonien), durch eine unnachgiebige Haltung der Portugiesen, die nicht bereit waren, auf ihre kolonialen Besitzungen zu verzichten. Denn sie waren die Grundlage des Nationalstolzes der Portugiesen, die nur einen kleinen Zipfel Europas ihre Heimat nannten und mit den andern nur dann mithalten zu können glaubten, wenn sie ihren kolonialen Besitz mit in die Waagschale warfen. Weshalb sie denn auch nicht eigentlich von Kolonien, sondern von »Überseeischen Provinzen« sprachen. Das heißt, Angola galt als integraler Bestandteil Portugals.

Zu diesem Zweck hatte man in neuerer Zeit auch die Einwanderung portugiesischer Siedler gefördert. Doch das geschah erst, nachdem man sich vierhundert Jahre lang damit begnügt hatte, in Angola einen Außenposten zu sehen, der zunächst als eine Art Anhängsel Brasiliens betrachtet wurde und dann – als Brasilien seine Selbständigkeit erlangte und schließlich auch der Sklavenhandel eingestellt wurde – lediglich als Spielwiese für nationalistische Kreise in Portugal diente, die am großen Kuchen, als den die Kolonialmächte Afrika inzwischen betrachteten, teilhaben wollten. Besonders ein Ziel hatten die Strategen im Auge: eine Verbindung zwischen Angola und Moçambique, quer durch das südliche Afrika, herzustellen, um sich damit vor allem in den Besitz reicher Goldvorkommen im Gebiet des einstigen Reiches von Monomotapa zu bringen. Um dieses Ziel zu erreichen, sandten sie Expeditionen aus, die das Hinterland ihrer kolonialen Besitzungen, die sich auf die Küste beschränkten, zu erkunden. Bemerkenswert in diesem Zusammenhang war der Vorstoß eines portugiesischen Offiziers, Aleixandre Alberto de la Rocha de Serpa Pinto, der in den Jahren 1877 bis 1880 von Benguela aus zum Sambesi vorstieß und weiter, Richtung Süden, bis nach Natal, im heutigen Südafrika, zog, wo er schließlich Durban erreichte. Es war dies noch einmal eine der heroischen Anstrengungen der Weißen, das Innere Afrikas zu erkunden, was zuweilen auch eine romantische Seite offenbarte. Wenigstens hatte Serpa Pinto – anders als Stanley, der gerade den Lauf des Kongo erforschte – das Glück, nicht auf kriegerische Kannibalen zu stoßen, sondern ganz im Gegenteil von einem Stamm im Quellgebiet des Sambesi, den Ambuella, mit besonderer Zuvorkommendheit aufgenommen zu werden: wie es Sitte bei diesem Volk war, beehrte man ihn mit zwei Schönen des Stammes, die ihm die Nächte, die er im Dorf verweilte, versüßen sollten. Da es sich in diesem Fall um zwei Töchter des Häuptlings handelte, beide von großer Anmut und in jungfräulichem Alter, war der wackere Serpa Pinto arg gefordert, als sie plötzlich in seiner Hütte erschienen. »Der helle Schein«, vermerkt er, der sich schon mit einer überfordert sieht, »ließ mich alle Schönheiten des unbekleideten Körpers des jungen Mädchens erkennen, dessen schmachtender Blick sich gelegentlich mit halbschmollendem, halb bittendem Ausdruck auf mich richtete. Ich selbst wandte das Gesicht ab, aber unwillkürlich kehrten meine Augen immer wieder zu der stattlichen, anmutigen Gestalt zurück.« Dennoch – Serpa Pinto hält der Versuchung stand, ob aus Gehorsam seinem katholischen Glauben gegenüber oder weil er sich überfordert sah, auf einen Schlag gleich zwei der Schönen beglücken zu müssen, sei dahingestellt. Vielleicht auch gab er sich keuscher, in seinem Bericht, als er in Wahrheit war. Denn die Portugiesen, die sich ihres fehlenden Rassendünkels brüsteten, waren nicht gerade dafür bekannt, dass sie die Verlockungen, die eine Exotin bot, verschmähten.

Wie auch immer: Serpa Pinto setzte seine Reise fort und avancierte schließlich zum Gouverneur von Moçambique. Der Traum von einer Achse Angola-Moçambique aber erfüllte sich nicht: die Engländer, die es ihrerseits auf die reichen Bodenschätze in dem Gebiet, das sie dann Rhodesien nannten, abgesehen hatten, schoben ihm einen Riegel vor, und so musste sich Portugal mit Grenzen in Afrika begnügen, die man ihm auf der Berliner Kongo-Konferenz zuerkannte. Diese auch wirklich auszuschöpfen, war freilich für Portugal eine Herausforderung, die es vollauf beschäftigte. Die »Erschließung« Angolas fand erst in den zwanziger Jahren des vorigen Jahrhunderts ihren Abschluss.

Inzwischen war nicht nur der Sklavenhandel, sondern auch die Sklaverei abgeschafft. An ihre Stelle war die Zwangsarbeit getreten, zu der die Afrikaner herangezogen wurden, um den Aufbau der Kolonie zu bewerkstelligen und die Wirtschaft voranzutreiben. Die Zwangsarbeit galt als ein Makel der portugiesischen Kolonialpolitik, denn sie stellte eine Form kolonialer Ausbeutung dar, die andere Kolonialmächte bereits hinter sich gelassen hatten. Man kritisierte Portugal, das sich deshalb zu Reformen durchrang, die jedoch wenig fruchteten. Dies war um so gravierender, als Portugal ja eine Politik der Integration verfolgte; das heißt, die Überseeprovinzen als Teil eines allumfassenden lusitanischen Reiches betrachtete, in dem es keinen Unterschied zwischen Mutterland und Kolonien gab. Doch die überwältigende Mehrheit der Afrikaner, die in dieses Reich integriert waren, besaß nicht nur nicht die portugiesischen Bürgerrechte, sie hatte auch keinen Anteil an politischen Entscheidungsprozessen. Hinzu kam die Benachteiligung in Wirtschaft und Bildungswesen und schließlich, als portugiesische Siedler ins Land strömten – die Zahl der Siedler in Angola stieg von 80.000 im Jahre 1950 auf über 300.000 1970 –, eine Verknappung wirtschaftlich nutzbaren Bodens, unter der die afrikanische Bevölkerung zu leiden hatte. Als dann die ersten Forderungen nach nationaler Souveränität aufkommen und Afrika wie ein Buschfeuer überziehen, ist auch in Angola die Lunte gelegt. Sie entzündet sich mit explosiver Gewalt.

2

»Am 15. März 1961 war der Nebel so dicht wie gewöhnlich, und die Straßen waren so schlecht, wie man es nur erwarten konnte. Doch zwei Lastwagenfahrer hatten es bis Luwo, in der nordöstlichen Ecke Angolas unmittelbar an der Grenze zum Kongo, geschafft, und sie waren entschlossen, bis zum nahen Sägewerk weiterzufahren, die vorgesehene Holzladung aufzuladen und vor Einbruch der Dunkelheit wieder in Ambrizete [Ort an der Küste] zu sein. Um das zu schaffen, waren sie sehr früh aufgebrochen. Als sie Luwo erreichten, war es 6 Uhr morgens, und die Sonne ging gerade auf; aber als sie sich dem Sägewerk näherten, hörten sie Schüsse. Erschrocken entschieden sie sich, ihren Lastwagen zwischen den hohen Holzstapeln hinter dem Werk zu verstecken und auf einen der Stapel hinaufzuklettern, um Ausschau zu halten, ehe sie weiterfuhren. Was sie sahen, ließ sie erstarren.

Zwei- oder dreihundert Afrikaner, die betrunken waren und schrien und lachten, ihre Gesichter mit Farbe beschmiert, zogen durch Luwo und schwenkten drohend Äxte, Gewehre und Buschmesser. Sie zerrten alle weißen Einwohner des Dorfes zum Sägewerk. Die meisten der Weißen waren tot, erschossen oder in Stücke gehauen mit den Buschmessern, doch einige lebten noch. Die Lastwagenfahrer in ihrem Versteck konnten hören, wie sie stöhnten.

Die Afrikaner zerrten 42 Opfer zu dem Sägewerk. Sie zogen ihnen allen die Kleider aus und schnallten sie dann, lebend oder tot, auf das Förderband, das zu der Kreissäge führte, die dazu diente, Baumstämme längs in zwei Hälften zu schneiden. Die Terroristen schalteten die Säge an und halbierten die Weißen der Länge nach. Es gab einige schreckliche, letzte Schreie, und dann wurden die verstümmelten Leichname – einzelne Arme und Beine, Teile des Kopfes und des Rumpfes, nasse Eingeweide – von der Gleitbahn am Ende des Werkes ausgestoßen. Die Schwarzen bildeten einen Kreis um die Überreste und verfielen in wilde Tänze, kreischten und schrien, warfen die Arme hoch und schwenkten ihre Waffen.«

Es war der gleiche Tag und die gleiche Stunde, da auch auf der Fazenda in M'Bridge das Massaker verübt wurde: alles in allem starben an diesem 15. März 1961, der den Auftakt für ein Inferno bildete, über dreihundert Weiße und unzählige Schwarze, die ihnen treu ergeben waren, im nordöstlichen Winkel Angolas. Es war der Auftakt zu einem Inferno, das auch nach dreizehn Jahren noch nicht beendet war. Denn der Kampf gegen die Portugiesen war nur die erste Phase dieses Infernos, und nicht einmal die blutigste. Die zweite Phase, die sich nach der Unabhängigkeit fortsetzte, dauerte doppelt so lange wie die erste und forderte weit mehr Opfer. Allerdings nicht mehr Weiße. Auch Afrikaner bringen sich gegenseitig um, und sie stehen darin den Weißen, die immerhin zwei Weltkriege inszeniert haben, kaum nach.

In Angola waren es schließlich drei Aufstandsbewegungen, die gegen die portugiesischen Kolonialherren antraten. Da war einmal die UPA, die von den Bakongo getragene Bewegung, die für die blutigen Metzeleien im Norden Angolas verantwortlich war und schließlich – nachdem die Portugiesen zum Gegenschlag ausgeholt hatten – in einer Nachfolgebewegung, der Frente Nacional de Libertação de Angola, kurz FNLA genannt, aufging. Ihr Anführer war Holden Roberto, der enge Kontakte zum Kongo unterhielt, mit dem ihn nicht nur ethnische Bande, sondern auch freundschaftliche Beziehungen zu Mobutu, der schließlich die Macht im Kongo ergriff, verbanden.

Als bedeutender erwies sich freilich eine zweite Bewegung, die bereits 1956 entstanden war und sich auf die Gegend von Luanda, der Hauptstadt der Kolonie, konzentrierte. Diese Bewegung nannte sich Movimento Popular de Libertação de Angola, war also eine sogenannte *Volks*befreiungsbewegung, eine Bezeichnung, die bereits anklingen lässt, welcher Couleur diese Aufstandsbewegung war. Getragen von Intellektuellen, die zwar afrikanischen Ursprungs, doch an eine urbane Umgebung gewöhnt waren und eine höhere Bildung genossen hatten, was sie zu einer Elite unter den Schwarzen machte, war die MPLA, wie sich der Movimento in der Abkürzung nannte und marxistisch ausgerichtet und erhielt Schützenhilfe aus dem Ostblock. Sie hatte bereits im Februar 1961 mit ersten militärischen Aktionen begonnen und weitete schließlich ihre Aktivitäten auf den Osten Angolas aus, wo sie 1968 ein provisorisches Regierungszentrum errichtete.

Die dritte Aufstandsbewegung, unter Jonas Savimbi, wie Agostinho Neto, der Anführer der MPLA, eigentlich Arzt von Beruf, entstand durch Abspaltung aus der FNLA und stützte sich auf das zahlenmäßig mächtigste Volk in Angola, die Ovimbundu. Diese Bewegung, die ihre Aktivitäten 1966 aufnahm und unter ihrem Akronym UNITA bekannt wurde, konzentrierte sich auf das zentrale Hochland.

Die Reaktion der Portugiesen waren massive Vergeltungsschläge. 60.000 Soldaten wurden nach Angola verlegt, schweres Gerät kam zum Einsatz, und auch die Luftwaffe griff ein. Salazar, ein Autokrat, der Portugal seit 1932 diktatorisch regierte, war fest entschlossen, den Aufstand in Angola (der sich auch auf Moçambique ausdehnte) niederzuschlagen, ein Kurs, den auch sein Nachfolger Caetano fortsetzte. Doch obwohl die Portugiesen nach anfänglichen Rückschlägen schließlich wieder die Oberhand gewannen, vor allem deshalb, weil die Aufstandsbewegungen zu keinem gemeinsamen Vorgehen fanden, regte sich in Portugal am Ende Widerstand, und es kam zu einem Militärputsch. Für Portugal begann eine neue Ära, die zu einer demokratischen Staatsform führte und der auch Angola (und die übrigen portugiesischen Kolonien in Afrika) ihre Entlassung in die Freiheit verdankten. Ein Akt, der sich 1975 vollzog. Damit hatte Portugal, das die Kolonialherrschaft der Weißen in Afrika begründete, als quasi letzte Kolonialmacht auf dem Schwarzen Kontinent seinen Einfluss eingebüßt. Was sich fortan in Angola abspielte, lag außerhalb des Zuständigkeitsbereiches Portugals. Verantwortlich dafür waren andere.

3

»Das Krankenhaus der Stadt hat 416 Betten und 900 Patienten. Dicht an dicht, auf rostigen Gestellen, auf fleckigen Matratzen, auf einer dünnen Decke gleich auf dem Steinfußboden liegen die Menschen. Mal hat eine Mine, die im Feld verbuddelt lag, Teile der rechten Hand weggerissen und das linke Bein zerfetzt wie bei der 17-jährigen Eunice Chitula. Mal haben Soldaten auf der Suche nach Essbarem auf ein paar Flüchtlinge geschossen und dabei den linken Unterschenkel zertrümmert wie im Fall der 14-jährigen Madalena Cantida. Mal schleppte ein verhärmter Vater den Sohn erst zum Krankenhaus, als die Typhuserreger den Jungen bereits in einen fiebrigen Dämmerzustand versetzt und seine Gedärme durchlöchert hatten, wie bei dem elfjährigen Antonio Fera.«

Willkommen in Kuito, einer Provinzstadt auf dem Hochland Angolas. Wir schreiben das Jahr 1999, und noch immer tobt in Angola der Krieg, der mittlerweile freilich nicht mehr ein Befreiungs-, sondern ein *Bürger*krieg ist. Und wie Bürgerkriege das so an sich haben, sind sie oft verheerender als reguläre Kriege. Denn wer davon besonders betroffen ist, das ist die Zivilbevölkerung. In Angola bedeutet das: »Etwa zwei der zwölf Millionen Angolaner sind zur Zeit auf der Flucht im eigenen Land. Mit einem Amputierten auf 334 Einwohner hat Angola Staaten wie Afghanistan und Kambodscha den Rang als am meisten minenverseuchte Region der Welt abgelaufen.«

Keiner hat sie gezählt, die Tretminen, die das Erbe eines Krieges sind, der ungeschminkter als irgendwo sonst auf dem Rücken der Einheimischen ausgetragen wurde, obwohl die Strippenzieher ganz woanders saßen. Und zwar in Pretoria und Kinshasa, in Moskau und in Havanna, in Washington und Paris, um nur die Hochburgen der wichtigsten Puppenspieler, die ein grausames und menschenverachtendes Spiel trieben, zu nennen. Es ging um Erdöl und Diamanten, nicht so sehr – nicht wirklich – um ideologische Kontroversen, und natürlich um strategische Ziele: der Ostblock, der im Kongo das Nachsehen gehabt hatte, wollte wenigstens in Angola ein Bein in die Tür bekommen, und der Westen, der zwar Südafrika und den Zaire in der Tasche hatte, gab sich damit nicht zufrieden. Zu verlockend war die Beute, die die Portugiesen, ohne dass diese davon schon eigentlich profitierten, hinterlassen hatten. Die reichen Bodenschätze, Erdöl vor der Küste und die Diamanten im Nordosten, an der Grenze zum Zaire, wo sich die Lager fortsetzten, verhießen erst eine goldene Nase, als die Portugiesen, die sich mit Kaffee (und Sklaven) begnügten, das Feld geräumt hatten. Die Kriegskasse der UNITA, der »Nationalen Union für die totale Unabhängigkeit Angolas«, wie der Champion des Westens, Jonas Savimbi, seine zum Gegner der Zentralregierung mutierte Aufstandsbewegung genannt hatte, belief sich zuletzt auf vier Milliarden Dollar, die man mit dem Diamantengeschäft verdient hatte. Und die Regierung in Luanda, von der sozialistischen MPLA getragen, hat es dennoch verstanden, über ihren Schatten zu springen und sich von westlichen Ölkonzernen aushalten zu lassen. Denn dem Dollar können auch Sozialisten nicht widerstehen. Wie hieß es doch in dem Bericht des Internationalen Währungsfonds, den wir eingangs erwähnten und sich in Erinnerung zu rufen an dieser Stelle angezeigt ist? Von einer Milliarde Dollar ist da die Rede, die in den Taschen der vermeintlichen Staatsdiener verschwanden. Die denn auch, wie selbst in der Presse zu lesen stand, zu den Reichsten des Landes gehören.

»Dass die Männer und Frauen von ›Ärzte ohne Grenzen‹ nach jeder Evakuierung zurückkommen, dass sie sich in die hinter ihren Häusern gegrabenen Bunker begeben und nach jedem Artillerieangriff ihre Arbeit fortsetzen: Diese Beharrlichkeit abseits der Aufmerksamkeit der Welt, jenseits der großen Spendenaufrufe, an der Seite der Opfer eines ewig währenden Bürgerkrieges hat ›Ärzte ohne Grenzen‹ in diesem Jahr den Friedensnobelpreis eingebracht. Oft sind die Frauen und Männer in den weißen Landcruisern mit dem rotweiß schraffierten Männchen und der durchgestrichenen Kalaschnikow die letzte Hoffnung für Menschen, die jede Hoffnung verloren haben.«

Es ist geradezu ein Naturgesetz: jede Revolution, wie volksnah sie sich am Anfang auch gebärdet, verkehrt sich am Ende in ihr Gegenteil. Ob Mexiko oder die Sowjetunion, ob Algerien oder China: am Ende steht eine Parteidiktatur, die nur noch sich selbst verpflichtet ist. Angola, mit seiner auf den Hund gekommenen Regierungspartei MPLA, bildet da keine Ausnahme. Und während man sich selbst die Taschen füllt, lässt man gnädig das Feigenblatt des Westens, »Ärzte ohne Grenzen« (oder wie sie auch immer heißen, die das Gewissen des Weißen Mannes – und oft auch sein Mitleid – mobilisieren), gewähren. Sie flicken die Verwundeten und Verkrüppelten (in Angola kommt auf jeden Einwohner eine Mine!) zusammen, versorgen die Verhungernden mit Nahrungsmitteln, richten Flüchtlings-Camps ein und bauen sogar Straßen. Die Wiedergutmachung des Weißen Mannes. Derweil kann man sich in Luanda, in Ministerien und Villen, einen schönen Tag machen. Und nebenbei auch, da man nun schon mal beim Absahnen ist, die Forderung nach Reparationen erheben: das verspricht schließlich auch eine unerschöpfliche Quelle. Zwei Millionen Sklaven in die Neue Welt verschifft, zwei Millionen auf dem Wege dahin umgekommen. Macht zusammen vier Millionen...

Der Weiße Mann ist zu sehr diskreditiert, als dass er den Mut haben könnte, auch mal anderen die Wahrheit zu sagen. Hinter seiner Schuld verstecken sich die heutigen Schuldigen. Wer vermöchte sie zur Rechenschaft zu ziehen? »Ärzte ohne Grenzen« verrichten still ihren Job. Ein Tropfen auf den heißen Stein. Ansonsten höchstens noch die Feuerwehr, wenn es mal wieder brennt. Nun, da der Ost-West-Konflikt vorüber ist, kann man sich das leisten. Die Franzosen im Kongo, die Amerikaner in Liberia und die Engländer in Sierra Leone. Man kommt überkommenen Verbindlichkeiten nach. Auch wenn dadurch nicht wirklich etwas Grundlegendes bewirkt wird.

In Angola ist der Krieg nun erst einmal beendet. Seit Savimbi, den zuletzt auch der Westen fallen ließ, im Februar 2002 getötet wurde. Bereits 1992 hatte es Wahlen gegeben, an denen sich die UNITA beteiligte. Doch die Rebellen unterlagen, wenn auch nur knapp. Und so griff Savimbi wieder zu den Waffen; das Diamanten-Kartell stellte keine Fragen. Immerhin mussten mittlerweile die Waffen bezahlt werden; denn nur noch der Osten lieferte, und der war inzwischen pleite.

Angola steht nun vor dem Wiederaufbau. Vierzig Jahre Krieg haben das

Land ruiniert. Selbst das Wenige, das die Portugiesen hinterlassen haben, ist inzwischen zerstört. Vorrangig ist freilich die Räumung der Minen, der Fluch des Krieges. Jeder, der sie lieferte, sollte dazu herangezogen werden, sie wieder wegzuräumen. Und wer sich drückt, der gehörte vor ein internationales Kriegsgericht. Man muss endlich mal ein Exempel statuieren. Vielleicht die Skandinavier fordern, damit sie sich mal wieder aufraffen.

Gatschatschas und Kakerlaken

»Wenn es nicht gerade von einem verhassten Tyrannen geführt wird, spielt ein Land, das sein Oberhaupt durch Gewalt verliert, oft ein bisschen verrückt. In Ruanda verbreitete sich der Wahnsinn sogar schon vor der Nacht des 6. April, als das Flugzeug, in dem Präsident Juvénal Habyarimana und sein Amtskollege Cyprien Ntaryamira aus dem benachbarten Burundi saßen, über der Hauptstadt Kigali abgeschossen wurde und in den Garten des Präsidentenpalastes stürzte. Habyarimana war ein Hutu, der durch einen Putsch 1973 an die Macht gelangt war und alles daran setzte, an der Macht zu bleiben. Er befand sich auf dem Rückflug von einer Friedenskonferenz in Tansania, bei der es darum ging, den jahrelangen Streit zwischen der Minderheit der Tutsi und den regierenden Hutu beizulegen. Stattdessen verwandelte sein Tod den Streit in eine endlose Folge von Massakern.«

Ruanda, einstmals unter deutscher Oberhoheit und dann unter belgischen »Schutz« gestellt, war seit 32 Jahren unabhängig. Das Königtum, das von den feudal regierenden Tutsi gestellt worden war und das auch die Kolonialmächte nicht angetastet hatten, war abgeschafft und Ruanda – wie auch das Nachbarland Burundi, wo die Entwicklung ähnlich verlief – zu einer Republik erklärt worden. Seitdem hatten die Hutu die Oberhand.

Obwohl die Hutu – mit rund 85 Prozent – den weitaus größten Anteil an der Bevölkerung stellten, waren sie durch die Minderheit der Tutsi, die einst als Hirtennomaden die eingesessenen Hutu-Bauern überlagerten, unterdrückt und benachteiligt worden. Ein Prozess, der durch die Belgier, die die angestammten Autoritäten stützten, um dadurch ihre eigene Vorherrschaft zu sichern, noch verstärkt worden war. Bis sich der aufgestaute Hass der Hutu 1959 in einem blutigen Aufstand entlud, dem Tausende unter den Tutsi zum Opfer fielen, während andere in noch größerer Zahl in die Nachbarstaaten flüchteten, um dort Schutz zu suchen. Die Belgier wechselten die Seite und förderten im letzten Moment auch die politische Emanzipation der Hutu, indem sie Wahlen ansetzten, die zum Sieg einer Partei führten, deren

Programm schon in ihrem Namen zum Ausdruck kam; sie nannte sich: Parti de Mouvement de l'Emancipation Hutu. Der König wurde ins Exil geschickt, eine Republik ausgerufen und schließlich, am 1. Juli 1962, die nationale Unabhängigkeit verkündet. Auch für Ruanda war die Zeit der Kolonialherrschaft zu Ende; Burundi erlangte am gleichen Tag seine Souveränität. Doch auch hier, an den Ufern des ostafrikanischen Seengebietes, bedeutete die Freiheit nicht, dass nun die Früchte dieses neuen Status geerntet werden konnten. Chaos überschattete auch hier die weitere Entwicklung. Aber anders als im Kongo und in Angola war sie in Ruanda (und Burundi) hausgemacht. Hier waren die Grenzen *vor* dem Erscheinen des Weißen Mannes gezogen worden; interethnische Spannungen hatten seit eh und je bestanden. Der Weiße Mann trug allerdings auf indirekte Weise dazu bei, dass sie sich schließlich gewaltsam entluden: war es doch die Botschaft von Demokratie und Volksbegehren, die der Weiße Mann im Gepäck führte, was den Ausschlag gab. Nicht dass der Weiße die Botschaft an die große Glocke gehängt hatte, aber auf die Dauer ließ sich das Beispiel, das demokratische Staaten im Westen (oder gar das kommunistische Beispiel im Osten) abgaben, nicht verheimlichen. Die Hutu in Ruanda verkündeten 1956 ein Manifest, in dem sie Gleichberechtigung forderten. Eine Forderung, die fortan nicht mehr verstummte und schließlich in jene Serie von Massakern mündete, die das Ausmaß eines Genozids annahmen.

Der unmittelbare Anlass für den Ausbruch dieser neuerlichen Gewalt war jenes Abkommen, das in Tansania geschlossen worden war und die Spannungen in Ruanda beseitigen sollte. Präsident Habyarimana, ein Militär, hatte sich 1973 an die Macht geputscht und seitdem mit eiserner Hand das Land regiert. Obwohl der Hutu-Mehrheit verpflichtet, war er am Ende bereit gewesen, eine Regierung des nationalen Ausgleichs zuzulassen. Immerhin hatten sich die Tutsi, die politisch aus dem Exil agierten, 1990 zu einer Aufstandsbewegung, der Front Patriotique Rwandais, kurz FPR genannt, zusammengeschlossen und damit begonnen, militärisch gegen die Regierung vorzugehen.

Habyarimana saß in der Zwickmühle: auf der einen Seite die rebellierenden Tutsi, auf der andern Hardliner in den eigenen Reihen, die zu keinen Konzessionen bereit waren. Das ist der Hintergrund des Attentates, das zum Tod Habyarimanas und seines Pendants aus Burundi führte. Wobei nicht eindeutig geklärt ist, wer nun tatsächlich hinter dem Anschlag stand. Indizien weisen auf Hutu-Extremisten hin, die zugleich einen noch finstereren Plan verfolgten: sie wollten den Tutsi ein für allemal eine Lehre erteilen. Mehr noch: man beabsichtigte, sie auszulöschen. Ruanda sollte wieder das werden, was es vor Ankunft der Tutsi gewesen war: ein Land der Hutu, wo allein Bantu lebten.

Um diesen Plan zu verwirklichen, waren bereits vor dem Anschlag Waffenlager angelegt und an Hutu-Milizen verteilt worden. Und man hatte auch nicht versäumt, Oppositionsführer zu liquidieren; alles in allem wurden bereits im Vorfeld der eigentlichen Massaker fast zweieinhalbtausend Gegner einer Einigungspolitik umgebracht. Erst als man diese grausige Vorarbeit geleistet hatte, begann das Inferno: »Die Totschläger waren sowohl Soldaten als auch Zivilisten. Oft waren sie nicht nur damit zufrieden, ihre Opfer zu töten. Zeugen berichteten, dass die bevorzugte Methode darin bestand, Körperteile eines nach dem andern abzuschneiden oder den Bauch aufzuschlitzen und so die Opfer einem langsamen Tod zu überlassen.«

Barbarei auch hier; wie es scheint, eine Spezialität der Afrikaner. Von diesem Vorwurf kann man sie nicht freisprechen. Auch nicht von der Tatsache, dass allein Afrikaner es geschafft haben, in den vier Monaten – von April bis August –, die das kollektieve Morden in Ruanda dauerte, etwa eine Million Menschen umzubringen. Das ist ein einsamer Rekord, nicht nur für Afrika. Man versteht deshalb den verzweifelten Ruf eines Missionars, der nach Worten suchte, als er erklärte: »Es gibt keinen Teufel mehr in der Hölle. Sie sind alle in Ruanda.« Das war im Mai 1994. Zugleich kam der Vergleich mit den »Killing Fields« in Kambodscha auf, wo die Steinzeitkommunisten unter Pol Pot beinahe ein ganzes Volk hingemetzelt hatten. Dort war es verblendete Ideologie gewesen, in Ruanda regierte der Hass: er entlud sich wie ein Vulkan und verebbte erst, als man reinen Tisch gemacht hatte. »Es gibt nicht mehr viele, die man töten könnte«, erklärte der Vertreter einer ausländischen Hilfsorganisation, »aber das bedeutet nicht, dass sie es nicht versuchen.«

Wer dem Inferno entgeht, versucht sein Heil in der Flucht: zwei Millionen fliehen, nach Uganda, Tansania und Burundi. Die meisten aber nach Westen, in den Zaire, wo sie an den Ufern des Kiwu-Sees, der die Grenze bildet, Rettung zu finden hoffen. Doch die Hoffnung ist trügerisch: die Hölle ist auch hier allgegenwärtig »Cholera traf das Flüchtlingscamp in Munigi wie eine mittelalterliche Seuche. Außerhalb des Zeltes eines Hilfspostens auf der Höhe eines Hügels starb ein Kind; sein Blick verwandelte sich plötzlich in Glas. Augenblicke später starb ein anderer erkrankter Flüchtling, und dann ein dritter. Am nächsten Tag lagen überall tote Körper herum, und unzählige Leichen wurden auf Lastwagen geworfen, um sie zu Massengräbern zu fahren. Ein kleiner Junge kam herbei und weinte. Sein Vater erklärte, dass die Mutter des Jungen am Tage zuvor gestorben sei. Ein Baby war auf den Rücken seines Vaters geschnallt. Es war ebenfalls tot.«

Der Kommentar eines ausländischen Helfers: »Ich habe zwanzig Jahre in Afrika verbracht. Ich habe wirklich alles gesehen. Aber so etwas wie dies habe ich noch nie gesehen.« Sie starben wie die Fliegen, die Flüchtlinge: nicht nur die Cholera raffte sie dahin, auch Ruhr, die Pest und Masern. Die biblischen Plagen, weiß Gott. Man starb in der Größenordnung von einem Opfer pro Minute. Und das Tempo schien sich eher noch zu beschleunigen.

Eine Million Tote, zwei Millionen Flüchtlinge: das ist die Bilanz des Dramas von Ruanda. Die Welt schaute zu, hilflos und ohnmächtig und irgendwie auch erschöpft, von all den Hiobsbotschaften, die immer wieder aus Afrika kamen. Kriege, Seuchen, Hunger und Aids: dieser Kontinent schien und scheint gezeichnet. »Die Verdammten dieser Erde«, so nannte es einmal Frantz Fanon, auch wenn er etwas anderes meinte.

Gänzlich tatenlos blieb sie nicht, die Welt: da waren die Hilfsorganisationen und die Vereinten Nationen. Die einen leisteten humanitäre Hilfe, so gut es ging; aber natürlich waren sie bei dem apokalyptischen Ausmaß der Katastrophe überfordert. Und die UNO? Sie hatte bereits, als das Chaos begann, ein Kontingent, das die Einigungsbemühungen überwachen sollte, für Ruanda abgestellt. Doch die UNO-Truppen hatten Beobachterstatus, und man entschied sich, sie besser abzuziehen, als den Befehl zu erteilen einzugreifen. Doch dann stockte man sie auf, auf dem Papier. Frankreich raffte sich auf und richtete eine Schutzzone ein. Die Belgier, die einen Teil der Verantwortung trugen und sich gleichfalls vor Ort befanden, waren nicht gern gesehen und suchten das Weite. Auch die Franzosen waren nicht gern gelitten: sie hatten hinter dem Hutu-Regime von Präsident Habyarimana gestanden. Also packten auch die Franzosen ihre Sachen und überließen das Feld den Rebellen der FPR, die zum Gegenschlag ausgeholt hatte. Ihr gelang es, gegenüber den Hutu-Milizen die Oberhand zu gewinnen, und so waren sie es, die Tutsi, die am Ende als Sieger aus dem Chaos hervorgingen. Das Blatt hatte sich wieder gewendet.

2

Während im Nachbarland die Lichter ausgingen, flackerte in Burundi wenigstens noch eine trübe Funzel. Hier begnügte man sich mit 300.000 Toten, gleichfalls massakriert in einem ethnischen Konflikt, der auf dieselben Wurzeln zurückgeht wie in Ruanda. Tutsi auch hier in der Minderheit, rund 10 Prozent, und die Hutu-Mehrheit, über 80 Prozent, traditionell benachteiligt und diskriminiert. Bis es 1993 zum Aufbäumen der Unterdrückten kam: der Präsident, ein Tutsi, wurde ermordet, und es begann ein Bürgerkrieg, der immer noch andauert, obwohl im Dezember 2002 ein Friedensabkommen, zwischen der Regierung und Hutu-Rebellen, geschlossen wurde. Das den Weg ebnete für eine friedliche Übergabe der Macht, die auch tatsächlich am

30. April 2003 erfolgte, als der bisherige Staatspräsident Pierre Buyoya, ein Tutsi, vereinbarungsgemäß durch einen Hutu, Domitien Ndazizeye, abgelöst wurde. Power-Sharing heißt die Devise, die auf einer Konferenz in Arusha, im benachbarten Tansania, im August 2000 ausgehandelt worden ist. Danach soll ein gerechter Ausgleich stattfinden zwischen den beiden politischen Kräften im Lande, die sich auf ihre jeweilige ethnische Klientel stützen. Eine späte Einsicht, die auch in Ruanda Schule macht, wo man gleichfalls zum Prinzip der Teilung der Macht übergegangen ist: so sieht eine Verfassung, die im Mai dieses Jahres verabschiedet wurde, eine ausgewogene Beteiligung an der Macht vor. Fortan darf eine Seite nicht mehr als die Hälfte der Kabinettsposten besetzen, während Präsident und Premier nicht der gleichen Bevölkerungsgruppe angehören dürfen. Dies gilt auch dann, wenn Wahlen, die noch für 2003 vorgesehen sind, ein anderes Ergebnis zeitigen. Es soll gewährleistet werden, dass beide Parteien, das heißt sowohl Tutsi als auch Hutu, an der Regierung beteiligt sind, um auf diese Weise zu verhindern, dass eine ethnische Gruppe die andere übervorteilt. Ob dieses Modell funktioniert, muss die Zukunft erweisen. Die Weltgemeinschaft täte gut daran, den Prozess, der zu einer tatsächlichen demokratischen Staatsform führen soll, als ehrlicher Makler zu begleiten. Damit nicht wieder neue Tricks und alte Gewohnheiten die Oberhand gewinnen und der ewige Kreislauf von Unterdrückung und Tyrannei, Aufbegehren und Vergeltung, Krieg und Chaos sich nicht endlos wiederholt.

Ob das Experiment gelingt, wird nicht zuletzt auch davon abhängen, ob und wie die Vergangenheit aufgearbeitet werden kann. Eine Million Morde lassen sich nicht so leicht vergessen, zumal in einem Land, das nur sieben Millionen Einwohner zählt. Der Sicherheitsrat der Vereinten Nationen sprach sich noch im November 1994 für die Schaffung eines Tribunals aus, das den Vorwurf des Völkermordes in Ruanda untersuchen sollte. Doch die Mühlen der Justiz, zumal wenn die UNO involviert ist, mahlen langsam. Zwar nahm 1996 ein sogenannter Internationaler Gerichtshof für Ruanda, der nach dem Haager Tribunal konzipiert ist, seine Arbeit im tansanischen Arusha auf, doch in sieben Jahren schaffte man es gerade mal, acht Schuldige, deren man habhaft werden konnte, zu verurteilen. Darunter, und das gibt Anlass zur Hoffnung, auch den ehemaligen Regierungschef. Doch wie bereits eingangs erwähnt, hat man bislang über eine halbe Milliarde Dollar verpulvert: das macht, bei einem Freispruch, 60 Millionen pro Urteil. Man wagt nicht auszurechnen, was es kosten würde, den 100.000, die beschuldigt werden, an dem Völkermord beteiligt gewesen zu sein, den Prozess zu machen. Abgesehen davon, dass bei dem Schneckentempo der weltverordneten Wahrheitsfindung beinahe ebenso viele Jahre vergehen würden, wie es Beschuldigte gibt. Wer aber würde sich im Jahre 102.003 für einen Völkermord interessieren, der sich vor genau 100.009 Jahren ereignet hat? Da müsste man wahrscheinlich die edle Zunft der Archäologen bemühen. Abgesehen davon, dass bis dahin 100.000 Schuldige pro Völkermord eher eine Lappalie sein werden, geht man von der steigenden Tendenz der Barbarei in Afrika aus.

Ein Tribunal wie jenes in Arusha hat eher Unterhaltungswert, als dass es wirklich, im Sinne einer angemessenen Strafverfolgung, etwas bewirkt. Für beträchtliches Aufsehen sorgte der Fall einer gewissen Pauline Nyaramasuhuko, ihres Zeichens ehemalige Ministerin für Familien- und Frauenangelegenheiten. Sie wurde, als das große Morden begann, nach Butare, einem Ort im Süden des Landes, entsandt, damit sie, da sie aus der Gegend stammte, für den nötigen Schwung sorgte. Ihren Sohn, der einer der Anführer der Hutu-Milizen war, feuerte sie mit dem ministeriellen Aufruf an: »Bevor ihr die Kakerlaken-Mädchen umbringt, vergewaltigt sie!« Gemeint waren Mädchen und Frauen der Tutsi. Dazu verteilte Madame Nyaramasuhuko Kondome; schließlich war sie als Familienministerin für derlei zuständig. Man kann verstehen, dass derlei monströse Absurditäten die biederen Richter aus Kanada oder Australien überfordern.

Da das mit der Strafverfolgung, gelinde gesagt, hapert, hat man in Ruanda etwas Wirkungsvolleres ersonnen: es nennt sich *gacaca,* was soviel wie »Gras« heißt. Damit ist die Tradition überkommener Dorftribunale gemeint: man versammelt sich, wie in alten Zeiten, unter einem Baum und hält Gericht. Wobei es weniger um Strafe als um Wiedergutmachung geht; der Schuldige muss für den Schaden aufkommen. Wie aber soll man den bemessen, wenn es nicht um Vieh, das entwendet wurde, sondern um Mord, Völkermord, geht? Ob sich die Geschädigten mit der Bekundung von Reue und dem Gelöbnis der Besserung zufrieden geben, darf eher bezweifelt werden. So löblich es auch wäre. Zu tief sitzen Hass und Verbitterung, als dass diese »Mini-Nürnbergs« in tropischer Idylle eine wirksame Lösung darstellen könnten. Vergebung ist ein Gebot der Nächstenliebe, das auf den Gacacas propagiert wird. Doch sie hat keine abschreckende Wirkung. Madame würde jederzeit wieder Kondome verteilen. Damit die Kakerlaken nicht überhandnehmen. Denn die sind, wie jeder weiß, eine unausrottbare Plage. Das ist der Fluch Afrikas: die Vielfalt seiner Ethnien und die elementare Feindschaft, die sie trennt.

Blutige Diamanten

»Zu Beginn des 19. Jahrhunderts war Freetown entlegen und malariaverseucht, aber auch ein Ort der Hoffnung. Diese Siedlung für mittellose Afrikaner aus England und ehemalige Sklaven aus Amerika war der Ausgangspunkt in Westafrika für die Durchsetzung des britisches Gesetzes geworden, das den Sklavenhandel abschaffte. Zu Beginn des 21. Jahrhunderts symbolisiert Freetown Versagen und Verzweiflung.« Der »Economist«, das britische Nachrichtenmagazin, betitelte eine Reportage über Afrika, die im Mai 2000 erschien, mit der Überschrift: »The hopeless continent« – »Kontinent ohne Hoffnung«. Freetown stellte dabei nur ein Beispiel dar, das besonders augenfällig war: denn hier hatte am Anfang in der Tat ein großes Ideal gestanden – eine Heimat für Sklaven zu schaffen, die die Freiheit erlangt hatten. Unter dem Schutz Großbritanniens war ein Model entstanden, das richtungweisend hätte sein können. Doch es endete auch hier alles im Chaos. Und nicht nur in Freetown. Das ganze Land, Sierra Leone, drohte, im Inferno von Krieg und Elend zu versinken.

Was war geschehen? Was lief auch hier, nicht anders als im übrigen Afrika, schief? Die Antwort liegt auf der Hand: es handelt sich eben um Afrika, und Afrika ist nun mal das Paradebeispiel für das, was man – gleichfalls im Hinblick auf Afrika – auch »a failed continent« nennt, einen Kontinent, der versagt hat. Das trifft für Sierra Leone ebenso zu wie für Ruanda, für Liberia wie für den Kongo, für Burundi wie für Angola, um nur die Länder zu nennen, die Gegenstand unserer Untersuchung sind. Nirgendwo haben sich die Hoffnungen, die man mit der Freiheit und Souveränität verband, erfüllt. Sie sind überall enttäuscht worden.

In Sierra Leone war es zunächst der Gegensatz zwischen den Kreolen, den Nachfahren der Sklaven, und der angestammten, einheimischen Bevölkerung, die sich in ihren Rechten beeinträchtigt sah, was zu Spannungen führte. Dominierten zunächst die Kreolen, die sich auf das urbane Zentrum von Freetown konzentrierten und mit der britischen Schutzmacht kollaborierten, so gelangte im Zuge der Unabhängigkeit ein Vertreter der Mende, einer der beiden großen autochthonen Volksgruppen, an die Macht. Er wurde schließlich abgelöst durch ein Mitglied des Limba-Volkes, das zu der zweiten großen Bevölkerungsgruppe, den Temne, gehört; obwohl unter dieser Regierung, die bis 1985 andauerte, Anstrengungen unternommen wurden, die ethnischen Gegensätze auszugleichen und eine gleichmäßige Entwicklung voranzutreiben. Die vielversprechenden Ansätze endeten jedoch schließlich in Korruption und Misswirtschaft, die zu einem gewaltsamen Umsturz führten. Auslöser dieses Putsches war eine militärische Intervention seitens des Nachbarlandes Liberia, wo Rebellen um eine Ausweitung ihres Einflussgebietes bemüht waren. Die Folge war, dass der Bürgerkrieg auch nach Sierra Leone übersprang, das nunmehr zum Schauplatz eines blutigen Krieges wurde, der neue Maßstäbe für die spezifische Form der afrikanischen Barbarei setzte.

Hauptakteur in diesem Drama war ein Mann, der als Personifizierung der Barbarei schlechthin gilt. Wie es dazu in der internationalen Presse, als es diesem Paria gelang, sogar die UNO an der Nase herumzuführen, hieß: »Seinen Anhängern jedoch präsentiert sich Sankoh ruhig, herzlich, sogar großväterlich. Und wenn er Befehle gibt, dann erteilt er sie mit leiser Stimme. Doch was für schreckliche Befehle sind das. Operation Burn House war eine Kampagne der Brandstiftung. Operation Pay Yourself war eine Kampagne der Plünderungen. No Living Thing bestand aus Massenhinrichtungen und der Verstümmelung eines jeden, dessen man habhaft werden konnte. Seine 15.000 bis 45.000 Soldaten folgen ihm, als wäre er ein Gott. Und Sankoh glaubt, dass er göttlich inspiriert ist. Erklärt er doch: ›Gott hat mich auserwählt, die Revolution auszuführen, die Sierra Leone erretten wird.‹«

Foday Sankoh mag ein Rebell sein, aber ein Revolutionär ist er nicht. Obwohl er sich auf Lumumba oder Gaddafi beruft, Weggefährten beziehungsweise Idole, die ihn in Wahrheit inspirierten, während er Gott außen vor lässt. Es sei denn, er meint jene Geister und Dämonen, die seit eh und je jene blutrünstigen Geheimbünde kennzeichnen, die in Westafrika ihr Unwesen treiben. Wie sonst wäre es zu erklären, dass die Spezialität von Sankohs »Revolution« die systematische Verstümmelung vorzugsweise von Wehrlosen ist, um damit Terror und Chaos zu säen? Selbst seine Anhänger zittern vor ihm, wie zahm er sich auch geben mag: »Trotz ihres Gehorsams scheint keiner seiner Soldaten wirklich glücklich zu sein, an der Revolution teilzuhaben. In Sierra Leone gibt es nicht viele Möglichkeiten: wenn man einmal zur RUF gehört, kann man sich nirgends mehr blicken lassen, schon gar nicht bei den Greueln, deren man die RUF bezichtigt. Während des Krieges amputierten Sankohs Soldaten – einige nicht älter als zehn und viele mit Drogen vollgepumpt – Arme und Beine, stachen Augen aus, schlitzten schwangere Frauen auf und schmorten Leichen, um sie dann zu verspeisen.«

Die RUF, das ist die »Revolutionäre Vereinigte Front«, die Rebellenbewegung, hinter der sich Sankoh, der Schlächter, versteckt. Wie viele er auf dem Gewissen hat, weiß niemand zu sagen. Wer wollte sie zählen, all die Ermordeten, Verstümmelten, Aufgegessenen und Vergewaltigten; letzteres durchaus keine Nebenerscheinung: Mädchen, so man sie denn nicht massakrierte oder verstümmelte, kochte und verspeiste, wurden routinemäßig vergewaltigt, entführt und zum Konkubinat gezwungen. Man könnte sagen, sie waren noch die Glücklichen. Doch das ist eine Täuschung: obendrein steckten die Rebellen ihre Opfer auch noch mit Aids an; Aids ist in Sierra Leone im Laufe des Krieges, der immerhin zehn Jahre dauerte, sprunghaft angewachsen. Die Zahl der Opfer, so man denn eine Schätzung wagt: »Über 100.000 Menschen haben sie ermordet, rund 250.000 gefoltert, 2,5 Millionen vertrieben.« So der Chefankläger der UNO, der die Verbrechen in Sierra Leone aufarbeiten soll. Die Aids-Infizierten hat er dabei gar nicht einmal erwähnt. Viele von ihnen wissen es wohl auch noch gar nicht, welche Folgen der Krieg für sie hat.

Hoffnung – ein leeres Wort. Daran wird auch das UNO-Kriegsverbrechertribunal nichts ändern. Ebenso wenig wie in Ruanda.

Immerhin ist man Sankohs, des Kriegstreibers und Profiteurs, inzwischen habhaft geworden. Man hat ihn eingebuchtet, und er sieht seinem Prozess entgegen. Wer ist dieser Mann, und wer steht hinter ihm? Denn eigentlich ist er nur eine Marionette. Wie all die Unruhestifter, die sich hochtrabend Revolutionäre nennen und doch nur schäbige Gangster sind. Wenigstens kann man sie nicht mit Gaddafi vergleichen und schon gar nicht mit Lumumba.

Sankoh kommt aus ärmlichen Verhältnissen; geboren wurde er, noch unter der Herrschaft der Engländer, in einer Provinzstadt im Süden Sierra Leones. Hier liegt das traditionelle Siedlungsgebiet der Mende, doch hinderte das Sankoh nicht, die eigentliche Hochburg seiner Rebellion im Norden des Landes zu errichten. Dies gelang ihm mit Hilfe eines anderen Rebellen, Charles Ghankay Taylor, der nach der Macht im benachbarten Liberia griff. Da die Regierung in Sierra Leone, im Rahmen einer regionalen Militäraktion, sich daran beteiligte, seine Machtergreifung zu verhindern, rächte sich Taylor, indem ein Teil seiner Rebellenarmee in Sierra Leone einfiel, wo dies den Anstoß zu dem Aufstand der RUF gab, der »Revolutionären Front« Sankohs. Die Verbindung, die auf diese Weise entstand, ergab sich nicht von ungefähr, denn die beiden Rebellenführer kannten sich: sie hatten sich in Gaddafis Libyen kennengelernt, wo sie den letzten Schliff im Guerrilla-Krieg erhielten. Sankoh war ursprünglich in die Kolonialarmee eingetreten, hatte es aber nur bis zum Unteroffizier gebracht. Als Angehöriger der UNO-Kontingente, die im Kongo zum Einsatz kamen, als dort die Wirren im Gefolge der Unabhängigkeit ausbrachen, wurde Sankoh Zeuge des politischen Ränkespiels, das zur Ermordung Lumumbas führte. Wie viele Afrikaner, die an die Versprechen der Freiheit glaubten, war auch Sankoh ein Verehrer Lumumbas gewesen, und es war dessen Tod ein prägendes Erlebnis, das schließlich zu den Trainings-Camps in Libyen führte.

Es trifft zu, dass die Regierung in Freetown abgewirtschaftet hatte. Doch den Rebellen um Sankoh kam ein Militärputsch zuvor, der somit den Aufständischen die Initiative entzog. Zwar kämpften sie weiter, doch trat nun immer mehr ein anderer Aspekt in den Vordergrund: es ging nicht mehr so sehr um politische Ziele, sondern um wirtschaftliche Interessen. Denn inzwischen hatte man entdeckt, dass Krieg nicht nur ein blutiges, sondern auch ein lohnendes Geschäft ist.

Die Basis dieses Geschäfts war der Diamantenhandel, der auch in Angola den Krieg anheizte. Der RUF, im Verein mit den Invasoren aus Liberia, war es gelungen, sich eines Teils reicher Diamantenvorkommen, über die auch Sierra Leone verfügt, zu bemächtigen. Das bedeutete, dass die Rebellen über unbegrenzte Mittel verfügten, die es ihnen ermöglichten, nicht nur die benötigten Waffen zu erwerben, sondern sich auch eine Vielzahl von Annehmlichkeiten zu leisten, zu denen nicht zuletzt auch jene Drogen gehörten, die die Soldaten der Rebellenarmee bei der Stange hielten. Nicht von ungefähr tauchte alsbald der Begriff »Blutdiamanten« in der Presse auf. Doch es dauerte eine Weile, bis man aufwachte. Hilferufe, Appelle verhallten ungehört. Die Krise auf dem Balkan und jene im Nahen Osten, obwohl sie eine Dauerkrise ist, beschäftigten die Gemüter mehr als die Massaker, so barbarisch sie auch waren, in irgendeinem obskuren Winkel in Afrika. Selbst eine neue Komponente, die bei diesen Massakern zu beobachten war, vermochte die Öffentlichkeit nicht aufzurütteln. Das geschah erst, als die UNO sich schließlich aufraffte, etwas gegen die entfesselte Barbarei in Sierra Leone zu unternehmen und dabei eine empfindliche Schlappe erlitt. Erst jetzt begann man, die wahren Hintergründe der ominösen Vorgänge in Sierra Leone aufzudecken. So fühlte sich die Weltbank in Washington bemüßigt zu konstatieren, dass der Kampf um Diamanten und andere wertvolle Bodenschätze für Bürgerkriege in aller Welt inzwischen eine größere Bedeutung erlangt hatte als die Verfolgung politischer Ziele. Das traf im besonderen für Afrika zu, was auch eine Bemerkung des Afrikaministers im britischen Foreign Office unterstreicht, der anlässlich einer Konferenz, bei der es um die Unterbindung des Handels mit Diamanten aus Konfliktgebieten ging, erklärte: »Wir wollen sichergehen, dass der Diamant, den wir unserer Geliebten über den Finger streifen, nicht dazu beitrug, dass der Finger oder die Hand eines Kindes in Sierra Leone oder Angola oder im Kongo abgehackt wurde.«

Zumindest in Sierra Leone war das die übliche Form, wie die Rebellen der

RUF sich bei der lokalen Bevölkerung Gehör verschafften. »In wenigen Minuten«, lautet der Bericht einer Betroffenen, die das Schicksal in der Nacht vom 5. auf den 6. Januar 1999 ereilte, »haben die Rebellen Tampa [ein Dorf in der Nähe von Freetown] besetzt. Sie zündeten alle Häuser an und befahlen jenen, die nicht die Zeit gefunden hatten zu fliehen, sich zu versammeln. Sie haben mich gezwungen, mich zusammen mit fünf anderen, Nachbarn, niederzuknien. Sie haben meinen Ellenbogen auf ein Holstück gelegt. Ein Jugendlicher hat mit seinem Buschmesser zugeschlagen. Der Arm fiel herunter. Darauf sagte ihr Anführer, dass er dasselbe mit meinem fünfjährigen Sohn machen sollte. Ich weinte. Ich habe sie angefleht, mein Kind zu verschonen. Sie haben nur gelacht. Dann haben sie mir den anderen Arm abgehackt.« Natürlich kamen auch die Kinder an die Reihe: selbst Babies verschonten die Rebellen nicht.

Die Welt war entrüstet, der Jugoslawienkrieg beendet und somit Bedarf an neuen Sensationen. Sierra Leone lieferte sie zu Hauf. Nicht nur, dass dort Hände und Arme abgehackt wurden, Kinder Krieg führten, sogar UNO-Soldaten im Kochtopf landeten, auch Warlords und Waffenschieber mischten mit, und natürlich die Edelsteinmafia. Auch sie geriet ins Visier, wobei nicht immer leicht zu unterscheiden ist, wer unter den Diamantenhändlern nun tatsächlich zur Mafia gehört und wer eine eher reine, wenn auch nicht ganz fleckenlose Weste hat. Das Diamantengeschäft rückte in den Mittelpunkt des Interesses, und es dauerte nicht lange, da hatte man ein ganzes Netzwerk zwielichtiger Unternehmungen aufgedeckt. Sie reichten bis zu dubiosen Geschäftemachern in Bombay. Und natürlich war auch die Schweiz dabei.

So berichtete das Schweizer Nachrichtenmagazin »Facts« im Juli 2001, als der Skandal aufgeflogen war und man auch die Schweizer Connection nicht mehr verheimlichen konnte: »Leonin Minin, gebürtiger Ukrainer mit israelischem Pass, bewohnte in der Baarerstrasse 63 in Zug ein unauffälliges Apartment. Im Herzen der properen Finanz-Dienstleistungs-Metropole führte der 53-Jährige ein chaotisches Leben im Drogen- und Sexrausch. Gern umgab sich der Geschäftsmann mit Bodyguards und Prostituierten. Er galt als aufbrausend und rüpelhaft. Doch weil er über unversiegbare Geldquellen zu verfügen schien, waren ihm Schweizer Bankiers, Rechtsanwälte und Treuhänder zu Diensten.«

Die Schweiz war noch nie bekannt dafür, indiskrete Fragen zu stellen, wenn zu befürchten stand, dass dies lukrativen finanziellen Dienstleistungen schaden könnte. Und so waren es auch nicht Ermittler in der Schweiz, die sich auf die Fersen des Ukrainers hefteten, sondern Italiener, die auf ihn aufmerksam wurden. Obwohl sie eigentlich etwas ganz anderes im Visier hatten. »Die diskreten Dienstleistungen für den mutmaßlichen Paten der russischen Mafia«, räumt denn auch unumwunden »Facts« ein, »kommen jetzt durch Ermittlungen der italienischen Polizei ans Licht. Eher zufällig war Minin letztes Jahr in der Nähe der norditalienischen Stadt Monza in eine gegen Prostituierte gerichtete Razzia geraten. Vier Dirnen lagen bei Minin im Hotelzimmer, als die Polizei in der Nacht auf den 5. August 2000 anklopfte. Beim Freier fand die Polizei 20 Gramm Kokain, Diamanten im Wert von 850.000 Franken und stapelweise Geschäftsunterlagen.«

Die Ermittlungen, die mittlerweile auch die Schweizer Behörden aufnahmen, ergaben, dass Minin in ein weitverzweigtes Geflecht illegaler Transaktionen verwickelt war. Neben diversen anderen dunklen Geschäften betrieb der Ukrainer einen schwunghaften Handel mit Waffen; für die er sich mit Diamanten bezahlen ließ. Zu diesem Zweck hatte er ein Flugzeug erworben, das immerhin zwei Dutzend Passagieren hätte Platz bieten können: aber statt Fluggästen beförderte Minin Raketenwerfer und Granaten, Gewehre und Munition, alles, was das Herz eines Rebellen oder Banditen begehrt. Wobei die Grenzen, wie gesagt, oftmals fließend sind.

Als Mittelsmann trat Charles Taylor auf, der es inzwischen zum Präsidenten von Liberia gebracht hatte. Er sorgte dafür, dass die Transaktion reibungslos ablief: Sankoh, in Sierra Leone, lieferte die Diamanten, die Sklaven und Zwangsarbeiter aus der Erde buddelten, und Minin wartete im Gegenzug mit den Waffen auf, die er in der Ukraine auftrieb oder von der russischen Mafia übernahm, zu der er gleichfalls enge Kontakte unterhielt. Die Diamanten waren die Währung, die überall gültig war: in Liberia, wo Taylor seine Hand aufhält, in der Schweiz, wo Minin die Klunker bunkerte (sofern er sie nicht mit auf eine Spritztour nach Italien nahm), und in Russland, wo die Mafia nicht zuletzt auch Polizei und Behörden schmierte, sofern nicht gar die Regierung selbst käuflich war. »Diamonds are forever« heißt es bei James Bond; zutreffender wäre: »Diamonds are for everybody«. Waffendealer, Warlords, Rebellen, Prostituierte, Drogenbosse, Bankiers und Staatsdiener. Um nur die Wichtigsten zu nennen.

Die Gewinne sind phänomenal. Allein in Sierra Leone belief sich der Wert der illegal geförderten Diamanten auf 200 Millionen Franken im Jahr. Und Sierra Leone war nur eines der augenfälligeren Beispiele, wo die »Blutdiamanten« den Krieg anheizten. Das Geschäft mit den todbringenden Steinen blühte auch andernorts, namentlich in Angola und im Kongo. Auch hier lautete der Deal: Diamanten gegen Waffen. Savimbi stand da Sankoh nicht nach. Und was die Regierung in Luanda betrifft, so vergab sie großzügig Konzessionen über Diamantenfelder an die Militärs, um deren Kampfmoral zu heben. Das Gegenteil war der Fall: am Ende hatten beide Seiten kein Interesse daran, Frieden zu schließen. Der Krieg war viel lohnender. Vier Milliarden Dollar verdiente Savimbi am Diamantenhandel. »Bedauerlich«, kommentierte »New African«, »das ist alles Geld, das für die Neuordnung der Gesellschaft in einem Land hätte verwendet werden können, in dem es fast keine Hospitäler, sehr wenige Kliniken und erbärmlich wenige Schulen und Lehrer gibt.«

Die Zeitschrift bezog sich damit zwar auf die Ausgaben der Regierung, die sie für den Krieg aufwand. Aber die Kritik trifft natürlich auch für die Gegenseite zu. Und, das wird nur zu leicht vergessen, für alle jene, die an den blutigen, kleinen Kriegen in Afrika und anderswo verdienen. Da reicht das Spektrum von skrupellosen »Merchants of Death« wie dem Ukrainer Minin, der auf eigene Rechnung arbeitet, über Rüstungsfirmen in aller Welt, die nicht weniger skrupellos sind, bis hin zu scheinbar integren Regierungen, seien sie nun in Paris, in Madrid oder in Pretoria angesiedelt. Die »New African« zitiert eine Untersuchung des in Washington ansässigen National Security News Service und schreibt dazu, wobei sie sich auf eine Liste bezieht, die Waffenverkäufe nach Zentralafrika verzeichnet: »Bei der Lieferung von Kriegsmaterial, insbesondere nach Angola, stehen die Vereinigten Staaten, Israel, Franreich, die Tschechische Republik, Nordkorea, Brasilien, Portugal, Russland, Spanien und Südafrika an erster Stelle. » Im Klartext: das ist nur die Spitze des Eisbergs. Wie die Menschenrechtsorganisation »Human Rights Watch« 1998 ermittelte, waren zu dieser Zeit über 25 Prozent aller Staaten der Erde daran beteiligt, Waffen in die Krisenregion, die Zentralafrika darstellte, zu pumpen. 1998, da zählte die UNO 185 Mitgliedsstaaten. Das macht rund fünfzig Staaten, die einander überboten, am Geschäft mit dem Tod in Zentralafrika teilzuhaben. Darunter nicht nur ehemalige Kolonialmächte – namentlich Frankreich und Portugal – und neue, wiewohl schon ergraute Imperialisten wie die USA, aber auch Russland, sondern auch afrikanische Staaten, die sich fleißig daran beteiligten, ihre Nachbarn ins Chaos zu stürzen. Selbst das Südafrika Mandelas war sich dazu nicht zu schade. Was beweist, dass die Schäbigkeit keine Frage der Hautfarbe ist.

Dabei sind die Motive allerdings unterschiedlich. Der eine gibt sein Geld für Drogen und Dirnen aus, der andere versucht, seinen Haushalt zu sanieren. Und während die USA von einem »Flugzeugträger« im Herzen Afrikas träumen, den sie in Uganda ausgemacht zu haben vermeinen, hängen die Franzosen ihrem Nationalstolz nach, dem Traum von einer »grande nation«, die nicht müde wird, die Einheit einer »communautée française«, einer Gemeinschaft frankophoner Länder, zu beschwören. Dafür übergeht man schon mal die Richtlinien der Europäischen Union und liefert auch Waffen in jene Gebiete, namentlich Zentralafrika, die als Krisenregionen gelten und eigentlich mit einem Lieferstop belegt sind. So rüsteten die Franzosen emsig die

Hutu in Ruanda auf und schufen so die Möglichkeit, dass hier das Morden im großen Stil stattfand. Aber es gelangten auch Boden-Luft-Raketen sowjetischer Bauart, die die Amerikaner im ersten Golfkrieg erbeuteten, nach Afrika; zunächst nach Uganda, wo die Amerikaner bemüht waren, ihre Position auszubauen, und von dort ins Nachbarland Ruanda, wo sie gegen jene Maschine eingesetzt wurden, in der die beiden Präsidenten reisten, die vom Himmel geschossen wurden.

Jeder verfolgt seine eigenen Ziele und kümmert sich nicht im geringsten um die Folgen, die sich daraus ergeben. Das überlässt man allenfalls der UNO, die sich gelegentlich aufrafft, eine verwässerte Resolution zu verabschieden oder gar eine Friedenstruppe zu entsenden. So verhängte der Sicherheitsrat der Vereinten Nationen am 6. Juli 2000 ein Sanktion, die das Verbot des Handels mit Diamanten aus Sierra Leone vorsah, um dadurch die Waffenzufuhr zu unterbinden. Und bereits im Oktober 1999 beschließt der Sicherheitsrat die Entsendung von UNO-Blauhelmen, die die Einhaltung eines Friedensabkommens zwischen den Rebellen und der Regierung durchsetzen und die Aufständischen entwaffnen sollen. Doch für den Einsatz von Truppen in Sierra Leone finden sich nur Entwicklungsländer bereit, die dadurch ihre leeren Kassen aufbessern wollen, deren Armeen jedoch in der Regel schlecht ausgerüstet und ebenso mangelhaft ausgebildet sind. So überrascht es nicht, dass die UNO-Mission scheitert: Hunderte von Blauhelmen werden von den Rebellen gefangengenommen, und die, die nicht im Kochtopf landen, können von Glück sagen.

Erst als Großbritannien, die ehemalige Kolonialmacht, sich entschließt, Truppen zu entsenden, beruhigt sich die Lage: unter ihrem Schutz kehrt endlich Frieden ein, Sankoh, der Rebellenführer, wird dingfest gemacht, und das Tribunal, das über die horrenden Menschenrechtsverletzungen verhandeln soll, kann seine Arbeit aufnehmen.

Als Hauptschuldiger gilt Charles Taylor, der Warlord im benachbarten Liberia. Er pokerte mit Sankoh und Minin und verwandelte Liberia in eine Drehscheibe des illegalen Handels mit Waffen und Diamanten. Taylor gehört zu der Minderheit der Kreolen, ist also Nachfahre jener Sklaven, die aus Amerika zurück nach Afrika verpflanzt wurden. Die Kreolen bestimmten die Politik des Landes bis 1980, als ein Staatsstreich ihre Monopolstellung durchbrach und sich ein Angehöriger der Stammesvölker, Samuel Kanyon Doe, an die Macht putschte. Doch Doe, ein Militär, konnte die Probleme des Landes, die aus der ungleichen Entwicklung resultierten, nicht lösen, und obwohl sich Doe zehn Jahre lang an der Macht halten konnte, bis es erneut zu politischen Unruhen kam, in deren Verlauf Doe getötet wurde, stand Liberia auch 1990 noch am Anfang seiner Entwicklung. Ein Umstand, den sich die

Kreolen zunutze machten, indem sie erneut nach der Macht griffen. Wenigstens ging Taylor, der immerhin in den USA Wirtschaftswissenschaften studiert hat und unter Doe ein Regierungsamt bekleidete, ehe er sich gegen ihn wandte, aus dem Ringen um die Macht als Sieger hervor. Nachdem es zu einem blutigen Bürgerkrieg gekommen war, der ähnlich verheerende Auswirkungen hatte wie in Sierra Leone. Kindersoldaten, Raub, Plünderung und Mord auch hier, und natürlich das große Geld, mit Diamanten aus dem Nachbarland verdient und für die ununterbrochene Waffenzufuhr großzügig bereitgestellt. Resolution der UN0 hin und her. Auch wenn sich die Diamantenindustrie ihrerseits befleißigte, um hinter der UNO nicht zurückzustehen und womöglich bloßgestellt zu werden, in einer Erklärung, die vom 19. Juli 2000 datiert, zu geloben, mit Hilfe eines Kontrollsystems fortan die Herkunft von Diamanten zu überprüfen. Um so zu verhindern, dass sich die Händler in Antwerpen oder Tel Aviv ihre Hände mit »Blutdiamanten« schmutzig machen. Doch selbst wenn man sich an derlei hehre Prinzipien hält, ist es eher unwahrscheinlich, dass das Kontrollsystem funktioniert. Zertifikate über die Herkunft von Diamanten werden gefälscht, Drittländer, über die der Handel abgewickelt wird, finden sich zu Hauf – Liberia ist da nur das berüchtigste Beispiel –, und die Edelsteinmafia ist auch nicht müßig. Ihre Tentakel reichen von Georgien bis nach Indien, und was der legale Handel einbüßt, findet trotzdem seinen Abnehmer. Die Mafia, ob nun auf Waffen oder Diamanten spezialisiert, mischt überall mit. Und wie es scheint, ist ihr nicht beizukommen. Da gibt es scheinbar Wichtigeres.

Stunde X

»In einer Untersuchung«, bemerkt der Schweizer Soziologe Jean Ziegler, »über die *Natur und die Ursachen des Nationalreichthums* schreibt Adam Smith 1776: ›Wealth like health is taken from nobody‹ [...].« Ziegler, der einer der wenigen kritischen Beobachter der Entwicklung in den Ländern der sogenannten Dritten Welt ist, lässt diese Feststellung, die da soviel wie »Beim Reichtum ist es wie mit der Gesundheit: er nimmt niemandem etwas weg« bedeutet, natürlich nicht einfach so stehen. »Irrtum!«, fährt er in seiner Erklärung fort. »Die Hunderte Millionen Dollar, die aus Zaire, den Philippinen oder Brasilien abfließen und – in Schweizer Franken umgewandelt – in Kellern unter der Bahnhofstraße von Zürich, der Via Canova von Lugano und der Corraterie von Genf schlummern oder über Treuhänderkonten wandern, bevor sie in die Börsenmärkte zurückgepumpt werden, sind das Blut und das Elend der Völker dieser drei Kontinente. Während in Afrika, Lateinamerika und Asien die Kinder sich prostituieren und jämmerlich verhungern, Familien zerbrechen, Männer und Frauen vergeblich ein Dach über dem Kopf oder einen Arbeitsplatz suchen, häufen sich in der Schweiz die durch Korruption, Steuerflucht und Ausplünderung aufgelaufenen Milliarden der ›Führungseliten‹ dieser Länder.«

Zu diesen »Führungseliten« gehörte auch Joseph-Désiré Mobutu, der sich selbst mit dem Beinamen *Sese Seko Kolo Ngbendu wa za Banga* schmückte, so dass er sich von seinem Volk als »Der mächtige Krieger, der auf Grund seiner Ausdauer und seines unbeugsamen Siegeswillens von Eroberung zu Eroberung schreitet und Flammen in seiner Spur hinterlässt« feiern ließ. Der »große Krieger« war am Ende fünf Milliarden Dollar wert; somit übertraf er sogar Savimbi, seinen Busenfreund im benachbarten Angola, der sich mit vier Milliarden begnügen musste. Savimbi war Kriegsgewinnler, Mobutu – obwohl auch er gelegentlich zu den Waffen griff, weil sich immer mal wieder jemand erkühnte, gegen sein korruptes Regime die Hand zu erheben – spezialisierte sich auf Plündern und Ausbeutung. Darin stand er dem seligen Leopold, dem König der Belgier, der als erster das verlockende Potential des

Kongo entdeckt hatte, nicht nach. Auch wenn es gelegentlich zu Verstimmungen mit den Belgiern kam; namentlich, als Mobutu sich erkühnte, die mächtige Minengesellschaft in Katanga, die auch nach der Erlangung der Unabhängigkeit der eigentliche wirtschaftliche Motor des Kongo war, zu enteignen. Die Union Minière wurde in eine staatliche Gesellschaft, die Générale des Carrières et des Mines, kurz Gécamines, umgewandelt. Dabei gingen freilich die Belgier nicht leer aus, und was Mobutu betrifft, der sich immerhin das Mäntelchen eines Nationalisten umhängte, so fiel auch für ihn etwas dabei ab: ein Großteil der Milliarden, die der »Heiland«, wie Mobutu sich auch verehren ließ, zusammenraffte, wurde aus den Gewinnen der Gécamines abgezweigt. Aber das war nur eine der Quellen, die Mobutu zu seinem Nutzen und dem seiner Helfershelfer sprudeln ließ. Als im Zuge einer als »Zairianisation« propagierten Nationalisierungskampagne Mobutu 1973 zweitausend Unternehmen, die Ausländern gehörten, enteignen ließ, war der »Messias«, der sich zuvor bereits mit der Union Minière angelegt hatte, wiederum der Hauptnutznießer. Mobutu stand wirklich dem raffgierigen Leopold nicht nach. Dabei hatte er einmal ganz klein angefangen.

Als Mobutu 1956 aus der Kolonialarmee, in der er gedient hatte, entlassen wurde, hatte er gerade mal den Rang eines Feldwebels erreicht. Das war allerdings nicht ihm anzulasten, sondern der Kolonialregierung, die – wohlweislich – Einheimische in Offiziersrängen nicht duldete. Auch danach musste sich Mobutu mit eher unbedeutenden Tätigkeiten, als Buchhalter und Stenograph, zufrieden geben, ehe er schließlich zum Redakteur einer Zeitung aufrückte. In dieser Funktion machte er die Bekanntschaft Lumumbas, dessen Bewegung, dem Mouvement National Congolais, er sich anschloss. Doch anders als Lumumba war Mobutu kein Idealist, sondern entpuppte sich als skrupelloser Realpolitiker, der erst seinen Mentor verriet und dann auch seinen Förderer, Kasawubu, kaltstellte. Durch einen Putsch an die Macht gelangt, hielt sich Mobutu an der Spitze des Staates drei Jahrzehnte lang, von 1965 bis 1997. In dieser Zeit schaffte er es, den Kongo, den er 1971 in »Zaire« umtaufte, in den Ruin zu wirtschaften. Mit tatkräftiger Hilfe des Westens, der beide Augen zudrückte, denn Mobutu war einer der verlässlichsten Verbündeten Washingtons und seiner Klientel im Kampf mit der Sowjetunion und ihren Satelliten.

Wie nützlich Mobutu in diesem Kampf war, bewies er sogleich, als es zur Konfrontation mit Lumumba kam, an dessen Tod Mobutu maßgeblich beteiligt war. Auch den Aufstand im Osten des Landes, den nicht zuletzt Kuba förderte, indem es einen Guerrilla-Trupp unter Che Guevara entsandte, beendete er erfolgreich. Es mag verwundern, dass ausgerechnet Kuba im Kongo eingriff, noch ehe es – Jahre später – den Kampf in Angola aufnahm. Hier wie dort gab es dafür einen ganz einfachen Grund, der über die Forderung nach der Freiheit der Völker, wie sie Che Guevara erhob, hinausging. Jean Ziegler, der sich auf eigene Beobachtungen stützt, macht deutlich, was gemeint ist: »In Poto-Poto, dem farbigen, sympathischen und lebenslustigen Afrikaner-Quartier von Brazzaville, kann man Samstagsabends Gruppen von Soldaten sehen: Die autochthonen Laris und Bakongo mischen sich mit ihren cubanischen Vettern (Urenkeln von nach Karibien deportierten Sklaven). Die Schwarzen von diesseits und jenseits des Atlantik tragen die gleiche Uniform, die gleichen Ritual-Narben, die gleichen Amulette. Niemand kann sie unterschieden. Nur wenn der Tanz von einem von Kerzen erhellten Kreis hinter einer Hütte beginnt, wo klebriger Palmwein ausgeschenkt wird, lachen plötzlich die Mädchen und klatschen in die Hände: Mitten im Kreis dreht da ein cubanischer Vetter zu afrikanischem Rhythmus einen karibischen Tanz.«

Brazzaville, die Hauptstadt der Volksrepublik Kongo, die einen sozialistischen Kurs verfolgte, war Anlaufstelle für die Kubaner. Obwohl sie von Osten her, über Tansania, das gleichfalls mit dem Ostblock sympathisierte, in den Kongo eindrangen. Doch hier hielt sich die Verbrüderung in Grenzen: Che Guevara, der im übrigen aus Argentinien stammte, wo er der Aristokratie angehört hatte, hielt nichts von Kannibalismus, über den auch die Aufständischen, die er unterstützen wollte, nicht erhaben waren. Ches afrikanisches Abenteuer währte nur kurz und war eine große Enttäuschung; dennoch hielt es ihn nicht davon ab, einen ähnlichen Versuch schließlich in Bolivien zu starten: auch hier kam es nicht wirklich zu einer Verständigung mit der lokalen Bevölkerung, die aus Indianern bestand.

Gefährlicher als der Aufstand im Osten des Kongo, den bereits Tschombé mit Hilfe der weißen Söldner, die er zurück ins Land rief, entschärft hatte, war die Entwicklung in Katanga, wo sich in den Jahren 1977 und 1978 die Lage derart zuspitzte, dass Mobutu auf militärische Unterstützung aus dem Ausland zurückgreifen musste. Die freilich nur zu bereitwillig gewährt wurde, denn – anders als bei der Sezession dieser an Bodenschätzen reichen Provinz im Gefolge der Unabhängigkeit – ging es diesmal um eine vom sozialistischen Lager unterstützte Erhebung gegen das diktatorische Regime in Kinshasa. Und das genoss die uneingeschränkte Wertschätzung des Westens, der zwar auf den Rest des Kongo zur Not hätte verzichten können, nicht aber auf die Provinz Shaba, wie Katanga inzwischen hieß, denn hier befanden sich all die strategisch wichtigen Lagerstätten, auf die man es von Anfang an abgesehen hatte.

Die Erhebung in der Provinz Shaba ging auf eine Invasion von 2000 Rebellen aus dem benachbarten Angola zurück. Die Rebellenbewegung, die unter der Führung eines katangesischen Exgenerals, Nathaniel M'Bumba, stand und sich »Kongolesische Nationale Befreiungsarmee« nannte, wurde tatkräftig vom marxistischer Regime in Luanda und seinen Mentoren, der Sowjetunion, unterstützt. Auch Kuba leistete Schützenhilfe. So dass Mobutu in arge Bedrängnis geriet und Marokko, das sich im Rahmen der Organisation für Afrikanische Einheit dazu bereit erklärte, um Hilfe anrief. Auch Frankreich, das ein Militärabkommen mit Kinshasa, wie das einstige Léopoldville inzwischen hieß, geschlossen hatte, stellte sich hinter Mobutu. Mit vereinten Kräften gelang es, die Rebellen zurückzuschlagen.

Doch diese gaben nicht auf. Nunmehr unter der Bezeichnung »Kongolesische Nationale Befreiungsfront« firmierend, was ihre sozialistische Ausrichtung noch deutlicher zum Ausdruck brachte, tauchten die Rebellen, mittlerweile mit 4000 Kämpfern doppelt so stark wie im Jahr zuvor, im Mai 1978 erneut in der Shaba-Provinz auf. Diesmal schreckten sie auch vor Massakern an Weißen, die in dieser Gegend lebten, nicht zurück: zweihundert von ihnen wurden in altbekannter Weise grausam niedergemetzelt. Worauf die Belgier und Franzosen, mit Unterstützung der USA, Fallschirmjäger entsandten, um den weißen Bevölkerungsanteil zu evakuieren. Die Rebellen wurden zurückgedrängt. Schließlich kam es im Oktober 1979 in Ndola, dort, wo einst die Maschine Dag Hammarskjölds zerschellt war, zu einem Friedensabkommen zwischen den drei involvierten Staaten, zu denen auch Sambia, das die Rebellen unterstützt hatte, gehörte, und der erneute Kampf um Katanga-Shaba fand ein Ende.

Zwölf Jahre vergingen, bis Mobutu, der inzwischen eifrig an seinem Personenkult gebastelt und sein Vermögen bis ins Schamlose vermehrt hatte, sich einer neuen Herausforderung ausgesetzt sah: die Opposition im Lande wagte aufzumucken, denn sie witterte Morgenluft. Der Kalte Krieg war zu Ende, die Sowjetunion war zerfallen und hieß jetzt Russland, und die USA konnten es sich leisten, ehemalige Schützlinge, die ihnen nützlich gewesen waren, fallenzulassen. Zumal dies auch Russland tat, das ohnehin genügend mit sich selbst beschäftigt war, als dass es sich noch um die Belange anderer wie Angola oder Kuba hätte kümmern können. Kurzum, Mobutu, der die Fahne des Westens hochgehalten hatte (und folglich auch die UNITA gegen den sozialistischen Erzfeind in Luanda unterstützt hatte), stand plötzlich im Regen. Denn nicht nur die Opposition im eigenen Land rührte sich, auch seine einstigen Mentoren entsannen sich schließlich ihrer hehren Ideale, die da von Demokratie und Menschenrechten kündeten, und mahnten Reformen an. Die, was den Kongo (und nicht nur diesen) betraf, überfällig waren. Dreißig Jahre Diktatur und Misswirtschaft hatten den Kongo alias Zaire an den Rand des Abgrundes getrieben. Der amerikanische Photojournalist Robert

Caputo, der den Kongo neun Monate durchstreift hatte und dabei auch eine Reise auf dem Kongo-Fluss unternahm, schrieb dazu, im November 1991:

»Das Boot ist tatsächlich ein perfekter Mikrokosmos des Landes. Der Zaire ist unendlich reich an Mineralien und verfügt über ein so großes landwirtschaftliches Potential, dass er sich leicht selbst ernähren könnte, und darüber hinaus noch einen Großteil des übrigen Afrika. Doch der Reichtum ist verschwunden, und das Pro-Kopf-Einkommen beträgt nur 170 Dollar im Monat. Präsident Mobutu Sese Seko Kuku Ngbendu wa za Banga [...] gilt als einer der reichsten Männer der Welt, sein persönliches Vermögen wird auf, sage und schreibe, fünf Milliarden Dollar geschätzt. Erst kürzlich berichtete die Weltbank von einem unerklärten Fehlbetrag in Höhe von 400 Millionen Dollar bei den Exporteinnahmen der staatlichen Minengesellschaft. Nach 26 Jahren der Mobutu-Herrschaft stoßen die Geschichten über Korruption, Diebstahl und Missbrauch, die man im Zaire hört, an die Grenzen der Glaubwürdigkeit, aber sie sind nur zu wahr.

Eine kleine Elite kreuzt mit ihren neuen Mercedes-Benz-Wagen in den trostlosen, verrotteten Straßen Kinshasas. Das Telefonsystem ist außer Betrieb, und so unterhalten sich die reichen Kinshasaner über enorm teure Handies – *das* Statussymbol. Es ist unmöglich, irgendwo sonsthin im Lande zu telefonieren, aber das interessiert die Elite nicht – der übrige Zaire existiert kaum für sie. Sie kaufen in Europa ein und schicken ihre Kinder dorthin zur Schule.

Für die meisten der 35 Millionen Einwohner Zaires sieht die Sache anders aus. Schiffsverbindungen auf dem Fluss sind fast zum Erliegen gekommen. Die Eisenbahnstrecken, die um die vielen Stromschnellen führen und die während der Herrschaft der Belgier angelegt wurden, werden nur unregelmäßig, wenn überhaupt befahren, da es an Treibstoff fehlt. Bis auf wenige Meilen sind alle Straßen nicht mehr passierbar. In Regierungsschulen gibt es keine Bücher, und nur wenige verfügen über ausgebildete Lehrer; den wenigen Hospitälern und Kliniken mangelt es an Medikamenten, Laboratorien und Ausrüstung. Kaum ein Cent ist für die Instandhaltung, geschweige denn Verbesserung der einst intakten Infrastruktur ausgegeben worden. Der Handel ist praktisch zum Erliegen gekommen.«

Fast schon das Zerrbild der Spielwiese eines dekadenten Neger-Fürsten, die denn der Zaire unter Mobutu in der Tat auch war: das Land, potentiell eines der reichsten, gehörte zu den ärmsten Staaten der Erde. Während Mobutu, unter dem Schild des Westens (und der Weltbank!), es zu einem der zehn reichsten Männer der Erde gebracht hatte.

Natürlich segelten auch die Deutschen im Schlepptau des Großen Bruders und hinterfragten nie, was im Kongo wirklich geschah. Erst als die Mauer fiel (und der Eiserne Vorhang hochgezogen wurde), entsann man sich seines Gewissens und beeilte sich, Versäumtes nachzuholen. Mobutu ließ man fallen wie eine heiße Kartoffel, und Kabila, der neue Mann, wurde hofiert, als sei er tatsächlich der Erlöser, als den sich Mobutu vergeblich ausgegeben hatte. Der falsche Messias, der sich mit Leopardenfellmütze geschmückt und als Insignum seiner Macht einen Häuptlingsstab mit Adlerkopf verwendet hatte, um dadurch seine vermeintliche Verbundenheit mit der Tradition des Landes zu bekunden, wurde entlarvt, und es half ihm auch nicht, dass er in letzter Minute versuchte, Versäumtes nachzuholen. So berief er 1991 eine nationale Konferenz ein, auf der über politische Reformen verhandelt werden sollte. Doch das Zugeständnis kam zu spät: wie die Büchse der Pandorra entließ der neue Kurs Kräfte, die alsbald eine unkontrollierbare Eigendynamik entwickelten. Oppositionsgruppen formierten sich, ethnische Spannungen traten erneut zutage, und auch das Gespenst der Sezession ging wieder um. Mobutu gelang es zwar, die Fäden der Macht in den Händen zu behalten, aber der Zerfall seines Regimes war nicht mehr zu stoppen.

Im Osten des Landes formierte sich eine Gegenbewegung, die schließlich in einen Aufstand mündete, der diesmal erfolgreicher war als die Erhebung in den Jahren 1964/65. In gewisser Weise könnte man den neuerlichen Aufstand allerdings als Erbe der einstigen Rebellion ansehen, denn nicht nur brach er in der gleichen Gegend aus, wo auch die frühere Erhebung stattgefunden hatte, es war auch der Anführer des neuen Aufstandes ein Veteran der vormaligen Kämpfe: Laurent-Désiré Kabila hatte an der Seite Che Guevaras gekämpft. Doch er war auch ein Parteigänger Lumumbas gewesen, war also ein Mann der ersten Stunde. Als er im Herb 1996 erstmals in Erscheinung trat, wenigstens nahm die Weltöffentlichkeit erst jetzt von ihm Notiz, hatte er dennoch eine lange Karriere als Revolutionär hinter sich.

Angehöriger des Luba-Volkes entstammte Kabila der Unruheprovinz Katanga; er hatte in Frankreich und dann in Daressalam, im damaligen Tanganyika, studiert, ehe er sich der Bewegung Lumumbas anschloss, die der Beginn seiner Karriere als Revolutionär war. Nach dem gescheiterten Aufstand zu Beginn der Mobutu-Ära gründete Kabila 1967 eine Revolutionäre Volkspartei, die sozialistische Ziele vertrat, und schuf sich in der Gegend des Kiwu-Sees erneut eine Basis, die ihm als Stützpunkt seiner revolutionären Aktivitäten diente. Die blieben jedoch weitgehend unbeachtet und stellten keine Bedrohung für das Regime in Kinshasa dar.

Schließlich siedelte Kabila in den achtziger Jahren nach Daressalam über, wo er sich im Goldhandel betätigte. Seine Stunde kam, als Mobutus Position zu wanken begann, während andererseits Kabila, der wiederum im Osten des Landes agierte, Unterstützung von den Nachbarländern, vor allem Ruandas, erhielt. Ruanda, wo die Tutsi-Minderheit inzwischen wieder das Heft in der Hand hielt, verstand es, Kabila auf seine Seite zu ziehen; was bedeutete, dass seine Rebellenbewegung, die sich im Oktober 1997 neu formierte und sich nunmehr »Allianz demokratischer Kräfte für die Befreiung von Kongo-Zaire« nannte, gegen die Hutu-Flüchtlinge im Zaire vorging. Womit ein neues Flüchtlingsdrama begann, das aber überschattet wurde durch die politischen Ereignisse, die sich im Kongo geradezu überstürzten. Derart, dass es die Weißen, die überall mitmischten, wieder einmal mit der Angst bekamen. Wie schon so oft, in dieser unruhigen Gegend. Eilig traf man Vorsichtsmaßnahmen für den Notfall. »Amerikanische Marines« berichtete der »Focus« im April 1997, »belgische Fallschirmjäger und französische Elitesoldaten bereiten ›die Stunde X‹ vor. Sie campieren gegenüber Zaires Hauptstadt Kinshasa, auf der anderen Seite des Zaire-Flusses in Brazzaville, und rüsten sich für alle Eventualitäten. ›Wenn Mobutu zurücktritt, gestürzt wird oder stirbt‹, erklärt ein US-Offizier, ›dann müssen wir mit Chaos rechnen.‹«

Aber auch in Kinshasa traf man Vorbereitungen für den Ernstfall. »Tausende Ausländer, die jetzt noch in Kinshasa leben«, heißt es weiter, »müssen dann unverzüglich evakuiert werden, um dem gefürchteten Blutbad zu entkommen. In den westlichen Botschaften in Kinshasa liegen Schlauchboote sowie Rettungspläne bereit.« Beruhigend nur, dass inzwischen die einstige Volksrepublik Kongo am jenseitigen Ufer – im Rahmen des allgemeinen Zusammenbruchs des Ostblocks – auf die Linie des Westens eingeschwenkt ist, so dass wenigstens in Brazzaville Rettung winkt.

Aber auch Kabila ist nicht mehr der Rebell von einst. Auch er hat begriffen, dass der Kommunismus ausgespielt hat, und so finanziert er seine Bewegung, die inzwischen zu einer militärischen Offensive übergegangen ist, der Mobutu nichts mehr entgegensetzen kann, durch Zuwendungen ausländischer Wirtschaftsinteressen. Sie haben das sinkende Schiff verlassen und orientieren sich rechtzeitig neu. Mobutu hat keine Chance: von seinen einstigen Schutzherren verlassen, durch Krankheit geschwächt und im Angesicht des Feindes, der unaufhaltsam auf Kinshasa vorrückt, gibt Mobutu das Spiel auf und geht ins Exil, wo er kurz darauf stirbt. Das befürchtete Chaos bleibt aus, die Marines und Elitetruppen ziehen ab, und der Kongo steht an der Schwelle einer neuen Ära. Schafft er nun den Start?

2

»Kinshasa hat die neuen Herren und ihr Fußvolk euphorisch empfangen«, berichteten Beobachter, »wie von Sinnen bejubelte das von der Mobutu-Clique ausgebeutete Volk die Lastwagen voller Soldaten. Kinshasa hat geweint vor Freude über Kämpfer wie Jean, den 14jährigen aus einem Dorf im Osten des Landes. Militärisches Training in einem Camp im Regenwald, ein kurzes Ideologieseminar über die Befreiung, dann ist er mitmarschiert. 900 Kilometer in sieben Monaten. Dafür hat die Allianz seiner Familie 500 US-Dollar gezahlt. ›Wann ich meine Eltern wiedersehe, weiß ich nicht‹, sagt er.«

Inzwischen ist Jean, wenn er noch lebt, zwanzig. Die Frage, ob er noch lebt, ist keineswegs akademisch. Denn im Kongo wird seit 1998 wieder gekämpft, und es ist sehr gut möglich, dass Jean, der zudem vermutlich inzwischen auch nichts anderes gelernt hat als zu kämpfen, unter den vier Millionen Toten ist, die diese neue Runde des Chaos im Kongo bisher gekostet hat.

»›Wir sind eine Regierung der Vergebung‹, erklärt Professor Babi, Chef der neuen Wirtschaftsföderation Kongo, bei einem Treffen im klimatisierten ›Salon Zaire‹ den 250 Firmen- und Bankenchefs, die im feinsten Zwirn erschienen sind. Aufatmen bei den Baronen des alten Systems. ›Aber merken Sie sich eins‹, spricht der Professor, der in der Schweiz und den USA studiert hat. ›Unter unseren samtenen Handschuhen tragen wir Kalaschnikows.‹ Wie zufällig lässt ein Soldat im hinteren Teil des Raumes eine Granate auf den Fußboden fallen.«

Die Szene im »Inter-Continental« in Kinshasa entbehrt nicht der Komik, sei es nun beabsichtigt oder unfreiwillig. Doch die Botschaft ist klar: mit der Wirtschaft soll es nun anders werden, zwar mit den alten Leuten, doch unter einem neuen Vorzeichen. Das gilt für Wirtschaftsbosse ebenso wie für Marktfrauen, die ihr Angebot neu sortieren müssen: »Die neuen Herren schicken ihre Sendboten in die Straßen. Junge Männer in blitzsauberen Anzügen, die alle Warenlager, Boote, Hausbesitzer registrieren. Offiziere in Zivil, die Listen anlegen mit den Namen der Mitglieder von Mobutus Präsidentengarde. Soldaten, die auf einem Markt in Kitamba, einem östlichen Vorort von Kinshasa, jungen Frauen die Nylonstrümpfe und Miniröcke zerreißen. ›So was zieht ihr jetzt nicht mehr an! Order von unserem General!‹ Offenbar soll im verruchten Kinshasa die strengere Kleidermoral aus dem Osten des Landes eingeführt werden.«

Der Osten, Nährboden seit Lumumba aller Rebellionen, die zudem sozialistisch angehaucht sind, mag zwar eine strengere Moral propagieren. Doch weit ist es damit nicht her: denn – neben sozialistischem Ideengut – halten sich hier hartnäckig überkommene Traditionen, wie Fetischismus und Kannibalismus. Auch »oben ohne« gehört hier eigentlich zu den ererbten Kleidersitten.

Es ist immer ein anrührendes Schauspiel, das die Euphorie und Begeisterung abgibt, die am Beginn eines neuen politischen Aufbruchs steht. Das war in Kuba so und in der Sowjetunion, sowohl an ihrem Anfang als auch an ihrem Ende, und das war nicht anders im Kongo, als die siegreichen Rebellen im Mai 1997 in Kinshasa einmarschierten. Das Volk war es in der Tat müde, von einem korrupten Diktator und seinen Schergen unterdrückt und ausgebeutet zu werden. Es feierte den Sieger, der ihn gestürzt hatte, wie einen Befreier. Kabila hatte alle Trümpfe, die er für einen Neuanfang brauchte. Doch er verspielte sie. Das ist die Tragik, die einem solchen Schauspiel innewohnt. Nicht immer endet es tragisch – Kuba und Russland gingen einen anderen Weg –, aber im Kongo zweifellos.

Dabei war der Auftakt recht vielversprechend: in einer seiner ersten Amtshandlungen als neuer Staatschef wandelte Kabila die offizielle Bezeichnung des Kongo, die Mobutu in »Zaire« umgetauft hatte, in »Demokratische Republik Kongo« um. Er versprach Wahlen und eine neue Verfassung. Sogar die Wirtschaft, die am Boden lag, fasste wieder Tritt, und zum ersten Mal nach langer Zeit erhielten Beamte wieder regelmäßig ihr Gehalt. Investoren standen Schlange, und niemand fürchtete, dass Kabila seine sozialistischen Ideen von einst erneut hervorkehren würde. Doch die Demokratie, die er verhieß, blieb ein bloßes Lippenbekenntnis, und die Mächte, die ihn bedrängten, allen voran die USA, die an einer ungestörten Ausbeutung der Bodenschätze interessiert waren, waren nur auf ihren eigenen Vorteil bedacht. Am Ende war der neue starke Mann, in seinem Amt als Staatspräsident, das er selbstherrlich ausübte, überfordert, ein Spielball altüberkommener Interessen, der gleichen, die auch Mobutu ins Verderben gestürzt hatten, und neuer Unmut machte sich breit. Der Kongo kam nicht zur Ruhe und taumelte kaum ein Jahr, nachdem sich die neue Regierung etabliert hatte, erneut in einen Bürgerkrieg. Der die Probleme, denen sich Kabila gegenübersah, noch verschärfte und ihm keine Chance ließ, den Aufbau des Landes wirklich voranzutreiben.

Was Mobutu immerhin geschafft hatte, den Zusammenhalt des Landes zu wahren, drohte Kabila völlig aus der Hand zu gleiten. Woran allerdings auch – und dies in entscheidendem Maße – die gleichen Kräfte mitschuldig waren, die ihn an die Macht gebracht hatten. Sie intervenierten erneut, und im Verein mit der ethnischen Vielfalt des Kongo, die wie eh und je ein Hindernis auf dem Weg zu einem einheitlichen, funktionsfähigen Staatswesen darstellt, stürzten sie das Land erneut in einen Strudel der Gewalt. Die letzten Nachrichten, die aus dem Nordosten des Landes stammen, lassen daran keinen Zweifel:

»Für Maku begann im April eine traumatische Reise. Da war der Lendu, aufgeschreckt durch beunruhigende Meldungen über drohende Massaker, in sein Heimatdorf Kobu aufgebrochen, 30 Kilometer nördlich von Bunia. Doch Maku kam zu spät: Ein Großteil der Bevölkerung war bereits in die Wälder geflüchtet, und der Rest war tot.

Maku zählte 57 Leichen, alle auf einem Haufen liegend, viele nackt. Einige erschossen, andere mit Macheten abgeschlachtet und verstümmelt. Der Französischlehrer Burombi: hingerichtet genauso wie der Englischlehrer Lokana. Nachbarn von Maku waren unter den Toten, auch Freunde. Voller Entsetzen berichteten Überlebende, was sich an jenem schrecklichen Tag ereignet hatte.

Morgens gegen neun Uhr war ein bewaffneter Trupp überwiegend jugendlicher Hema-Krieger aufgetaucht. Sie kamen aus den umliegenden Dörfern und sagten, sie wollten Friedensgespräche mit den Lendu aus Kobu führen.

Deshalb befanden sich so viele Akademiker unter den Toten: Sie wollten vermitteln und helfen, Lösungen zu finden in dem immer grausamer werdenden Krieg der Milizionäre. Sie kamen freiwillig zusammen, um mit den Hema zu reden. Schließlich gehörten auch ehemalige Schüler der beiden Lehrer zu den Eindringlingen, vertraute Gesichter also.

Zuerst sammelten sich alle Lendu auf dem Marktplatz. Doch schnell wurde klar, dass es hier nicht um Verhandlungen ging. Schwer bewaffnete Kinder durchstöberten die Häuser. Niemand durfte mehr den Platz verlassen. Immer mehr Menschen wurden unter Schlägen aus ihren Hütten gezerrt.

Stundenlang mussten sie auf dem Platz ausharren. Dann wurden sie wie Vieh zu einem Bananenfeld am Ostrand getrieben. Am Nachmittag dann, nach Stunden quälenden Wartens, begann der Blutrausch, dessen fürchterliche Folgen der Fotograf Maku am nächste Tag wie in Trance dokumentierte.

Aufgeschlitzte Leiber lagen übereinander. Einigen wurden Herz und Leber herausgerissen, anderen die Genitalien abgeschnitten. Manche Leichen waren geradezu perforiert durch Garben aus Maschinenpistolen.

Panisch flüchtete Maku zurück nach Bunia, doch auch dort regierte die Gewalt: Auf den Straßen lagen Leichen von Hema, massakriert von verrückt gewordenen Lendu-Milizen. Auch hier fotografierte Maku. Solche Dokumente des Grauens hat man zuletzt aus Ruanda gesehen, wo 1994 fast 800.000 Menschen einem Völkermord zum Opfer fielen.«

Im Vergleich zu dem Genozid in Ruanda ist das Schlachten in der Ituri-Provinz in der Nordostecke des Kongo noch als »moderat« anzusehen: »nur« 60.000 Opfer hat das interethnische Morden bis zum Einschreiten der UNO, die mal wieder – wie die Feuerwehr, die man zu Hilfe ruft – ihre Blauhelme zum Einsatz gebracht hat, gekostet. Aber es ist unwahrscheinlich, dass es bei diesen 60.000 bleibt. In diesen Gegenden Afrikas ist man es gewöhnt, mit Zahlen, die sich in den Hunderttausenden bewegen, zu jonglieren. Und in der Tat enttäuscht der Kongo auch diesmal die Erwartungen nicht: bis auf fünf Millionen wird die Zahl derer geschätzt, die dem neuerlichen Ausbruch der Gewalt zum Opfer gefallen sind. Das entspricht einer höheren Tötungsrate als in jedem anderen Krieg, seit dem großen Völkermorden, das 1945 zu Ende ging.

Freilich sind in diesen fünf Millionen auch all jene enthalten, die durch Hunger und Entbehrungen, wie sie im Gefolge von Kriegen auftreten, zumal in einer Gegend wie dem Kongo, ihr Leben verloren. Dabei ist zu unterscheiden zwischen dem eigentlichen Krieg, der 1998 neu entbrannte und sich in einer neuerlichen Rebellion gegen die Regierung in Kinshasa manifestierte, und einem Konflikt, der 1999 aufflammte und aus einer Feindschaft zwischen zwei unterschiedlichen Volksgruppen, den Hema und den Lendu, besteht. Das eine ist allerdings nicht vom anderen zu trennen, denn die Konfliktparteien des einen Krieges gingen Allianzen mit denen des anderen ein. Was die Situation nicht nur kompliziert, sondern fast unlösbar erscheinen lässt. Niemand blickt wirklich durch: das Geflecht aus Intrigen und Allianzen ist einfach zu verworren, als dass man es in absehbarer Zeit lösen könnte.

Der Bürgerkrieg, zwischen Rebellen und Regierung, entzündete sich an einem Auseinanderbrechen der Allianz, die Kabila an die Macht gebracht hatte. Gegner des neuen Machthabers erhielten Schützenhilfe aus Ruanda und Uganda, die in dem Chaos, das bald wieder im östlichen Kongo herrschte, eine günstige Gelegenheit witterten, an den Bodenschätzen dieser Gegend, deren es in ihren eigenen Ländern mangelt, teilzuhaben. Vor allem Gold und die Aussicht auf reiche Ölvorkommen winkten; also entsandte man Truppen, die den Rebellen unter die Arme griffen. Was Kabila veranlasste, seinerseits Unterstützung, wo er sie finden konnte, zu suchen. Gegen entsprechende Gegenleistungen – sei es durch Konzessionen wirtschaftlicher Art, sei es durch die Zusage politischer Zugeständnisse – fanden sich Angola, Namibia und Simbabwe bereit, dem bedrängten Regime in Kinshasa zu Hilfe zu kommen. Alle entsandten sie Truppen, sogar Burundi beteiligte sich, auf seiten der Rebellen, an dem allgemeinen Chaos, das man neuerlich im Kongo veranstaltete. Wer diesmal fehlte, waren die Weißen. Wenigstens griffen sie nicht militärisch ein. Die Schwarzen schlugen sich allein – und weitgehend aus eigenem Antrieb – die Köpfe ein. Mit fatalen Folgen: jenen fünf Millionen.

Die Hema und die Lendu nutzten nur die Gunst der Stunde: der Gegensatz, der zwischen ihnen besteht, ist dem zwischen den Tutsi und Hutu im benachbarten Ruanda beziehungsweise Burundi vergleichbar: die einen, die Hema, sind Viehzüchter, aristokratischen Gebarens und mit politischem Einfluss, die andern, die Lendu, Ackerbauern und ohne verbürgte Rechte auf das Land, das sie bestellen. Auseinandersetzungen, die sich um den Besitz des Bodens ergaben, waren denn auch der Anlass, der zu den gewaltsamen Ausschreitungen führte, die schließlich in jenen Massakern gipfelten, wie sie in der Gegend von Bunia verübt wurden. Ursprünglich mit Pfeil und Bogen und Buschmessern bewehrt, wurden die Kontrahenten von den Aufwieglern an den Grenzen, die ohnehin interveniert hatten, zeitgemäß aufgerüstet; was sie jedoch nicht davon abhielt, liebgewonnenen Gewohnheiten auch weiterhin zu frönen. »Die UNO«, heißt es in einem Bericht aus dem Krisengebiet, »untersucht weitverbreitete Gerüchte über Kämpfer auf beiden Seiten, die Körperteile – einschließlich Leber und Herz – ihren Opfer entnehmen und verzehren, teilweise in dem Glauben, dass es ihre Kräfte stärkt.« Im Kongo, hier besonders, ist die Vergangenheit immer noch Gegenwart. Die barbarischsten Praktiken werden gehegt und gepflegt, wie eh und je.

Mittlerweile, während der Krieg in den östlichen Landesteilen tobte, vollzog sich eine Wende in der fernen Hauptstadt: Kabila, der Vater, wurde ersetzt durch Kabila, seinen Sohn. Keine Garantie, dass sich dadurch die Situation im Kongo verbessern wird. Zumal Kabila senior nicht freiwillig abtrat: die Gerüchte, was die Urheber des Putsches anbelangt, reichen vom angolanischen Oberkommando bis zu Kabila junior. Angola war verärgert, weil Kabila nicht – wie versprochen – gegen die Rückzugsbasen der UNITA vorging, und Joseph Kabila, immerhin Oberbefehlshaber der Streitkräfte in Kinshasa, wurde womöglich von Unzufriedenen in den eigenen Reihen gedrängt, denn Vater Kabila hatte auf der ganzen Linie versagt: die Wirtschaft darnieder, die Hälfte des kongolesischen Territoriums in Rebellenhand – da musste gehandelt werden. Ein Attentat, kurz und schmerzlos, am 16. Januar 2001. Seitdem hält Kabila junior die Zügel in der Hand. Soweit man das im Falle des Kongo sagen kann.

Offiziell ist der Bürgerkrieg, durch ein Friedensabkommen, das unter der neuen Regierung geschlossen wurde, zwar beigelegt. Aber es steht noch alles Gewehr bei Fuß; unter der Oberfläche gärt es weiter, und wie der ethnische Konflikt in der Ituri-Provinz zeigt, ist die Zentralregierung noch nicht einmal in der Lage, ein derart eher lokales Buschfeuer zu löschen. Aber auch die UNO ist machtlos; schließlich brennt es auch andernorts, von Afghanistan bis zum Irak. Und da die USA, die inzwischen einzig verbliebene Supermacht, bestimmt, wo es in der UNO – und damit auf dem Globus – langgeht, wird der Kongo auch weiterhin für Schlagzeilen sorgen. Auch wenn sie zumeist zu spät erscheinen, sozusagen nach dem Ereignis. Wie im Falle Bunias, mitten im Herzen Afrikas, von dessen finsterem Geist die Welt erst erfuhr, als das Licht in der Tat schon längst erloschen war.

OST UND WEST

Mit den Massakern in der Ituri-Provinz des Kongo sind wir an den Anfang unserer Betrachtungen zurückgekehrt. Die Frage, die wir uns gestellt hatten, lautete: Wie ist es möglich, dass Afrika, der Schwarze Kontinent, permanent von Greueltaten heimgesucht wird, die das Ausmaß jeglicher Vorstellung überschreiten. Nicht nur dass es in Afrika Kriege gibt, die scheinbar endlos toben: Diese Kriege und andere Konflikte, die nicht eigentlich kriegerische Auseinandersetzungen sind, werden auch von einer Brutalität begleitet, die man mit vollem Recht als barbarisch bezeichnen muss. Was sind die Ursachen dieser Kriege und Ausschreitungen? Auch diese Frage haben wir uns gestellt. Und schließlich: Welche Möglichkeiten gibt es, das anhaltende Morden in Afrika zu beenden? Was muss oder müsste getan werden, damit auf dem afrikanischen Kontinent endlich Ruhe einkehrt? Und die Entwicklung einsetzt, die zu einem wirtschaftlichen Aufschwung und funktionierenden Gemeinwesen führt.

Zunächst einmal ist festzuhalten, dass wir nicht über Afrika insgesamt reden. Der Norden des afrikanischen Kontinents, der arabisch und durch den Islam geprägt ist, hat zwar auch seine Probleme, die sich nur zu oft in Gewalt und Willkür äußern, aber im Vergleich zum subsaharen Afrika, speziell dem zentralen Teil des Kontinents, dem wir unser Augenmerk gewidmet haben, ist der Norden eher eine Region, die in sich gefestigt und stabil ist. Nicht so die Länder, mit denen wir es zu tun gehabt haben: Sierra Leone, Liberia, der Kongo, Ruanda, Burundi, Angola. Hier rumort es, wie ein ständig brodelnder Vulkan, der denn auch immer wieder mit urwüchsiger Gewalt ausbricht.

Der Blick auf die Geschichte hat deutlich gemacht, dass es im wesentlichen zwei Faktoren sind, die zur chaotischen Instabilität in diesem Gebiet beigetragen haben. Da ist zum einen ein *endogener* Faktor, der aus der autochthonen Entwicklung resultiert und in der Vielfalt ethnischer Gruppen zu suchen ist, die sich seit urdenklichen Zeiten das Land, das sie beanspruchen, streitig machen und zudem oft feudale Abhängigkeitsverhältnisse entwickelten, die die Gegensätze noch verschärft haben. Hier hat sich sozialer

Sprengstoff angesammelt, der aus der *eigenen* Geschichte Afrikas resultiert. Der Weiße Mann hatte daran keinen Anteil. Auch der braune nicht, womit die Araber gemeint sind.

Sie, die Araber, waren die ersten, die als fremde Macht in die zentralen Regionen Afrikas vordrangen. Nicht nur brachten sie den Islam, der patriarchale Strukturen festigte, sie initiierten auch den Sklavenhandel im großen Stil. Gewöhnlich übersieht man dies; was nicht zuletzt auch für die Nachfahren der *weißen* Eroberer zutrifft, die sich schließlich in Schwarzafrika festsetzten. Auch sie stützten feudale Strukturen und verlegten sich auf den Handel mit Sklaven, den sie mit nicht geringerem Eifer als die Araber betrieben: die einen, die Söhne Mohammeds, exportierten nach dem Osten, die andern, die Weißen, nach dem Westen, in die Neue Welt, Nord-, Mittel- und Südamerika. Der Sklavenhandel, in kommerziellem Stil und mit exzessiver Gewalt betrieben, war die erste große Zäsur, die Schwarzafrika in der Auseinandersetzung mit der Außenwelt erfahren musste. Der Sklavenhandel induzierte Kriege, korrumpierte einheimische Herrscher und führte zu einem demographischen Aderlass, der in der Geschichte der Menschheit seinesgleichen sucht. Die Rückführung befreiter Sklaven nach Liberia und Sierra Leone konnte die Wunden, die der Sklavenhandel in Schwarzafrika geschlagen hatte, auch nicht ansatzweise heilen. Im Gegenteil: es ergaben sich neue Verzerrungen, die das Gefahrenpotential, das durch die ethnische Vielfalt gegeben war, noch verstärkten.

Kaum war der Sklavenhandel, zumindest im Westen, unterbunden, da bahnte sich eine neue Katastrophe an: die tatsächliche Eroberung und Besetzung Schwarzafrikas durch imperiale Mächte, wie sie zunächst nur Europa hervorbrachte. Grenzen wurden gezogen, wo eigentlich keine Grenzen waren, Völker unterschiedlicher Tradition auf plötzlich einheitlichem Raum – sei es der Kongo oder Angola, Liberia oder Sierra Leone – zusammengewürfelt; was die Spannungen nur noch erhöhte, auch wenn sie sich erst in dem Augenblick entluden, als die übermächtigen Kolonialherren, die den Deckel auf dem Topf hielten, schließlich das Weite suchten und die einstigen Kolonien ihrem eigenen Schicksal überließen. Worauf sie nicht im geringsten vorbereitet waren. Denn es gab weder eine Nation noch einen Staat. Was die Kolonialherren hinterlassen hatten, waren funktionsunfähige Gebilde, die scheitern mussten, kaum dass sie den ersten Schritt in die ersehnte Freiheit getan hatten. So paradox es klingt: die einstigen Kolonien – sieht man von der Willkürherrschaft König Leopolds einmal ab, die einen Sonderfall darstellt – waren unter den fremden Herren besser gefahren, als es die Nachfolgestaaten unter ihren eigenen Herrschern taten. Das gilt bis auf den heutigen Tag.

Freilich muss einschränkend hier angemerkt werden, dass die »Freiheit«, in die die einstigen Kolonialmächte die Länder Schwarzafrikas entließen, nur von begrenzter Wirkung war: der Kalte Krieg, die ideologische Auseinandersetzung zwischen Ost und West, bei der es nicht nur um strategische Ziele, sondern auch um die Sicherung von Rohstoffquellen und Absatzmärkten ging, überschattete die neue Souveränität, die denn in Wirklichkeit auch nur eine weitere Abhängigkeit war. Weder der Westen noch der Osten war an einer Entwicklung in *Afrika* interessiert, und wer – auf dem Schwarzen Kontinent (aber auch anderswo) – sich dagegen aufbäumte, der wurde beiseite gedrängt, im Extremfall sogar eliminiert. Das konnte auch schon mal ein Generalsekretär der UNO sein.

1989 war das Spiel aus, zumindest für den Osten. Jetzt hätte man eigentlich Gelegenheit gehabt, die Sünden der Vergangenheit, die man in Afrika begangen hatte, endlich wiedergutzumachen. Doch inzwischen zeichnete sich eine neue globale Konfrontation ab: der Islam, in seiner fundamentalistischen Form, erhob sein Haupt, forderte zunächst den Westen und dann auch Russland heraus, und es wurde wieder nichts mit einer ehrlichen, uneigennützigen Entwicklungshilfe. Afrika, Schwarzafrika, geriet in den Windschatten der Weltpolitik, und dort, wo schon immer die Finsternis regiert hatte, gingen nun erst recht die Lampen aus. Arme abgehackt, Bäuche aufgeschlitzt, Kindersoldaten durchgeknallt, Vergewaltigte mit Aids infiziert, Kannibalismus und ritueller Hokuspokus – alles ist möglich, alles findet statt, niemand gebietet Einhalt, niemand fühlt sich verantwortlich. Am wenigsten diejenigen, die aus diesem Chaos ihren Vorteil ziehen: Warlords, Söldner, Diamantendealer, Waffenschieber; selbst Entwicklungshelfer lassen sich, in den Flüchtlingslagern, ihre Hilfe mit sexuellen Dienstleistungen bezahlen. Afrika gilt als die Wiege der Menschheit. Man könnte auch sagen: Afrika ist da stehengeblieben, wo wir mal angefangen haben. Zumindest der Teil Afrikas, der die Barbarei gepachtet zu haben scheint.

Will man daran etwas ändern, gilt als erste Regel, die Dinge beim Namen zu nennen: Barbaren sind Barbaren, Schluss, Punkt! Ob sie nun ihre eigenen Leute aufessen oder sie verstümmeln. Kultureller Relativismus ist hier fehl am Platze. Auch der Vorwurf westlicher Arroganz. Afrika, Schwarzafrika, hat auch eine *Eigenverantwortung*. Die kann man mit Recht anmahnen, und wo sie hartnäckig verweigert wird, muss man die Verantwortlichen an den Pranger stellen.

Nun gibt es bereits UNO-Tribunale, in Ruanda und in Sierra Leone. Möglich, dass Liberia und der Kongo folgen. Leider bewirken sie nichts: Ruanda schürt weiter Hass und mischt eifrig am Krieg im Kongo mit, und

Sierra Leone? Der eigentliche Drahtzieher sitzt in Liberia, und damit er den Krieg dort beendet, bietet man ihm freies Geleit an. Selbst wenn er darauf eingeht, kann man sich ausrechnen, wann er wieder loslegt. Man muss die Dinge von der Wurzel her angehen: Waffenhahn zudrehen, Schmugglerrouten trockenlegen, gegen Regierungen, die – wie in Uganda, Ruanda, Burundi, aber auch in Burkina Faso, Namibia, Simbabwe – ebenso korrupt wie skrupellos sind, indem sie Konflikte anheizen, wo sie sie nicht gar initiieren, Boykotte und Sanktionen verhängen. Und Drohungen dieser Art muss man nicht nur aussprechen, man muss ihnen auch Taten folgen lassen! Ob die Franzosen oder die Amerikaner, die Belgier oder die Russen nun dafür oder dagegen sind. Notfalls muss man eben den Russen, damit sie ein paar Rubel verdienen, die Waffen, die sie nach Afrika verscherbeln, abkaufen. Das ist immer noch billiger, als einen ganzen Kontinent ständig von neuem sanieren zu müssen. Von der moralischen Verpflichtung oder ethischen Prinzipien einmal abgesehen.

Aber was das betrifft, Moral und Ethik, da ist es natürlich auch bei uns nicht weit her. »Es ist sehr traurig«, war kürzlich in einem Leserbrief aus Lagos, Nigeria, den das Nachrichtenmagazin »Time« veröffentlichte, zu lesen, »zu entdecken, dass die Europäer, die das Christentum nach Afrika brachten, Gott den Rücken kehren und sich anderen Göttern zuwenden, wie der Wissenschaft und krassem Kapitalismus. Kein Wunder, dass die Welt keinen Frieden kennt. Israel, Tschetschenien, Irak, Amerika, Europa, Kongo, Liberia – überall gibt es Probleme! Es ist Zeit, dass die Menschheit ihren Weg zurück zu Gott findet.« Wir, die wir uns so aufgeklärt geben, dass Glaube und ethische Werte geradezu suspekt geworden sind, werden über einen solchen Hilferuf eher lächeln. Aber dieses Lächeln entlarvt unsere ganze Ohnmacht. Wir sind nicht mehr fähig – sofern wir es jemals waren –, wirklich Anteil am Schicksal anderer zu nehmen, für ehrliche Überzeugungen einzutreten und Maßnahmen zu ergreifen oder von der Politikern zu fordern, die einen Unterschied machen. Es ist billig, sich hinter einem vermeintlichen Pazifismus zu verschanzen und die Amerikaner allein die Kastanien aus dem Feuer holen zu lassen, wenn man nicht gleichzeitig auch für Frieden in Afrika auf die Straße geht. Der islamische Fundamentalismus in seiner militanten Form ist eine tatsächliche Bedrohung (und das galt auch für Saddam Hussein, obwohl er kein Islamist war); Afrika, Schwarzafrika, blickt uns nur aus leeren, hoffnungslosen Augen an – aber es berührt uns nicht. Weder einen Außenminister Fischer noch gar den Kanzler. Nicht einmal die Kirchen. Das Chaos in Afrika mag menschengemacht sein. Aber das wird auch in Zukunft so bleiben. Es sei denn, es besinnt sich mal jemand und rafft sich auf, krempelt die Ärmel hoch und reicht denen, die Arme und Beine verloren haben, abgehackt und fortgerissen, die Hand. Läuft nicht nur mit, sondern hat seine eigene Meinung und den Mut, sie in die Tat umzusetzen. Man darf sich nicht beirren lassen von der Banalität unseres Lebens. Sinn gibt man dem Ganzen nur, wenn man selbst der Sache etwas abgewinnt. Und Afrika ist eine echte Herausforderung.

Bonn, im Sommer 2003

Postskriptum

»Nach Monaten relativer Ruhe droht erneut Krieg im krisengeschüttelten Kongo. In der südlichen Provinz Katanga ermordeten Maji-Maji-Milizionäre mindestens 100 Dorfbewohner: Die Opfer wurden regelrecht zerstückelt, vielen Leichen Gliedmaßen abgetrennt. ›Sie schnitten den Toten Geschlechtsorgane ab und benutzten sie als Talismane‹, berichtete der kongolesische General Dieugentil Mpia Nzambe Mitarbeitern der Vereinten Nationen. Mindestens 15 000 Menschen flüchteten daraufhin aus der Region in Richtung der Provinzhauptstadt Lubumbashi.«

Der Spiegel 1. März 2004

ANHANG

Nachweis der Zitate

Die Schreibung von Eigennamen, Ortsbezeichnungen und dergleichen in den Zitaten wurde unverändert übernommen. Im übrigen Text entspricht die Schreibweise der heute gängigen Form.

Ein düsteres Geheimnis: Frankfurter Allgemeine Zeitung v. 4. April 2003 (Angola); Facts, Nr. 7, 2003, S. 94 (Sierra Leone); Der Spiegel, Nr. 49, 2002, S. 164 (Ruanda).

Erster Teil: H. M. Stanley, Through the Dark Continent, Bd. 2, London 1878, S. 282 f. (Kongo); ebd., S. 342 (Wasserfälle); Leslie Brown, Afrika, München u. Zürich 1966, S. 139 (Ameisen); Richard Gerlach, Die Geheimnisse im Reich der Amphibien und Reptilien, München 1973, S. 256 (Schwarze Mamba); Gerhard Heberer u.a., Anthropologie, Frankfurt/M. 1970, S. 197 u. 192 (Rassenmerkmale); Völker der Erde, Bern 1982, S. 15 (Intelligenzquotient); Olfert Dapper, Umbständliche und Eigentliche Beschreibung von Africa Anno 1688, Stuttgart 1964, S. 270 (Pygmäen); Anthropologie, S. 198 f. (Bambutide); Dapper, S. 224 f. (Initiationsritus); ebd., S. 196 (Tanz); ebd., S. 201 f. (Leopardenkult); Garry Hogg, Cannibalism and Human Sacrifice, London 1961, S. 104 ff. (Leopardenbund); Sidney Langford Hinde, zit. in: Hogg, S. 109 f. (Kannibalismus); W. Holman Bentley, zit. in: Hogg, S. 111 (desgl.); Herbert Ward, zit. in: Hogg, S. 115 (desgl.); Dapper, S. 248 (Königreiche); ebd., S. 276 (Königtum); ebd., S. 263 ff. (Zeremoniell); ebd., S. 262 f. (Königinmutter); ebd., S. 258 u. 257 (Frauen); ebd., S. 273 (Begräbnis); ebd., S. 277 f. (Kongo).

Zweiter Teil: Duarte Pacheco, zit. in: Edgar Prestage, Die portugiesischen Entdecker, München o. J., S. 103 (Goldhandel); Padroa, Inschrift, zit. in: Prestage, S. 105; Manikongo, Bericht, Auszug, zit. in: Pierre Bertaux, Afrika, Frankfurt/M. 1966, S. 134; Felsinschriften, zit. in: Eric Newby, The Rand McNally World Atlas of Exploration, London 1975, S. 71; Ruy de Pina, zit. in: Prestage, S. 107 (Manikongo); Dapper, S. 285 (Zeremoniell); ebd., S. 278 f. (Ehesitten); ebd., S. 286 (Audienz); ebd., S. 294, 290 f. u. 295 f. (Sklavenhandel); Auszüge aus einem Schreiben des Manikongo Afonso I., in: Basil Davidson, Vom Sklavenhandel zur Kolonialisierung, Reinbek 1966, S. 133 f.; Dapper, S. 297 f. u. 299 (Nzinga); ebd., S. 283 (Bakongo); Laurent de Lucques, zit. in: Georges Balandier, La vie quotidienne au royaume de Kongo, o. O.

1965, S. 262 (Vita Kimba); Bernardo de Gallo, in: Balandier, S. 262 f. (desgl.); de Lucques, in: Balandier, S. 267 f. (Autodafé); The Last Journals of David Livingstone, hrsg. v. Horace Waller, London 1874, Bd. 1, S. 6 f. (Sansibar); ebd., S. 56 (Sklaven); ebd., Bd. 2, S. 112, 115, 133 u. 134 (Nyangwe); Lied aus dem Kongo, zit. in: Panorama der Weltgeschichte, hrsg. v. Heinrich Pleticha, Gütersloh 1976, Bd. 3, S. 134; Consul Casement's Report, West African Mail v. 19. Februar 1904, S. 1 u. 2 (Kongo); A. J. Wauters, zit. in: David Fieldhouse, Die Kolonialreiche seit dem 18. Jahrhundert, Frankfurt/M. 1965, S. 316 (Zwangsabgaben); Reverend Joseph Clark, zit. in: Chronik des 19. Jahrhunderts, hrsg. v. Imanuel Geiss, Dortmund 1993, S. 714 (Greuel); Kommissionsbericht, Auszug, zit. in: Rudolf von Albertini, Europäische Kolonialherrschaft 1880-1940, Zürich 1976, S. 294; Fieldhouse, Kolonialreiche, S. 319 u. 321 (Lob); Länder und Völker: Afrika III, hrsg. v. Kunstkreis AG, Luzern o. J., S. 232 (Begräbnisritual); Jean-Pierre Hallet, Congo Kitabu, New York 1967, S. 10, 12, 14 15, 16, 18, 21 u. 23 (Kolonialdienst); Leo Frobenius, Kulturgeschichte Afrikas, Zürich 1933, S. 12 f. u. 14 f. (Wertschätzung; Kongo); Joseph Conrad, Heart of Darkness, Ware 1999, S. 35, 41, 63 u. 85.

Dritter Teil: Graham Greene, Ways of Escape, Harmondsworth 1982, S. 92 (Agententätigkeit); Manifest, Auszug, zit. in: Franz Ansprenger, Auflösung der Kolonialreiche, München 1966, S. 262; Ankündigung König Baudouins, Auszug, zit. in: Ansprenger, Kolonialreiche, S. 264; Rede Lumumbas, Auszug, zit. in: Heribert Blondiau (Hrsg.), Tod auf Bestellung, München 2002, S. 174; Zeugenaussagen, zit. in: Blondiau, Tod, S. 203 u. 205 f. (Lumumba); desgl., ebd., S. 235 f. u. 241 f. (Hammarskjöld); John Cohen u. a., Africa Addio, New York 1966, S. 102, 103 u. 102 f. (Söldner); Zeugnis eines Söldners, ebd., S. 109 f.; ebd., S. 112 (Simbas); ebd., S. 111 (Kinder); ebd., S. 237 f. (Bericht eines portugiesischen Siedlers v. März 1961); Serpa Pinto, zit. in: Peter Simons, Entdeckungsreisen in Afrika, Braunschweig 1984, S. 252; Cohen, Africa, S. 252 f. (Massaker in Luvo); Angola, Bericht im »Stern«, Nr. 50, 1999, S. 34, 38 u. 34; Time, Nr. 20, 1994, S. 22 (Ruanda, Attentat); Newsweek, Nr. 17, 1994, S. 16 (Massaker); Time, Nr. 16, 1994, S. 21 (Zeugenaussagen); Newsweek, Nr. 31, 1994, S. 7 (Seuchen); The Economist, Nr. 19, 2000, S. 17 (Freetown); Time, Nr. 20, 2000, S. 47 (Sankoh); ebd. (RUF); David Crane, Chefankläger der UNO, in einem Interview, Facts, Nr. 7, 2003, S. 96 (Opfer); Erklärung des Afrikaministers im Foreign Office, zit. in: Newsweek, Nr. 27, 2000, S. 21; Le Point, Nr. 1486, 2001, S. 60 (Tampa); Facts, Nr. 27, 2001, S. 20 f. (Minin); New African, Nr. 1, 1999, S. 15 (Angola); Jean Ziegler, Die Schweiz wäscht weißer, München 1992, S. 169 (Fluchtgelder); Jean Ziegler, in: Che Guevara und die Revolution, hrsg. v. Heinz Rudolf Sonntag, Frankfurt/M. 1968, S. 68 f. (Brazzaville); Robert Caputo, National Geographic, November 1991, S. 27 f. (Zaire); Focus, Nr. 16, 1997, S. 298 (Evakuierungsvorkehrungen); Stern, Nr. 23, 1997, S. 160 u. 161 (neue Ordnung); Spiegel, Nr. 26, 2003, S. 112 (Kobu); Time, Nr. 24, 2003, S. 30 (Aberglauben).

Ost und West: Time, Nr. 28, 2003, S. 8 (Leserbrief).

Ergänzende Literatur

Die im Nachweis der Zitate genannten Werke, auf die noch einmal verwiesen sei, werden hier nicht mehr berücksichtigt. Im übrigen kann dies nur eine kleine Auswahl aus einer sehr viel umfangreicheren Literatur zum Thema sein, obwohl dieses in seinem eigentlichen Sinne bisher kaum Beachtung gefunden hat. Neben wissenschaftlichen Untersuchungen und sonstigen Veröffentlichungen faktischer Natur finden sich am Ende dieser Bibliographie auch einige belletristische Werke. Auf die Nennung von Aufsätzen wurde verzichtet.

Abraham, Arthur, Mende Government and Politics Under Colonial Rule. Oxford 1978

Alpers, E. A., Ivory and Slaves. London 1975

Anstey, Roger, Britain and the Congo in the Nineteenth Century. Oxford 1962

–, King Leopold's Legacy: The Congo Under Belgian Rule, 1908-1960. London 1966

Archer, Jules, Congo: The Birth of a Nation. New York 1970

Balandier, Georges, Sociologie actuelle de l'Afrique noire. Paris 1982

Birmingham, David, Trade and Conflict in Angola: The Mbundu and Their Neighbours Under the Influence of the Portuguese, 1483-1790. Oxford 1966

–, *u. P. M. Martin (Hg.),* History of Central Africa. 2 Bde., New York 1983

Blake, J. W., European Beginnings in West Africa, 1434-1578. London 1937

–, West Africa: Quest For God and Gold, 1454-1578. London 1977

Boxer, C. R., The Portuguese Seaborne-Empire, 1415-1825. London 1969

Bridgland Fred, Jonas Savimbi. Edinburg 1986

Brode, Heinrich, Tippoo-Tib: The Story of His Career in Central Africa. London 1907

Carr, Archie, Afrika: Flora und Fauna. Reinbek 1975

Chilcote, R. H., Portuguese Africa. Englewood Cliffs 1967

Clapham, Christopher, Liberia and Sierra Leone. Cambridge 1976

Connah, Graham, African Civilizations: Precolonial Cities and States in Tropical Africa. Cambridge 1987

Coquery-Vidrovitch, Catherine, Le Congo au temps des grandes compagnies concessionaires, 1898-1930. Paris 1972

Cornevin, R. u. M., Geschichte Afrikas. Frankfurt/M. u. a. 1980

Coupland, Reginald, The British Anti-Slave Movement. London 1933

Curtin. P. D., The Atlantic Slave Trade. Madison 1969

Cuvelier, Jean, L'ancien royaume du Congo. Brügge 1946

Delgado, Ralph, História de Angola. 4 Bde, Lobito 1948-55

Donnan, Elizabeth, Documents Illustrative of the History of the Slave Trade to America. 2 Bde., Washington 1930

Duffy, James, Portuguese Africa. Cambridge/USA 1959

Eannes de Azurara. Gomes, Conquests and Discoveries of Henry the Navigator. London 1936

Essoe, Gabe. Tarzan of the Movies. New York 1968

Fabian, Johannes, Im Topenfieber: Wissenschaft und Wahn in der Erforschung Zentralafrikas. München 2001

Fage, J. D., An Introduction to the History of West Africa. Cambridge 1955

–, An Atlas of African History. O. O. 1958

Finnegan, R. H., Survey of the Limba People of Northern Sierra Leone. London 1965

Forbath, Peter, The River Congo. New York 1979
Freyre, Gilberto, The Portuguese and the Tropics. Lissabon 1961
Fyfe, Christopher, A History of Sierra Leone. London 1962
Gálvez, William. Che in Africa. Melbourne 1999
Gann, L. H. u. P. Duignan, The Rulers of Belgian Africa, 1884-1914. Princeton 1979
Hall, Richard, Stanley: An Adventurer Explored. London 1974
Harms, R. W., River of Wealth, River of Sorrow: The Central Zaire Basin in the Era of the Slave and Ivory Trade, 1500-1891. New Haven 1981
Henderson. L. W., Angola: Five Centuries of Conflict. London 1979
Hilton, Anne, The Kingdom of Kongo. Oxford 1985
Hinde. S. L., The Fall of the Congo Arabs. London 1897
Hochschild, Adam, Schatten über dem Kongo. Stuttgart 2000
Ihle, Alexander, Das alte Königreich Kongo. Leipzig 1930
Italiaander, Rolf (Hg.), König Leopolds Kongo. München 1964
James, Alan, Britian and the Congo Crisis, 1960-1963. London 1996
Jeal, Tim, Livingstone. London 1973
Johnston, H. H., The River Congo. London 1884
Kanza, Thomas, The Rise and Fall of Patrice Lumumba. London 1978
Kuder, Manfred, Angola: Eine geographische, soziale und wirtschaftliche Landeskunde. Darmstadt 1971
Lacassin, Francis, Tarzan ou le Chevalier crispé. Paris 1971
Laman, Karl, The Kongo. Uppsala 1953
Legum, C. u. T. Hodges, Krieg in Angola. Köln 1978
Lemarchand, R. u. D. Martin, Selective Genocide in Ruanda. London 1974
Liebenow, J. G., Liberia: The Quest for Democracy. Bloomington 1987
Little, Kenneth, The Mende of Sierra Leone. London 1967
Livingstone, David, Missionary Travels and Researches in South Africa. London 1857
Louis, W. R., Ruanda-Urundi, 1884-1919. Oxford 1963
Marcum, J. A., The Angolan Revolution. 2 Bde., London 1969 u.1978
Martekki, George, Leopold to Lumumba: A History of the Belgian Congo. London 1962
Martin, P. M., The External Trade of the Loanga Coast, 1576-1870. Oxford 1972
Matthew, Johan, A voyage to the Sierra Leone. London 1791
Mauro, Frédéric, Le Portugal et l'Atlantique au XVIIe siécle. Paris 1960
Miller, J. C., Way of Death: Merchant Capitalism and the Angolan Slave Trade, 1730-1830. Madison 1988
Morel, E. D., King Leopold's Rule in Africa. London 1904
Mountfield, David, A History of African Exploration. London 1976
Murdock, George, Africa: Its Peoples and their Culture History. New York 1959
Murray, Jocelyn (Hg.), Afrika. Augsburg 1998
Mworoha, Emile (Hg.), Histoire du Burundi. Paris 1987
Nelson, H. D. (Hg.), Liberia. Washington 1985
Newitt, Malyn, Portugal in Africa: The Last Hundred Years. Harlem 1981
O'Brien, C. C., Meine Mission in Katanga. München 1963
Oliver, R. u. J. D. Fage, A Short History of Africa. Harmondsworth 1977
Pigafetta, Filippo, A Report of the Kingdom of Congo. London 1597

Reefe, T. Q., The Rainbow and the Kings: A History of the Luba Empire to 1891. London 1981
Sanceau, Elaine, The Land of Prester John. New York 1944
Sanday, P. R., Divine Hunger and Cannibalism as a Cultural System. Cambridge 1986
Schatzberg, M. G., The Dialectics of Oppression in Zaire. Bloomington 1988
Scholl-Latour, Peter, Afrikanische Totenklage. München 2001
Slade, Ruh, King Leopold's Congo. London 1962
Spears, J. R., The American Slave Trade. New York 1960
Spitzer, Leo, The Creoles of Sierra Leone: Responses to Colonialism, 1870-1945. Madison 1974
Stanley, H. M., The Congo and the Founding of Its Free State. 2 Bde., New York 1885
–, In Darkest Africa. 2 Bde., London 1890
Tarr, S. B., Liberia. Metuchen 1988
Thornton, J. K., The Kingdom of Kongo: Civil War and Transition, 1641-1718. Madison u. London 1983
Tuckey, J. K., Narrative of an Expedition to Explore the River Zaire. New York 1818
Turnbull, C. M., The Forest People. New York 1961
Vansina, Jan, L'evolution du royaume du Rwanda des origines à 1900. Brüssel 1962
–, Introduction à l'ethnographie du Congo. Brüssel 1966
–, Kingdoms of the Savanna. Madison 1966
–, Paths in the Rain Forest: Toward a History of Political Tradition in Equatorial Africa. Madison 1990
Vogt, John, Portuguese Rule on the Gold Coast, 1469-1682. Athens 1979
Ward, Herbert, A Voice From the Congo. London 1910
West, Richard, Brazza of the Congo. London 1972
Westphal, Wilfried, Geschichte der deutschen Kolonien. München 1984
Wiese, Bernd, Zaire: Landesnatur, Bevölkerung, Wirtschaft. Darmstadt 1980
Young, Crawford, Politics in the Congo. Princeton 1965

Belletristik

Barlow, James, One Man in the World. New York 1968
Burroughs, E. R., Tarzan of the Apes. New York 1914
Crichton, Michael, Expedition Kongo. Reinbek 1985
D'Aguiar, Fred, Futter für die Geister. München 2000
Forbath, Peter, Der letzte Held. Hamburg 1999
Forester, C. S., The African Queen. London 1935
Greene, Graham, Das Herz aller Dinge. Hamburg 1951
Lamet, P. M., El esclavo blanco. Barcelona 2002
Ronan, Bennett, Über den dunklen Fluss. München 2000
Sacher-Masoch, L. v., Afrikas Semiramis. Dresden 1901
Silverberg, Robert, Herr der Finsternis. Bergisch-Gladbach 1989
Smith, Wilbur, The Train from Katanga. New York 1966
Wallace, Edgar, Sanders vom Strom. Leipzig 1928
Wassermann, Jakob, Bula Matari. Berlin 1932

Vergleichende Zeittafel

	UNTERSUCHUNGSGEBIET	
DAS AUTOCHTHONE AFRIKA		
	3000–343 v. Chr. Pharaonenherrschaft in Ägypten	
	500 v. – 300 n. Chr. Ausbreitung der Bantu	
600		Frühes Mittelalter
	7. Jh. Beginn der Ausbreitung des Islam in Afrika	
1200		Hochmittelalter
	14. Jh. Aufkommen sakraler Königtümer	
KOLONONIALE ÜBERLAGERUNG		
	1452 päpstliche Bulle rechtfertigt Sklavenhandel	
	1462 Portugiesen erreichen Sierra Leone	
	1482 Cão entdeckt Mündung des Kongo	
	1491 christliche Taufe des Kongo-Königs Nzinga a Nkuwu	
		1492 Kolumbus erreicht Amerika
		1497/98 Erkundung des Seeweges nach Indien
1500		Renaissance
	1575 Gründung von São Paulo de Luanda	
1600		Barock
	1617 Portugiesen besetzen Benguela	
	1624–57 Aufstand Anna Nzingas	

	UNTERSUCHUNGSGEBIET	
	1651 Kongo-Reich wird portugiesisches Protektorat	
	1665 Schlacht von Ambwila besiegelt Niedergang des Kongo-Reiches	
1700		Aufklärung
	1706 Märtyrertod Vita Kimbas	
		1772 erste Gesetze zur Unterdrückung des Sklavenhandels in England
		1776 Unabhängigkeitserklärung der USA
	1787 Beginn der Rückführung von Sklaven aus der Neuen Welt	
		1789 Französische Revolution
	1792 Gründung von Freetown	
1800		Industrielle Revolution
		1807 Verbot der Sklaveneinfuhr in den USA
	1808 Sierra Leone zu englischer Kronkolonie erklärt	
		1814/15 Wiener Kongress
	1821 Gründung von Monrovia	
		1823 Gründung der Anti-Sklaverei-Gesellschaft in England; Gesetz in Portugal zur Unterbindung des Sklavenhandels
		1833 Gründung der Anti-Sklaverei-Gesellschaft in den USA

UNTERSUCHUNGSGEBIET	
	1837–1901 Viktoria, Königin von England
1840 Sultan von Oman verlegt Residenz nach Sansibar	
1847 Liberia erlangt Unabhängigkeit	
1853–56 Livingstone durchquert Afrika in westöstlicher Richtung	
	1861–65 Bürgerkrieg in den USA
	1865 endgültige Abschaffung der Sklaverei in den USA
1871 Livingstone erreicht Ostrand des Kongo-Beckens; arabische Händler verüben Massaker in Nyangwe	
1873 Verbot des Sklavenhandels im Gebiet des Sultans von Sansibar	
1876 Brazza erkundet westliches Randgebiet des Kongo	
1877 Stanley erforscht Lauf des Kongo	
1877–80 Serpa Pinto erkundet Hinterland von Angola	
	1884/85 Kongo-Konferenz in Berlin
1885 Gründung des »Kongo-Freistaates«; Angola als portugiesische Kolonie anerkannt	
1887–89 Stanley unternimmt Vorstoß in das Ituri-Gebiet	
	1888–1918 Wilhelm II., deutscher Kaiser
1890 Helgoland-Sansibar-Vertrag; Reise Joseph Conrads in den Kongo	
1891 Errichtung der Kolonie Deutsch-Ostafrika	

	UNTERSUCHUNGSGEBIET	
		1897 Gründung des Musée Royal de l'Afrique Centrale in Tervuren, Belgien
	1899 Deutschland annektiert Ruanda und Urundi	
1900		Zeitalter des Imperialismus
	1903 Casement veröffentlicht Bericht über Kongo-Greuel	
	1904–06 Forschungen Frobenius' im Kasai-Gebiet	
	1906 Gründung der Union Minière du Haute-Katanga	
	1908 belgischer Staat übernimmt Herrschaft über Kongo	
	1910 Bergbau in Katanga erlangt kommerzielle Bedeutung	
		1914 »Tarzan of the Apes« erscheint
		1914–18 Erster Weltkrieg
	1920 Ruanda und Urundi belgischem Staat unterstellt	
	1921 Aufkommen des Kimbanguismus im Kongo	
		1932–68 Salazar-Diktatur in Portugal
		1939–45 Zweiter Weltkrieg
		1945 Gründung der Vereinten Nationen; Beginn des Kalten Krieges
	1956 Gründung des »Movimento Popular de Libertação de Angola«	

UNTERSUCHUNGSGEBIET	
1958 Lumumba gründet »Mouvement National Congolais«; Gründung der »União das Populaçoes de Angola«	
1959 Aufstand der Hutu in Ruanda	

NATIONALE EIGENSTÄNDIGKEIT

1960 Kongo erlangt Unabhängigkeit; Sezession Katangas	
1961 Ermordung Lumumbas; Attentat auf Hammarskjöld; Sierra Leone erlangt Unabhängigkeit; Massaker in Angola	
1962 Ruanda und Burundi erlangen Unabhängigkeit	
1964/65 Aufstand im Osten des Kongo	
1965 Staatsstreich im Kongo bringt Mobutu an die Macht	
1966 UNITA schließt sich dem Freiheitskampf in Angola an	
1971 Kongo in Zaire umbenannt	
1975 Angola und Namibia erlangen Unabhängigkeit	
1977–79 Aufstand in der Shaba-Provinz	
1985–2000 Bürgerkrieg in Sierra Leone	
	1989 Ende des Kalten Krieges
1993–2002 Bürgerkrieg in Burundi	
1994 Völkermord in Ruanda	
1996 Einsetzung eines UNO-Tribunals für Ruanda	
1997 Sturz Mobutus	
1998–2002 Bürgerkrieg im Kongo	

	UNTERSUCHUNGSGEBIET	
2000		UNO-Sanktion zur Unterbindung des Diamantenhandels mit Sierra Leone
	2001 Machtwechsel im Kongo	
	2002 Ende des Bürgerkrieges in Angola	
	2003 Massaker in der Ituri-Provinz	

Bildnachweis

Archiv des Autors (31)
Das Fotoarchiv (19)

Personen- und Sachregister